Werner T. Fuchs

Tausend und eine Macht

für Olivia

Du glaubst zu schieben, und du wirst geschoben.
Johann Wolfgang von Goethe

Werner T. Fuchs

Tausend und eine Macht

Marketing und moderne Hirnforschung

orell füssli Verlag AG

2. Auflage 2007

Umschlagbild: www.propeller.ch
Gestaltung von Umschlag und Innenteil: www.netzprinz.ch
Fotos: www.tillessen.com
Druck: fgb • freiburger graphische betriebe, Freiburg i. Brsg
Printed in Germany

ISBN 978-3-280-05033-0

Bibliographische Information der Deutschen Bibliothek
Die Deutsche Bibliothek verzeichnet diese Publikation in der Deutschen Nationalbibliographie; detaillierte bibliographische Daten sind im Internet über http://dnb.d-nb.de abrufbar.

Der Inhalt

Das Vorwort

Wer bin ich? Wer ist der andere? Weil es in »Tausend und eine Macht« um diese Fragen geht, ist es kein Marketingbuch nur für Spezialisten. Marketing ist keine Geheimwissenschaft; beim Marketing geht es schlicht und einfach darum, menschliches Wahlverhalten zu verstehen und zu beeinflussen.

Auch Sie gewinnen einen Menschen nur für sich, wenn Ihr Verhalten bei anderen Menschen so in Erinnerung bleibt, dass sie Sie wieder sehen möchten. Wenn die anderen aber nichts von Ihnen wissen wollen, bleibt Ihnen nicht viel anderes übrig, als Ihr eigenes Verhalten zu verändern. Oder auf Ihren Wunsch nach Anerkennung bei Dritten zu verzichten. So sind eben die Spielregeln.

Diese Regeln gelten auch für die Welt der Dinge. Wir kaufen keine Produkte, sondern Verhaltensweisen, deren Resultate zu einem Produkt führen. Und wenn das Verhalten für viele stimmt, wird aus dem Produkt ein Markenprodukt, das im kollektiven Gedächtnis seine Erinnerungsspuren hinterlässt.

Offensichtlich haben diese Vorgänge etwas mit unserem Gehirn zu tun. Daher liegt es auf der Hand, sich näher mit dem zu beschäftigen, was uns ausmacht, mit unserer Persönlichkeit, mit unserem Ich. Neu ist daran, dass die Naturwissenschaften bestätigen, was uns Künstler und Psychologen seit längerer Zeit erzählen. Wir Menschen sind keine vernünftigen Wesen und das Ich ist nicht Herr im eigenen Haus.

Das ahnen wir, aber wir schützen uns vor den unangenehmen Folgen dieser Erkenntnis, indem wir uns selbst als Ausnahme betrachten und uns mit eigens entwickelten Gegentheorien durchmogeln. »Tausend und eine Macht« wird Sie in dieser Strategie nicht unterstützen. Daher sind es Erzählungen von Abschiedsszenen, die einen Neubeginn erst ermöglichen.

Da es beim Marketing um die Beeinflussung von Wahlverhalten geht, spielt es keine Rolle, für welches Produkt Sie sich verantwortlich fühlen – für sich selbst, einen Friseursalon, Schokolade, eine Theateraufführung oder ein globales Unternehmen. Wenn das Einwirken auf Entscheidungen anderer Ihr Beruf ist, bezeichnen Sie sich vielleicht als Marketer, Marketingplaner, Werber oder Verkäufer.

Berufskollegen, die dem Bild vom Menschen als vernünftigem Wesen nicht viel abgewinnen können, treten in »Tausend und eine Macht« als Markenstrategen auf. Denn für Sie ist Marketing das Finden und Erfinden von Geschichten, die zu strategischen Verhaltensweisen führen und im Gedächtnis Spuren hinterlassen, um aus einem Allerweltsding eine unverwechselbare Marke zu machen.

Neben abstraktem Interesse an diesem Thema hatte ich auch persönliche Gründe. Es schien mir deshalb sinnvoll, das Buch um einen persönlichen Schluss zu ergänzen. Er gibt Einblick in die Entstehungsgeschichte von »Tausend und eine Macht« und umreißt das Fundament des Glaubens, das diesem Buch zugrunde liegt.

Einige Formulierungen und Gedanken seien allzu provokativ, meinte der einzige Testleser. Sollte ich bei Ihnen ähnliche Gefühle auslösen, so ist dies nicht Absicht, sondern Notwendigkeit. Denn was unsere Lieblingsbilder trübt, empfinden wir immer als Störfaktor. Doch nach der Lektüre werden Sie sich über die kleinen Ärgernisse freuen. Mich freut es, dass Sie sich auf »Tausend und eine Macht« einlassen.

Zum Schluss noch ein kleiner Hinweis: Ich habe bei den Geschlechterbezeichnungen durchgängig die männliche Form benutzt, nicht um »die Hälfte des Himmels«, wie die Chinesen sagen, auszuschließen, sondern um die Lesestruktur flüssig zu halten.

Zug, im August 2005
Werner T. Fuchs

Die Gebrauchsanweisung

Gibt es ein Wechselverhältnis zwischen Marketing und Hirnforschung? Das scheint ebenso naheliegend wie fremdartig. Im Marketing beschäftigt man sich neben der bekannten betriebswirtschaftlichen Funktion, der »Summe aller Maßnahmen für den optimalen Verkauf«, mit der Aufgabe, die Ansprechpartnerin, den Ansprechpartner als Ziel der Kommunikation auf die gebotenen Information optimal reagieren zu lassen. Was liegt da näher, als sich die Ergebnisse der aktuellen Neurowissenschaft für Arbeit und Verständnis modernen Marketings nutzbar zu machen?

Fremdartig wirkt der Zusammenhang auf den ersten Blick aber deshalb, weil gutes Marketing, gute Werbung, Verkaufstalent nicht von neurologischen Kenntnissen abhängig sind. Was Menschen anzieht oder abstößt, antreibt oder hindert, beglückt oder enttäuscht, tritt auch ohne besondere Mittel erkennbar aus dem Dunkel des Gehirns und wird im alltäglichen Verhalten sichtbar. Mit ein wenig psychologischem Gespür, Menschenkenntnis und dem so genannten »gesunden Menschenverstand« erschließen sich uns daraus die Verhaltensmuster, die uns bekannt vorkommen. Wozu also Hirnforschung?

Ganz einfach: Psychologie und Hirnforschung verhelfen uns auf völlig anderem Weg zu Erkenntnissen über das menschliche Verhalten, und es wäre albern, diesen anderen, neuen Blickwinkel nicht für das Marketing nutzbar zu machen. Mehr als nur einmal treffen wir Situationen an, bei denen die Dinge anders sind, als sie scheinen, und selbst die moderne psychologische Forschung liefert mehr als nur die Gesetzmäßigkeiten beim Paarungsverhalten und wieso wir Gummibärchen mögen. Es gibt also gute Gründe, nach den Komponenten Ausschau zu halten, die uns aus der Hirnforschung zu neuer Erkenntnis verhelfen können.

Daneben hat sich mit dem Aufschwung der Neurologie ein neues philosophisches Interesse an den Motivationen des menschlichen Verhaltens gebildet, das sich disziplinübergreifend durch alle Arten der Gesellschafts- und Naturwissenschaften erstreckt.

Seit der Erfindung der Magnetresonanztomographie und anderer so genannter bildgebender Verfahren vor rund zwanzig Jahren ist die moderne Neurologie zweifelsohne ein großes Stück vorangekommen. Durch sie ist man in der Lage, verschiedene Funktionsbereiche des Gehirns genauer zu beobachten und farblich darzustellen.

Damit einhergehend ist eine alte philosophische Diskussion neu darüber ausgebrochen, ob das, was wir als menschliche Entscheidungsfreiheit und Bewusstsein bezeichnen, im Grunde genommen nichts anderes ist als eine Illusion, durch neuronale Funktionen im Gehirn vorherbestimmt und hervorgerufen. Nachdem sich in den letzten 2300 Jahren die Philosophen und seit rund hundertfünfzig Jahren die Psychologen an dieser Frage die Zähne ausgebissen haben, beugen sich jetzt einige Biologen und Neurologen über das Gehirn und behaupten, mit intensiver Forschung lasse sich der Kern des Bewusstseins erforschen.

Nunja – das sind große Worte, und man hat den Eindruck, hier hätten Wissenschaftler wieder einmal den Mund recht voll genommen; es wäre nicht das erste Mal in der Wissenschaftsgeschichte. Alles was bisher geliefert wurde (und das ist nicht wenig), ist immerhin eine immense Summe von Einzelbeobachtungen, die trotz ihrer gewaltigen Menge immer noch kein Bild vom Menschen, vom Bewusstsein oder den inneren Motivationskräften bietet. Sie wirkt eher wie ein Quilt, ein Flickenteppich, bei dem viele Teile vorhanden, aber noch nicht geordnet zusammengefügt sind. Aber ebenso offensichtlich ist auch, dass diese Fragen und die damit verbundenen Forschungen neben der Biochemie zu einer Schlüsselfrage der modernen Wissenschaften im nächsten Jahrzehnt werden.

Aber so weit müssen wir gar nicht gehen. Wir haben ein eingeschränktes (und vielleicht gerade deshalb tieferes) Interesse. Wir sehen uns diese graue Masse unter der Schädeldecke unter dem Gesichtspunkt des Marketing an. Sie besteht aus etwa 100 Milliarden Nervenzellen (Neuronen). Jede von ihnen ist mit 10 000 bis 20 000 anderen Neuronen verknüpft. Das Stamm-, Klein- und Mittelhirn sorgt für alle lebensnotwendigen Funktionen, die es organisiert. Das limbische System ist sozusagen unsere Regiezentrale. Es sorgt für Lernen und Erinnerung, beurteilt die Situation der äußeren Umwelt und wirft bei Bedarf mit Adrenalin um sich – dann haben wir Stress.

Darüber schließlich wölbt sich unser Großhirn, das sich in zwei Hemisphären unterteilt. Dort scheint alles enthalten zu sein, was unser Bewusstsein konstituiert – und dazu zählen auch Einfallsreichtum oder Intelligenz, gelenkte Aufmerksamkeit oder die Fähigkeit zu sprechen. Aber wie funktioniert das Gehirn? Das interessiert die Forschung natürlich brennend, und die Wissenschaftler können mit diesen Fragen ganze Forschungskongresse füllen und Universitätsbudgets leeren.

»Tausend und eine Macht« will sich nicht so weit in die Forschung vertiefen. In diesem Buch sehen wir uns recht unsystematisch einige Ergebnisse der Hirnforschung an und beziehen sie – das dann allerdings recht systematisch – auf unsere Erfahrung. Damit das einigermaßen funktioniert, habe ich mich auf einige Prämissen eingelassen, die nur kurz erläutert werden sollen und an die man sich halten kann. Aus diesen sollen dann jene Grundlagen gezimmert werden, die Sie im ersten Teil (ab Seite 13) vorfinden werden. Hier also die Prämissen:

1. *Wir lernen durch Geschichten und Nachahmung:* Diese Grunderfahrung ist nicht neu, gehört aber noch einmal besonders betont, denn wer sie vergisst, kann mit ihr nicht umgehen. Der Psychologe John Kotr ist einer der ersten Wissenschaftler, die sich intensiv mit den Zusammenhängen von Gedächtnis und Geschichten beschäftigten. Die Geschichte muss nicht verbal berichtet werden; es reicht das Vorführen. Wenn wir nachahmen, überprüfen wir die Geschichte auf ihre Handhabbarkeit für uns.
   Aber auch unabhängig davon zeigt die recht unakademische Disziplin des Gedächtniskünstlers, wie er seine Neuronen zu Höchstleistungen zwingt: Er prägt sich das zu Speichernde mit Hilfe von Geschichten ein. Ob es sich dabei um Gegenstände oder lange Ziffernreihen handelt, ist egal; in allen Fällen fantasmagoriert er sich eine krause und wilde Geschichte, in der alle in das Gedächtnis zu übernehmenden Gegenstände eingewoben sind. Das bleibt in jeder Weise nicht ohne Wirkung.
2. *Die Herausbildung des Gedächtnisses verändert das Gehirn:* Damit sind wir beim Gedächtnis. Denn um Erfahrung nutzbar machen zu können, muss diese erst einmal aus dem Gedächtnis abgerufen werden. Wie geht das? Man weiß inzwischen, dass an den entsprechenden Speicherplätzen an den Neuronen für wiederkehrende Dinge neue »Knubbel«, so genannte dendritische Spines, wachsen. Diese bilden sich auf Grund von Synapsen, neue

Verbindungen zwischen den Neuronen oder durch elektrochemische Prozesse (Botenstoffe). Mit anderen Worten: Unser Gehirn ist nach einem Lernprozess nicht einfach neu verkabelt, sondern die Hardware ist anders.

3. *Intuition ist trainierte Erfahrung:* Damit kommen wir auf die Frage, wie wir zur Erfahrung kommen: Natürlich durch Wahrnehmen und durch Übung. Forschungen des amerikanischen Neuropsychologen Elkhonon Goldberg deuten darauf hin, dass die rechte Hirnhemisphäre sich vorwiegend mit der Verarbeitung von Neuem beschäftigt. Erst wenn wir richtig geübt und das zu Lernende intus haben, wandert es als Routine in die linke Hirnhälfte und wird dort zum Bestandteil der eigenen Intuition. Die Intuition wäre danach sozusagen unser angelernter Reflex, um auf bekannte Situationsmuster schnell reagieren zu können. Daraus lassen sich zwei spannende Schlussfolgerungen ziehen.
   Zum einen lässt sich daraus ableiten, dass Intuition wahrscheinlich ebenfalls lernbar ist. Zum anderen aber zeigt sich daran, dass wir auch durch Intuition nicht unfehlbar werden. Denn was ist, wenn wir auf eine neue Situation mit einer Routine reagieren? Alle Menschen, die bisher bei ihrem Gegenüber an die Liebe fürs Leben glaubten und ein Jahr später vor dem Scheidungsrichter stehen, haben möglicherweise »intuitiv«, aber wohl doch falsch entschieden. Mit anderen Worten: Unser Bauchgefühl ist viel wert, aber auch nicht alles …
4. *Emotionen bestimmen auch unser »sachliches« Verhalten:* Unsere Emotionen sind, »neurobiologisch gesprochen, ein ungelerntes, angeborenes Programm von automatischen Aktionen, die der Bewältigung des Lebens dienen«, sagt der portugiesische und in den USA lehrende Neurologe Antonio Damasio. Und er ergänzt: »Emotionen und Wahrnehmung beeinflussen sich gegenseitig, Emotionen und Wahrnehmung reden sozusagen miteinander.«
   Die Melange, die sich daraus ergibt, ist jene emotionale Prägung, die unseren jeweiligen Verhaltensstil individuell auszeichnet – sie speist wahrscheinlich noch eine andere menschliche Eigenschaft: unser Gewissen.
5. *Mythen speichern die kollektive Erfahrung:* Seitdem die Altertumswissenschaften in den Mythen antiker Völker mehr sehen als nur wirre Fantasiegeschichten toter Griechen, hat sich auch die Psychologie ihrer bemächtigt und erkennt in den Mythen und

Überlieferungen sowohl die (überhöhte) Schilderung realer Ereignisse als auch einen emotionalen Verhaltenscode, der offensichtlich die menschlichen Grundmuster anspricht und daher positiv besetzt ist. Empfand das bürgerliche 19. Jahrhundert die Antike noch als Erkenntnisgewinn, eignen wir uns heute unsere Mythen schneller an. Wir hinterfragen sie nicht mehr nach ihrem Wahrheitsgehalt, sondern imitieren ihre Abbilder.

Diese fünf Prämissen deuten zumindest eine Erklärung an, weswegen Psychologie und Werbung immer wieder bestimmte Grundmuster behandeln, wenn auch aus unterschiedlichen Gründen. Ich habe daraus sieben Grundeigenschaften entwickelt, von denen ich denke, dass sie menschliche Urteilsfähigkeit und Verhaltensmuster am besten verdichten. Sie sollen die Grundlage bilden und werden im ersten Teil *(Die Voraussetzungen)* dargestellt. Sie können diese Überlegungen prüfen.

Was ich Ihnen zur Überprüfung Ihrer bestehenden Denkmodelle bieten kann, sind Geschichten aus der Wissenschaft, aus der Gesellschaft und aus meiner Biografie. Denn eine der wichtigsten Behauptungen von »Tausend und eine Macht« lautet ja gerade: Unser Gedächtnis speichert Informationen in Form von Geschichten. Wenn das komplexe Datenverarbeitungssystem unseres Gehirns zur Schlussentscheidung gelangt, das Speichern einer Geschichte lohne sich, wird sie gespeichert. So individuell der Beschluss beim einzelnen Menschen erfolgen mag, es gibt während der »Diskussionsphase« einige Verarbeitungsgesetze und Regeln, die für alle Menschen gelten.

Dadurch kommen wir zum zweiten Teil *(Die Instrumente):* Er bietet jene sozialen, kommunikativen Instrumente an, die sich im Rahmen der menschlichen Entwicklung herausgebildet haben und die Werber und Marketer als die modernen Hüter der narrativen und visuellen Erfahrung idealerweise benutzen sollten.

Und schliesslich der dritte Teil, *die Anwendungen* (denn man sollte ja nie ohne Beispiel bleiben). Hier finden Sie meine Best-of-Auswahl für erfolgreich angewandte Instrumente, naturgemäß stark subjektiv, aber mit dem Vorteil verbunden, dass sie meist spontan einleuchten und das, was möglicherweise manchmal etwas abstrakt daherkommt, beispielhaft verdeutlichen.

Fangen wir also an mit der Probe aufs Exempel: Die Voraussetzungen.

Die Voraussetzungen

Wahrheit, Wahrscheinlichkeit oder Vernunft sind Worte, die selten romantische Erinnerungen wecken. Das ist bei Frauen, Gefühlen und Aufmerksamkeit eher möglich. Was auch diese Begriffe in Ihnen auslösen, in diesem Kapitel geht es um Theorie.

Um den Instrumentenkoffer für »Tausend und eine Macht« wissenschaftlich auszukleiden, muss ich auf Material zurückgreifen, das in den Büchergestellen der Forscher steht.

Die »Voraussetzungen« nehme ich in die Geschichtensammlung von »Tausend und eine Macht« auf, weil wissenschaftliche Gutachten die Verbreitung eines Glaubens beschleunigen und weil auch Markenstrategen ihre Arbeitsweise legitimieren müssen.

Aufmerksame Leser werden auf Gedanken stoßen, die sie im zweiten Teil *(Die Instrumente)* wieder antreffen werden, wenn auch in anderer Form. Die Voraussetzungen zu kennen, ist für das Verständnis der zwölf Instrumente nicht notwendig. Bei der Umsetzung auf sie zählen zu können, ist aber von Nutzen.

Verdichtungen von Wissenschaftsgeschichten wirken oft unverschämt und sind es auch. Aber die Voraussetzungen wollen keine vollständigen Rechenschaftsberichte sein. Sie sollen wissenschaftliche Haltegriffe sein und die Lust nach dickeren Forschungsromanen wecken. Auf www.1001macht.ch finden Neugierige weitere Tipps.

Wahrheit

»Die lügen mich doch dauernd an, wollen mich für dumm verkaufen, mir das Geld aus der Tasche ziehen!« Mein Freund kommt nicht selten in Rage, wenn wir über meinen Beruf sprechen. Doch weil ihm unsere Freundschaft wichtig ist und solche Pauschalurteile mich ärgern, spricht er mir den Ausnahmestatus zu. Dieses Friedensangebot nehme ich gerne an, weil wir uns in der Sache ohnehin nicht einigen können und so sinnlose Streitereien unnötig verletzen.

Aber wie verhalte ich mich, wenn mir ein Gesprächspartner den Ausnahmestatus verweigert und mich damit zu den Lügnern zählt? Was tun Sie in ähnlichen Situationen?

Es gibt nur zwei Möglichkeiten. Wir können uns den Ausnahmestatus selber zusprechen oder den anderen von seiner Meinung abbringen. Vielleicht fehlt Ihnen die Variante, die Behauptung einfach zu ignorieren. Klingt verlockend und funktioniert auch. Aber leider nur, wenn Ihnen die Beziehung zum Gesprächspartner egal ist. Das trifft allerdings weniger häufig zu, als wir uns einreden.

Der Verstand schafft die Wahrheit nicht,
sondern er findet sie vor.
Aurelius Augustinus

Wir Menschen sind weit stärker auf Anerkennung angewiesen, als unser Bewusstsein dies zugeben will. Denn um das soziale Zusammenleben von über sechs Milliarden Individuen zu ermöglichen, ist Anerkennung eines der wichtigsten Bewertungskriterien des Unbewussten. Und der Glaube, dass in unserem Hirn ein Netzwerk existiert, das mit seinen Urteilen unser Verhalten bestimmt, ohne unser Bewusstsein groß zu fragen, gehört zu den unabdingbaren Voraussetzungen von »Tausend und eine Macht«. Ob wir dieses Netzwerk nun limbisches System oder Gefühle nennen, ist völlig nebensächlich. Eine Beziehung zu einem anderen Menschen muss schon sehr schwach sein, damit ich den Vorwurf ignoriere, ein Lügner zu sein.

Ich empfehle Ihnen, die Möglichkeit der Nichtbeachtung am besten gar nicht in Erwägung zu ziehen, ob im Privatleben oder als Markenstratege. Damit bleiben Ihnen nur die Möglichkeiten, am Wahrheitsbegriff des Partners zu rütteln oder sich mit einem inneren Monolog die Absolution selbst zu erteilen. Anders kommt Ihr Ich in dieser Angelegenheit nicht zur Ruhe.

Am liebsten ist uns, wenn der andere das Urteil unseres Bewertungssystems übernimmt. Dafür tun wir auch einiges, meist proportional zur Bedeutung einer Beziehung. Erst wenn das nicht klappt, erzählen wir uns selbst eine Theorie, nach der wir die lobenswerte Ausnahme sind.

Die finden wir immer, wenn auch in unterschiedlicher Qualität. Je weiter sie von unserem eigenen Verhalten abweicht, desto eher nehmen wir unsere Überzeugungsarbeit wieder auf.

Ein Lügner muss ein gutes Gedächtnis haben.
Jiddisches Sprichwort

Ich bin keine Ausnahme, und ich bin kein notorischer Lügner. Welcher Wahrheitsbegriff zu dieser Selbsteinschätzung führt, steht in »Tausend und eine Macht«, weil er zu den Voraussetzungen meiner Arbeit gehört. Die Erfahrung zeigte mir, dass diese Auffassung von Wahrheit vermittelbar ist und ihre Übernahme den Einsatz der zwölf Instrumente wesentlich erleichtert. Meine Vorstellung von Wahrheit wird von drei Bildern geprägt.

Die Wahrheit der Kindheit

Sie ist das Wissen, das wir uns in den ersten Lebensjahren aneignen. Das ist weder wenig, noch einfach, vergänglich oder ersetzbar. Aber je nach Situation, Gefühlslage oder Lebensalter kommt es zu beträchtlichen Verschiebungen. Die Wahrheiten der Kindheit beeinflussen unser Verhalten maßgeblich, ohne unser Bewusstsein darüber zu informieren. Markenstrategen interessieren sich für die Kindheitserlebnisse ihrer Kunden.

Die Wahrheit der Kultur

Mit den Begrifflichkeiten, die uns kulturelle Wurzeln zur Verfügung stellen und nähren, beschreiben wir unsere Identität. Solche Wahrheiten sind prägend und gegen äußere Einflüsse sehr resistent. Und wir müssen ein Minimum von ihnen mit denen teilen, auf die wir angewiesen sind. Nach diesem Minimum suchen Markenstrategen, wenn sie Wahlverhalten beeinflussen.

Die Wahrheit als Werkzeug
Wir brauchen sie, um einer Aussage mehr Gewicht zu geben. Wenn wir ein Vorstellungsbild mit dem Hinweis auf Wahrheit verbinden, erhöhen wir unsere Überzeugungskraft. Wahrheit als rhetorische Figur. Je aufwändiger die Überprüfung einer Wahrheit ist, desto eher lassen wir sie stehen und überlassen die Beweisführung dem Gegenüber. Markenstrategen gehen davon aus, dass sie Identitäten und Wahrheiten am ehesten durch Handlungen verändern können.

Wahrheit entsteht im Kopf

Die Behauptung, dass es eine Wahrheit der Kindheit gibt, begründe ich mit der Funktionsweise des Informationssystems, das sie hervorbringt. Obwohl ich Ihnen das Gehirn in der Einleitung schon einmal vorgestellt habe, hat es erst hier wirklich seine Premiere. Voilà, hier ist es:

Alles was uns ausmacht, hat die Größe eines prächtigen Blumenkohls und ist eine glibberige graue Masse, die bei Männern durchschnittlich 1,35 Kilogramm und bei Frauen 1,22 Kilogramm auf die Waage bringt. Und wie alle Organe besteht das Gehirn aus Zellen, hauptsächlich aus Nervenzellen oder Neuronen, wie sie Fachleute nennen.

Neuronen sind kleine Informationszentralen, die über eine Vielzahl von Nervenfasern miteinander kommunizieren. Von diesen Telefonkabeln gibt es zwei Typen, das Axon als Kanal für den Output und die Dendriten für den Input. So genannte Gliazellen, von denen es mindestens zehn Mal mehr als Nervenzellen gibt, stützen und versorgen die Neuronen. Und Synapse heißt die Stelle, an der die elektrisch übermittelten Signale aufeinander treffen. Diese ausgeklügelten Datenverarbeitungszentren finden wir in allen lebenden Organismen, selbst beim primitiven Plattwurm, dessen Verhaltensrepertoire von wenigen hundert Nervenzellen gelenkt wird.

Die ungeheure Zahl und phantastische Verknüpfung solcher Zellen machen den Menschen einzigartig. Seine hundert Milliarden Neuronen entsprechen dem gesamten Baumbestand im 4300 km^2 großen Amazonasdschungel. Und da ein Neuron bis zu zehntausend Anschlussstellen hat, lässt sich ein Netzwerk von hundert Billionen oder 10^{14} Verbindungen errechnen, was allen Blättern im südamerikanischen Dschungel entspricht. Beziehen wir die internen Verschaltungskombinationen des neuronalen Netzwerkes mit ein, ergibt sich sogar eine Eins mit einer Million Nullen.

Der Ozean der irrelevanten Variablen ist größer als der Ozean der Dummheit, und das will schon etwas heißen.
Stanislaw Lem

Kehren wir in die Kindheit der ersten fünf Jahre zurück. Was haben wir geerbt, was erworben? Auch wenn wir diese Frage nie abschließend beantworten können, wissen wir, dass der grobe Bauplan für unser Ich vor unserer Zeugung gezeichnet wird und seine groben Entwürfe von Genen skizziert werden. Wie sonst könnten sechs Milliarden Menschen mit individuellen Wahrnehmungs- und Verhaltensmustern miteinander leben?

Was nach unserer Geburt im Kopf vorgeht, wie sich Synapsen bilden, abbauen und verändern, führe ich beim Instrument »Die Sprache« (Seite 187) aus. Und die großen Umbauarbeiten im Kopf kommen gegen Ende der Pubertät zum Stillstand.

Wir sind die Informationen, die wir verarbeiten.
John Allen Paulos

Wenn Synapsen ihr Wachstum einstellen, folgt kein totaler Entwicklungsstopp. Denn auch nach der Pubertät verändert sich das neuronale Netzwerk mit jeder Wahrnehmung, jeder Bewegung und jedem Gedanken. Aber an den wichtigsten Bauplänen hält es nun fest.

Die Art und Weise, wie wir in frühen Jahren zu Mustern der Neuronenvernetzung gelangen, bestimmt unseren Wahrheitsbegriff. Kaum auf der Welt, müssen wir Ordnung schaffen und erkennbare Muster von flüchtigen Wahrnehmungen bilden. Alle Eindrücke, die unser Gehirn für speicherwürdig hält, hinterlassen Spuren. Und wenn unsere Vorstellung einer Sache mit dem Wahrgenommenen übereinstimmt, bezeichnen wir dies als Wahrheit. Es ist wahr, dass ich beim Fußballspiel die Kleider verschmutze. Es ist wahr, dass ich die Sonne untergehen sehe. Es ist wahr, dass Eins und Eins gleich Zwei sind.

Die Menschheit lässt sich keinen Irrtum abnehmen, der ihr nützt.

Friedrich Hebbel

Von frühkindlichen Wahrheiten kommen wir schwer los, weil sie in unserem Erfahrungsgedächtnis mit Belohnung und Bestrafung, mit Freude und Trauer, Lust und Frust verknüpft wurden. Bis wir darüber nachdenken können, ob alles richtig war, sind die meisten überlebensnotwendigen Verbindungen für den Sicherheitsplan bereits geknüpft, ohne jegliche Beteiligung des Bewusstseins. Dieser neuronale Garantieschein für Reproduktion und Überleben wird nur noch retuschiert, wenn eine sorgfältige Analyse klare Vorteile verspricht.

Wahrheit ist ein Wort

Die Diskussion über Wahrheit kann erst einsetzen, wenn die Evolution den Menschen zum sprechenden Wesen weiterentwickelt. Das trat aufs Ganze gesehen sehr spät ein. Erst vor 50 000 oder 100 000 Jahren warfen die Menschen einander Worte zu, bevor sie zur Jagd aufbrachen, ihren Anführer oder die Verteilung der Beute bestimmten. Und die ältesten schriftlichen Zeugnisse einer Sprache sind gerade mal 5000 Jahre alt. Menschen kamen auch ohne formulierte Wahrheiten zurecht.

Das mag uns heute erstaunen, wird aber verständlicher, wenn wir Sprache lediglich als eines von vielen Informationssystemen betrachten, das Komplexität reduziert. In einer Zeit, zu der Menschen in kleinen Gruppen leben und in einer überschaubaren Welt vor allem damit beschäftigt sind, ihr tägliches Überleben zu sichern, reichen die vorhandenen Kommunikationsmedien offenbar aus.

Erst wenn die biologischen Voraussetzungen gegeben sind und Sprache klare Vorteile bringt, setzt sich der neue Informationsträger durch. Und es spricht alles dafür, dass es bei den Wahrheitsdiskussionen schon früh um die Verteilung von Macht geht. Denn die Deutungshoheit über Wörter bestimmt den gesellschaftlichen Status eines Individuums oder einer Gruppe wesentlich mit.

Nicht jeder Gedanke findet ganz zu seinem rechten Wort hin und nur darum ist er nicht ganz wahr.
Ferdinand Ebner

Der Status eines Wortes ist auch im Marketing von Bedeutung. Ob ich ein Papiertaschentuch oder ein Tempo verlange, eine Plastikuhr oder eine Swatch, löslichen Kaffee oder Nescafé, beeinflusst den Umsatz des Wortinhabers.

Heute gehen die meisten Naturwissenschafter davon aus, dass es keine objektive Wahrheit gibt. Und unter Philosophen einigt man sich, nur Behauptungen über Sachverhalte nach wahr oder unwahr zu klassifizieren. »Draußen scheint die Sonne«, ist wahr, wenn draußen tatsächlich die Sonne scheint.

Eine solche Auffassung ist alltagstauglich, weil wir die wenigsten Sachverhalte persönlich überprüfen können und uns auf fremde Beobachter verlassen müssen.

Wir brauchen solche Wahrheiten, ob es sie nun objektiv gibt oder nicht. Aber um Verhalten anderer Menschen zu beeinflussen, nützen Streitereien um die richtige Definition von Wahrheit weniger als das Wissen, wie unser Gedächtnis Informationen speichert. Denn es fragt nicht nach der Wahrheit, sondern nach der Wahrscheinlichkeit, ob sich Neues mit Altem verträgt.

Wahrscheinlichkeit

Bei Wahrscheinlichkeitsrechnungen begeben sich mathematische Banausen auf dünnes Eis. Ich betrete es trotzdem, weil ein minimales Verständnis zu den Voraussetzungen gehört und weil der geniale Vereinfacher Richard P. Feynman auch Bücher für Laien schrieb.

Die Theorie der Wahrscheinlichkeit
ist ein System, das uns beim Raten hilft.
Richard P. Feynman

Der 1988 verstorbene Nobelpreisträger in Physik sieht in einer Wahrscheinlichkeitsrechnung also drei Elemente: einen Ratenden, eine Frage mit ungewisser Antwort und Hinweise, deren Entdeckung uns eine Antwort als empfehlenswert erscheinen lässt.

Genau nach diesem Prinzip funktioniert unser Gehirn. Zwar keineswegs fehlerfrei, wie wir alle wissen, aber doch so gut, dass wir überlebten und sogar immer älter werden.

Das Ratespiel des Gehirns hat aber eine Besonderheit, die selbst Mathematiker zur Verzweiflung bringt. Denn was sie beobachten wollen, ist gleichzeitig das Instrument, durch das sie blicken. Der Perspektivenwechsel zwischen der ersten und der dritten Person gehört zu den ewigen Paradoxien der Gehirnforschung. Die Wirklichkeit, in der ich lebe, ist und bleibt eine Konstruktion des Gehirns. Daher gibt es zur Auflösung dieser Widersprüchlichkeiten etwa so viele Vorschläge wie sprechende Forscher. Der Neurologe Gerhard Roth meint, letztlich wolle der Mensch wissen, wie er selbst zustande komme, um dann seinen Weg zu skizzieren, wie er dem Teufelskreis entronnen sei.

Wer sich nicht ändert, bleibt nicht der Gleiche.
Bertolt Brecht

Trotz aller Schwierigkeiten wissen wir inzwischen so viel über die Grundmechanismen, dass wir aus ihnen sinnvolle Schlüsse ziehen können, wie unser Gehirn zu den Urteilen kommt, die unser Verhalten steuern. Das Rechnen in Wahrscheinlichkeiten ist eine solche Funktion, mit der ein lebendiges System für Ordnung sorgt. Und je besser die interne Ordnung mit derjenigen der Außenwelt übereinstimmt, desto höher die Chance zum Überleben. Ohne gutes Bewertungssystem wird die Rechnerei schwierig.

Wertfreies gibt es nicht

Im Gehirn sitzen Milliarden Nervenzellen am Tisch der menschlichen Bewertungs-Jury und belohnen Effektivität mehr als Vollkommenheit. Ein vertretbares Kosten-Nutzen-Verhältnis steht über purer Qualität.

Die Ratenden, in unserem Fall die Nervenzellen, müssen jede neue Information, die anfangs immer eine offene Frage ist, in Windeseile mit Ja oder Nein beantworten. Alles oder nichts. Nützt – oder nützt nicht, Verbindungen möglich – oder nicht, Weitergabe empfehlenswert – oder nicht. So einfach dieses Prinzip klingt, so unvorstellbar komplex ist der Weg bis zur Antwort.

Die Signalübertragung an den Synapsen erfolgt auf chemisch-elektrischem Weg und braucht viel Energie, weil die Transportwege und Übertragungsgeschwindigkeiten enorm sind. So können einzelne Bahnen durchaus zehn Zentimeter lang sein und Impulse pro Sekunde vierzig bis sechzig Meter weit übermittelt werden. Auf das Denken zu setzen, ist ein Wettbewerbsnachteil, da Bewusstseinsprozesse Neuronen stärker aktivieren, was Sauerstoff und Traubenzucker verbraucht. Und da das Herbeischaffen von Sauerstoff und Glukose aus der Umgebung den Blutfluss erhöht, können wir Hirnaktivitäten messen.

> Faulheit ist die Mutter aller Erfindungen.
>
> *Curt Götz*

Unser Gehirn beansprucht etwa zwanzig Prozent des Sauerstoffs, nimmt aber nur zwei Prozent des Körpervolumens ein. Besonders energiereich ist die Arbeit der Großhirnrinde, wo gedacht, erinnert, geplant und gesprochen wird. Sie verbrennt achtmal mehr Energie als andere Teile des Gehirns. Da der knappe Platz im Gehirn vor allem für die Netze der Nervenzellen reserviert ist, werden Energiereserven ausgelagert, was bei niedrigem Blutzuckerspiegel oder Sauerstoffmangel zu Problemen führt. Markenstrategen stellen keine Denksportaufgaben, sondern gehen von einem Menschen aus, der ins Schlaraffenland will.

> **Sobald du dir vertraust, sobald weißt du zu leben.**
> *Johann Wolfgang von Goethe*

Im Gehirn gibt es keine oberste Zentrale, keinen Alleinherrscher und keine Vollversammlungen. Die Entscheidungsgremien sind überall zu Hause und werden bei jeder Anfrage neu miteinander verbunden. Da dies wertvolle Energie kostet, geht es bei der ersten Wahrscheinlichkeitsberechnung nur darum, ob sich der Aufwand für Informationsaufnahme überhaupt lohnt.

Ohne Rückgriff auf vorhandenes Datenmaterial würde diese Aufgabe selbst unser leistungsfähiges Gehirn masslos überfordern, weil es dann bei jeder Aufgabe ganz von vorne beginnen müsste. Aber wir haben zum Glück Gedächtnissysteme, die Vererbtes und Erlebtes speichern und mit einem Wert versehen. Alte Daten zu verwenden garantiert zwar keine sichere Prognose, ist aber effizient. Daher ist unser Gehirn konservativ mit Hang zur Modellpflege bewährter Prototypen.

> Ich weiss, so kann ich nicht gewesen sein,
> aber das ist nun mal meine Erinnerung.
> *Pat Parker*

Von einer Feldmaus unterscheidet uns weniger die Sprache, sondern vielmehr unsere Fähigkeit, Erfahrungen zu speichern und sie zur Bewertung neuer Informationen einzusetzen. Während die Differenzierung eines Artmerkmals bei unseren Vorfahren eine runde Jahrmillion beanspruchte, braucht der assoziative Kenntnisgewinn nur Stunden oder gar nur Sekunden. Das ist eine milliarden- bis billionenfache Steigerung und der Übergang von einer Verhaltens- zu einer Erfahrungswelt. Der Preis für diesen unbestreitbaren Vorteil: Wir bleiben nach der Geburt jahrelang von den Erfahrungswelten anderer abhängig, um eigene Bewertungen mit denen der Außenwelt abzustimmen.

Mass für Vertrauen

Das Bewusstsein tut sich schwer mit Wahrscheinlichkeitsrechnungen und Prognostik. Würde es Informationen tatsächlich wie ein Computer verarbeiten, könnten die Casinos ihre Tore schließen. Aber die neurologische Urteilsfindung mischt Emotionales und Rationales. Das führt immer wieder zu hübschen Rätseln, mit deren Veröffentlichung sich Statistiker ein Zubrot verdienen. Zwei Beispiele aus der reichhaltigen Sammlung sollen hier genügen.

Wer ist Linda?

Linda, 31 Jahre alt, Single, freimütig, sehr intelligent, in Philosophie promoviert, gegen verschiedene Formen der Diskriminierung stark engagiert und auch schon an Anti-Atom-Demonstrationen gesehen.

Wie stufen Sie Linda ein?

Linda ist Kassenbeamtin einer Bank.

Linda ist Kassenbeamtin einer Bank und aktive Feministin.

Falls Sie sich für die zweite Möglichkeit entscheiden, gehören Sie zur großen Mehrheit. Der Grund liegt darin, dass unser Gehirn Anschauliches, Szenarien und Geschichten liebt. Ob ich auf der Anklagebank sage: »Ich traf fünf Minuten später am Tatort ein«, oder: »Weil ich meiner Tochter noch einen Abschiedskuss auf die Wange drückte und ihr übers Haar strich, traf ich fünf Minuten später am Tatort ein«, beeinflusst die Wahrscheinlichkeitsrechnungen in den Köpfen der Geschworenen.

Welcher Kurierdienst ist besser?

Auch Versprechungen überprüfen wir nicht nur nach den Formeln der Wahrscheinlichkeit.

Ein wichtiger Brief muss am nächsten Tag spätestens um 09.00 Uhr beim Geschäftspartner sein. Der Kurierdienst A ist doppelt so teuer, aber auch doppelt so zuverlässig wie der Kurierdienst B. Übergeben Sie den Brief der Firma A oder dem Unternehmen B, dem Sie noch eine Kopie mitgeben, damit es zwei Boten losschicken kann? Nach mathematischen Gesichtspunkten müssten Sie den Brief dem Kurierdienst A mitgeben.

Wahrscheinlichkeit ist ein Maß für Vertrauen. Das Vertrauen in die Regeln des Ratespiels und in die Wiederholung bekannter Ereignisketten aus der Vergangenheit. Irgendwann müssen wir uns mit der Informationsmenge zufrieden geben, sonst wäre kein Problem lösbar. Das gilt für das Gehirn ebenso wie für den Computer. Kurze Denkwege bewähren sich, selbst wenn Irrtümer nicht ausbleiben. Denn am Schluss zählt nur die Gesamtrechnung.

Zweifel am evolutionären Erfolgsmodell »Versuch und Irrtum« haben ihren Ursprung in unserem engen Blickwinkel. Wir denken nicht in Jahrmillionen, nicht einmal in Generationen und beurteilen das Erfolgsrezept der Natur vorwiegend nach unserem persönlichen Geschmack.

Aber die Evolution denkt nicht an das einzelne Lebewesen. Sie kümmert sich nicht um den einzelnen Werner. Sie hat nur alle Werner, alle Verena, alle Namensträger im Auge. Und es ist nicht einmal klar, ob sich die Großhirnrinde auf Dauer bewährt.

Interessen der Jury

Leben ist das Wählen zwischen Risiken. Und seine Gewinnchance steigt, wenn es Bekanntes kopiert. Denn die meisten Kopierfehler zahlen sich nicht aus. Also alles beim Alten lassen? Jein! Markenstrategen müssen auf Bekanntem aufbauen und gleichzeitig nach interessanten Kopierfehlern Ausschau halten, die sie übernehmen können. Deshalb verwenden sie die gleichen Hinweissignale wie das Gehirn.

Häufigkeiten

Das Gehirn misst die Wahrscheinlichkeit, dass bestimmte Ereignisse zusammentreffen. Und je häufiger es feststellt, dass zwei Informationsmuster zueinander finden, desto eher rechnet es damit, dass dies in Zukunft ebenso sein wird. Hat unser Gehirn die Repräsentation einer Erdbeere gebildet, beginnt es beim erneuten Anblick einer Erdbeere nicht wieder von vorne. Die lokalen Verarbeitungszentren für Objektmerkmale, Form, Farbe, Geruch, Oberflächen zeichneten zusammen den Prototyp einer Erdbeere, der zur Vorlage für die Zukunft wird.

Jeder Reiz wird von einigen Hundert Basislandkarten im Gehirn auf Brauchbarkeit überprüft. Im Aufbau sind diese Karten sehr ähnlich und belegen über neunzig Prozent der Großhirnrinde. Je häufiger die Wahrscheinlichkeit eintrifft, bei der vermuteten Erdbeere handle es sich tatsächlich um eine Erdbeere, desto stabiler wird dieses neuronale Muster.

Um ein gespeichertes Muster aufzulösen, reichen einige Irrtümer nicht aus. Beiße ich versehentlich in eine Plastikerdbeere, bleibt dies ohne neuronale Folgen. Esse ich aber ein faules Exemplar, passt sich die bestehende Repräsentation einer Erdbeere so an, dass ich künftig auch die faulen erkenne. Bei Ungenießbarkeit kann es um Leben und Tod gehen.

> Von der Wahrscheinlichkeitsrechnung her wird
> das eine oder andere Tor fallen.
> *Christoph Daum*

Häufige Signale nehmen einen größeren Raum ein als seltene. Jahrelanges Lesen der Blindenschrift vergrößert das für die Fingerkuppe zuständige kortikale Areal, bei Gitarre- oder Geigenspielern gilt das Gleiche für die Zuständigkeitsbereiche der linken Hand. Auch die Mausklickergeneration wird ihre neuronalen Spuren hinterlassen.

Häufigkeit führt zu Wahrheiten. Wo viele Leute sind, muss etwas los sein, was viele kaufen, muss attraktiv sein, was in Suchmaschinen häufig gesucht wird, rutscht im Ranking nach oben. Neuronen, die immer wieder ähnliche Signale verarbeiten, rücken näher zusammen, falls dies übergeordnete Baupläne erlauben.

Kombinatorik

In der Kombinatorik herrscht exponentielles Wachstum. Würde unser Gehirn dem Prinzip der eindeutigen Zuordnungen folgen, müsste es unendlich viel größer sein, sofern es unsere Denk- und Handlungsfähigkeit nicht auf die Kapazität eines Regenwurmes herunterfahren will.

> Die meisten Schlager sind Tonfolgen, die gesungen wurden,
> bevor sie komponiert wurden.
> *Markus M. Ronner*

Wozu beliebige Kombinationsmöglichkeiten bei der Sprache führen, lässt sich in einer einfachen Rechnung festhalten. Wählen Sie zehn Wörter für einen Satzanfang und zehn weitere für das zweite Wort. Das ergibt hundert mögliche Satzanfänge aus zwei Wörtern. Wenn Sie das Prinzip für einen Satz mit zwanzig Wörtern durchspielen, kommen Sie auf 10^{20} mögliche Sätze. Das ist eine Eins mit zwanzig Nullen oder hundert Millionen Billionen oder hundertmal die Zahl der Sekunden seit der Entstehung des Universums.

Auch wenn in der Realität nicht alle Möglichkeiten Sinn ergeben, müssen Schriftsteller Kreativitätsstaus selber verantworten.

Fehlertoleranz

Ein Informationssystem, das Hundert Megabyte pro Sekunde verarbeitet und brauchbare Prognosen erstellt, muss mit Ungenauigkeiten bei der Eingabe oder Fehlern in der Hardware umgehen können. »Vrsten Sie ds? Od brcht es Felrtolranz?« Die Verknüpfungen im neuronalen Netzwerk sind redundant. Das heißt, es wird mit einem Überangebot der gleichen Information gearbeitet. »Verstehen Sie das? Oder braucht es Fehlertoleranz?«

Für die Berechnung einer Wahrscheinlichkeit können wir Teile einer Nachricht weglassen, ohne den Informationsgehalt zu schmälern. Das Unnötige wird zur notwendigen Voraussetzung, um Gesetzmäßigkeiten zu erkennen. Solchen systemtheoretischen Regeln folgen Staat, Weltkonzerne und Armeen, ohne dass wir daran viel ändern können. Aber für Markenstrategen gehört im Zeitalter knapper Aufmerksamkeit das Reduzieren von Redundanz ebenfalls zum Pflichtprogramm.

Wahrheit ist ein Synonym für hohe Wahrscheinlichkeit. Aber weil unser Vorstellungsvermögen von Wahrscheinlichkeiten bescheiden ist, scheitert das Bewusstsein schon bei einfachsten Aufgaben. Wenn etwas zu 99 Prozent eintrifft, sprechen wir der Vereinfachung wegen von Wahrheit. Prozentzahlen suggerieren Genauigkeit, wo Ungewissheit herrscht.

Gefühl

Welches Geschenk möchten Sie? Ein Duftwasser mit Betörungsfaktor 27 oder ein Parfüm, das Sie durch die Nase träumen lässt?

Falls Ihnen die Frage unangenehm ist, sind Sie in guter Gesellschaft. Denn Menschen entscheiden nicht gern. Schließlich ist jede Wahl mit einer Abwahl, mit Unsicherheit, Verzicht und Verantwortung verbunden. Auf wen sollen wir hören? Auf unsere Gefühle oder auf Argumente?

Dieser Frage weichen Markenstrategen nicht aus, sondern zählen ihr Glaubensbekenntnis zur Vorherrschaft der Gefühle zu den Voraussetzungen ihrer Arbeit.

Im Abschied ist die Geburt der Erinnerung.
Salvador Dalí

Der Abschied von der Vernunft braucht nicht tragisch zu enden, denn die Ratio verlässt uns ja nicht. Sie wird lediglich von einem Thron gestoßen, der ihr nie zustand und den sie nie mehr zurückerobern wird, seit ihr wichtigster Verbündeter die Seiten wechselte. Denn die Naturwissenschaft unterstützt seit kurzem das Gefühl.

Limbisches System als Gewinner

Mit den zwölf Instrumenten ab Seite 45 werden Sie die wichtigsten Eigenschaften des limbischen Systems kennenlernen, was seine Anerkennung als Voraussetzung für das Marketing erleichtert. Ich halte mich daher kurz und enthülle kurz vorab einige Details zum neuen Marketing-Helden.

Steht das limbische System nun für Emotionen oder Gefühle? Der populäre Charakter von »Tausend und eine Macht« legitimiert einen flatterhaften Gebrauch der beiden Begriffe, obwohl es sichtbare Unterschiede gibt.

Springt das Herz, drückt der Magen, bricht der Schweiß aus, tränen die Augen oder stehen die Haare zu Berge, so sind dies körperliche Reaktionen, die sich in der Evolution durchsetzten, weil sie auf einfache Weise das Überleben sichern.

Diese körperlichen Reaktionen nennen die Wissenschaftler Emotionen.

Dringen die körperlichen Zeichen bis zum Bewusstsein vor, sprechen wir von Gefühlen. Gefühle sind wahrgenommene Emotionen.

> Wir weinen nicht, weil wir traurig sind,
> sondern wir sind traurig, weil wir weinen.
> *William James*

Der Engländer William James stellte das traditionelle Bild bereits 1884 auf den Kopf, war sich jedoch bewusst, dass sich Körperliches und Geistiges nicht so sauber trennen lassen.

Unser limbischer Held ist uralt und tritt nicht exklusiv auf der menschlichen Bühne auf, weil er zur Grundausstattung aller lebenden Organismen gehört. Als Bewertungsnetzwerk beherrscht er die Zellen seit über drei Milliarden Jahren, ohne sein Programm wesentlich geändert zu haben.

Der Anspruch auf Einzigartigkeit des menschlichen Gehirns ist unhaltbar, da sein Aufbau einem typischen Säugergehirn entspricht, das in seiner neuronalen Grundstruktur dem Gehirn eines Wirbeltiers sehr ähnlich ist: das Rückenmark, das verlängerte Mark, die Brücke, das Mittelhirn, das Zwischenhirn und das Endhirn.

In vielen Publikationen wird das Reich der Emotionen im Reptiliengehirn lokalisiert. Das ist selbst populärwissenschaftlich falsch und führt zu lästigen Missverständnissen. Vergessen Sie das Reptiliengehirn, der Name war ein Fehlgriff.

Weltmeister im Bewerten

Auf dem Tätigkeitsfeld unseres Helden haben wir uns schon intensiv umgesehen. Das limbische System bewertet die eingehenden Signale nicht allein, sondern als bunt zusammengesetzte Bodyguard-Truppe, die jeden Neuankömmling überprüft und urteilt, ob er uns gut tut oder schadet. Die Manie des limbischen Systems, nur Ja oder Nein zu sagen, schränkt die komplexe Außenwelt so stark ein, dass wir denken, träumen, hoffen, leiden, lieben und mit anderen Menschen auskommen können.

> Der hochgezüchtete Intellektuelle benimmt sich ganz ähnlich wie Damasios-Patienten mit präfrontaler Hirnschädigung.
>
> *Carola Meier-Seethaler*

Die Bedeutung des Selbstverständlichen entdecken wir erst in seiner Abwesenheit. Diese Erfahrung macht auch der Neurologe Antonio R. Damasio, wenn er Patienten untersucht, bei denen das limbische System gestört ist oder ausfällt. Die betroffenen Menschen verlieren die Orientierung im sozialen Raum und werden zukunftsblind. Alles ist gleichgültig.

Darüber kann sich Damasio mit seinen Patienten zwar unterhalten, aber auf das reale Verhalten haben solche Gespräche keinen Einfluss. Wenn das emotionale Bewertungssystem verrückt spielt, regiert der nackte Zufall.

Wollen wir Zufälliges einschränken, müssen wir Zugriff auf unser emotionales Erfahrungsgedächtnis haben, das sich im Körperlichen manifestiert und unser Handeln bestimmt. Die Wahrnehmung körperlicher Signale lässt sich trainieren und verbessern, was jedoch kein Beweis für die Existenz eines Bauch- oder Darmgehirns ist, wie uns allzu modische Alltagsneurologie weismachen will. Biologisch notwendige Wechselwirkungen und Handlungsentscheide sind nicht dasselbe.

Emotionen steuern unsere Gedanken, unsere Vorstellungen und unsere Erinnerungen. Neu eintreffende Informationen versehen sie sofort mit einer Etikette, die Antonio S. Damasio als limbische Marker bezeichnet. Die chemischen Schreibwerkzeuge zur Beschriftung sind unter den Namen Serotonin, Dopamin, Adrenalin und Noradrenalin bereits ziemlich populär. Und da Erfahrungen mit unterschiedlichen Gefühlen verbunden sind, gleicht das Markieren von Informationen eher einem Gekritzel als einer Schönschreibübung mit einem einzigen Füller.

Sind die Informationen schließlich mit einem emotionalen Wert gekennzeichnet, stehen sie uns für die Beurteilung künftiger Ereignisse zur Verfügung.

Was man als Blindheit des Schicksals bezeichnet,
ist in Wirklichkeit bloß die Kurzsichtigkeit der Menschen.
William Faulkner

Von diesen Vorgängen nehmen wir wenig wahr, merken kaum, dass unser Autopilot dauernd eingeschaltet ist. Aber die Verbindung zu seiner Instrumententafel bricht nie ab. Er signalisiert jede Kursänderung und teilt sie uns als Lust- oder Unlustgefühle mit. Signalisieren Abweichungen Absturzgefahr, übernimmt der Autopilot das Kommando ganz.

Wir fliegen mit, sitzen aber eher im abgedunkelten Passagierraum als im Cockpit und können nur bei so unwichtigen Fragen mitreden, ob wir ein belegtes Brötchen oder lieber Pasta möchten. Vorne sagt sich der Autopilot: »Hauptsache, ankommen.«

Diktatorische Demokratie

Zu den Voraussetzungen, mit einem System klar zu kommen, gehören Kenntnisse seiner Hierarchie. Die Entscheidungskompetenzen sind beim limbischen System auf drei Ebenen verteilt.

Die unterste Stufe steuert lebenserhaltende Vorgänge wie Atmung, Wärmehaushalt, Energieversorgung, Kreislauf, Wach- und Schlafphasen. An diese koppeln sich Verhaltensweisen beim Essen, Verteidigen, Paaren und Beschützen an. Und die Kontrolle dieser vegetativen Zentren brauchen wir ebenso wenig zu lernen wie Wut, Furcht, Lust oder Schmerz.

Die Hauptverantwortung übernimmt ein mandelförmiger Teil, der deshalb den griechischen Namen Amygdala trägt. Ob dieser Mandelkern belohnt oder bestraft, signalisiert er mit chemischen, drogenähnlichen Belohnungsstoffen. Werden diese hirneigenen Opiate im Gehirn verteilt und in der Großhirnrinde ausgeschüttet, weckt das Glücksgefühle. Künstliche Glücksbringer von außen vermögen die Amygdala nur kurzfristig von ihrem Programm abzuhalten. Mit ein Grund, weshalb schüchterne Menschen meist schüchtern bleiben.

Schreck – Ich bin so wie man ist
Graffiti

Die mittlere Funktionsstufe repräsentiert die universellen Grundemotionen, zu denen Furcht, Freude, Glück, Verachtung, Ekel, Neugierde, Hoffnung, Enttäuschung und Erwartung gehören. Die Liste variiert je nach Persönlichkeitstheorie und gelangt als Mischung in die Großhirnrinde, wo wir sie wahrnehmen und einordnen. Diese Ordnung kann sich Situationen schnell anpassen, folgt aber immer dem Gesetz: Häufige Anwendung = weniger Veränderung.

Gefühle koppeln sich durch Konditionierung an Menschen *und* an Objekte. Dank dieser wichtigen Eigenart lieben wir Teddybären, Briefmarken, hohe Berge, kitschige Souvenirs, schräge Worte oder coole Küchenmaschinen. Oder hassen sie.

Wir erfahren die Welt zuerst als eine Welt der Dinge, wünschen uns als Kinder jeden Tag ein neues Geschenk, betrauern den Verlust unnützer Gegenstände, kämpfen um Gefühlsreliquien und beginnen erst mit der Erforschung von uns selbst, wenn wir die Welt hinter den Dingen entdecken.

Zur emotionalen Konditionierung gleicht die Amygdala sinnliche Wahrnehmungen mit bereits gespeicherten Informationen ab, wozu ihr ein schneller und ein langsamer Weg offen stehen. Der direkte Weg verzichtet auf Zusatzschlaufen über das Großhirn. Und im Zweifelsfalle läuft der Output auf Abwehrverhalten hinaus.

Was man nicht zu machen braucht, braucht man
nicht auch noch gut zu machen.
Kenneth Blanchard

Auf der dritten Stufe werden Schmerzwahrnehmung, Gedächtnissteuerung und Aufmerksamkeit ins emotionale Bewertungssystem einbezogen. Hier spielt das Prinzip »Erfolg oder Misserfolg« nur eine Nebenrolle. Wichtiger ist die Berücksichtigung der mittel- und längerfristigen Folgen einer Entscheidung. Die dritte Ebene, auf der auch wichtige Vorentscheidungen im Kampf um die Aufmerksamkeit fallen, zeigt eindrücklich, wie untrennbar die Schicksalsgemeinschaft von Vernunft und Gefühl ist.

Wer bestimmt, nimmt!
Graffiti

Mitbestimmung bei der Entscheidung, was unsere Aufmerksamkeit verdient, erlaubt das limbische System nur beschränkt. Denn die vollständige Ausleuchtung der ganzen Bühne ist zu aufwändig. Worauf sich der Scheinwerferkegel richtet, entscheidet das limbische System sogar allein, falls es der Sicherheit dient. Und sind die Beleuchtungseinstellungen wiederholt mit negativen Erlebnissen verbunden, sinkt die Bereitschaft, diese dunklen Ecken auszuleuchten.

Wenn sich Kunden zunehmend weigern, das Steigerungsspiel aggressiver Erregung von Aufmerksamkeit mitzumachen, hat dies biologische Gründe, keine moralischen. Markenstrategen akzeptieren diktatorisch gefällte Entscheidungen des neuronalen Netzwerks.

Vernunft

Vernünftig ist es, auf Gefühle zu achten. Dieser Schluss drängt sich einfach auf, wenn Wissenschaftler die Wirkungskraft des Unbewussten ebenso wenig in Frage stellen wie die Formel der Schwerkraft.

Helmut Kohl war vernünftig, als er den Einwohnern der neuen Bundesländer verheimlichte, dass es eine Generation dauert, kulturelle Wertverschiebungen dieser Größenordnung zu verkraften. Die Menschen der ehemaligen DDR brauchten Kohls Bestätigung, ihre Sehnsucht nach einer schnellen Aufnahme in der neuen Gemeinschaft werde erfüllt. In einer solchen Situation Lügnerrollen zu verteilen, ist normal und absurd. Damit die Ossis sich selber »belügen« konnten, mussten die Wessis ihnen ebenfalls etwas »vorlügen«. Wenn zwei Partner sich gegenseitig »belügen«, um von diesen »Lügen« zu profitieren, ist das vernünftig. Wie das von außen beurteilt werden soll, ist eine moralische Frage.

Unser Steuerungsprogramm für Gefühle ist auf Instantwirkungen angelegt und möchte vom Bewusstsein gelobt werden. Es geht uns besser, wenn Gefühle und Gedanken die gleichen Geschichten erzählen. Gefühle sind der größte Motivator, Verhaltensmuster beizubehalten oder zu verändern.

Ich war oft in der DDR, als Tourist und Freund. Das alltägliche Leben war nun mal ziemlich anders als in der Bundesrepublik. Beim Mauerfall spürte jeder, dass er künftig viele Verhaltensmuster neu weben oder sogar ganz auflösen muss. Da wollte verständlicherweise niemand hören, dass dies erst für seine ungeborenen Kinder problemlos sein wird.

Es gehört zu den Voraussetzungen eines Markenstrategen, die Lüge als moralisches Urteil zu betrachten, als Werk des Bewusstseins, der Vernunft. Nur so kann er die Sichtweise des limbischen Systems einnehmen, das die Heimlichtuerei Helmut Kohls als passendes Verhalten einstuft.

Wenn man den Geschmack der Birne prüfen will,
muss man sie essen.
Mao Tse-tung

Vernunft oder Gefühl? Die Frage ist unsinnig, weil sie längst geklärt ist. Wir sollten die beiden Informationssysteme immer im Verbund sehen und uns lieber fragen, welche Funktionen sie in einer bestimmten Situation erfüllen müssen. Vernunft muss einfühlsam sein.

Die »Lügen« des Bewusstseins als einfühlsame Vernunftswerke anzunehmen, erleichtert die Arbeit eines Markenstrategen enorm.

Viele Verkünder esoterischer Glaubensinhalte tragen zum Abwehrverhalten bei, Strategien nicht auf die Macht der Gefühle auszurichten. Doch größeren Einfluss übt noch immer der Glaube an den »homo oeconomicus« aus. Dieser Menschentypus ist nicht tot, er lebte gar nie, weil er ein virtuelles Wesen ist, mit dem planendes Verhalten legitimiert wird. Wir müssen den Menschen nicht neu erfinden, was auch für Markenstrategen eine befreiende Botschaft ist.

Vernunft langweilt und gehört daher nicht zu den Lieblingskindern der Medien. Doch nicht ihr geringer Unterhaltungswert ist der Grund, weshalb sie unser Gehirn nur für Nebenrollen einsetzt, sondern ihre beschränkte Auffassungsgabe. Sie ist einfach zu langsam, um Improvisationstheater zu spielen. Alles Reden über emotionale Intelligenz bringt nichts, solange sich der Glaube an die Macht der Gefühle nicht im Verhalten zeigt.

Am Anfang war die Emotion, doch am Anfang der
Emotion stand das Handeln.
Antonio R. Damasio

Emotionen sind Bewertungen, die das limbische System automatisch, nach gewissen Regeln und ohne Mithilfe des Bewusstseins trifft. Markenstrategen lernen die speziellen Zeichensysteme, mit denen das Unbewusste seine Ergebnisse mitteilt.

Aufmerksamkeit

Die Aufmerksamkeit ist das knappste Gut des 21. Jahrhunderts. Der Glaube an diese Behauptung ist eine weitere Voraussetzung für den alltäglichen Einsatz der zwölf Instrumente.

Die offizielle ökonomische Lehre sieht dies anders. Und wer ihre Sichtweise an Prüfungen nicht übernimmt, fällt durch. Selbst wenn er seine Verweigerung neurologisch oder systemtheoretisch begründet.

Ökonomen nehmen die Beschleunigung gesellschaftlichen Wandels selbstverständlich ebenso wahr wie die übrige Bevölkerung. Schließlich arbeiten auch Ökonomenhirne nach dem Prinzip der Differenzbereinigung. Energie aufzuwenden, um auf Konstantheit zu reagieren, macht keinen Sinn. Nur wenn Abweichungen sehr dramatisch sind oder lange anhalten, ist das Bewertungssystem zu größeren Einsätzen bereit.

Tatsächlich führte es schon immer zu gesellschaftlichen Turbulenzen, wenn wichtige Medien sich so stark veränderten, dass unser Bewertungssystem wesentliche Umschichtungen und Neubeurteilungen vornehmen musste. Besonders wenn dies Vorstellungsbilder von Raum und Zeit betrifft, wie das bei der Schrift, dem Buchdruck, der Eisenbahn, dem Geld, dem Computer oder dem Internet der Fall ist.

> Ich bin hier!
>
> *Graffiti*

Digitalisierung, Individualisierung, Demokratisierung oder Globalisierung sind am Ansteigen der Datenflut beteiligt. Doch diese Überschwemmung beeinträchtigt die Grundstrukturen unseres Gehirns nicht. Die Evolution greift erst ein, wenn Anpassungen überlebensnotwendig sind und nimmt für diese Haltung kleine Fehler in Kauf.

Ein Markenstratege beschäftigt nicht, was diese Flut auslöste, sondern was die Flut selbst auslösen wird. Daher glaubt er daran, dass

Aufmerksamkeit zum knappsten Gut wird. Denn von Knappheit sprechen wir, wenn die verfügbare Menge kleiner als unsere Wunschmenge ist. Und das scheint bei der Aufmerksamkeit der Fall zu sein.

Der Konsument des 21. Jahrhunderts und gesättigter Märkte nimmt weit über neunzig Prozent der gebotenen Informationsmenge nicht wahr, womit wir den Pegelstand der Informationsüberflutung recht genau kennen. Doch diese unangenehme Nachricht veranlasst die wenigsten zur Überprüfung ihrer Rezepte. Die Mehrheit erhöht trotzig die Dosierungen der Standardmedikamente und rechtfertigt diese Strategie mit dem alten Trick des Bewusstseins, sich selber für eine Ausnahme zu halten. Prinzip Hoffnung.

> Marken werden nicht durch Werbung aufgebaut, wie leider viele glauben. Werbung weckt nur die Aufmerksamkeit für die Marke.
>
> *Philip Kotler*

Aufmerksamkeit ist schlecht teilbar. Dieser Auffassung war ich als Schüler überhaupt nicht, verhielt mich dementsprechend und versuchte, andersgläubige Lehrer von meinem Glauben zu überzeugen, indem ich ihre Sätze auf Anfrage hin wortgetreu wiederholte, obwohl ich während ihres Redeschwalls schrieb, mit Nachbarn plauderte und die nächste Prüfung vorbereitete. Meine Noten gaben den Lehrern recht.

Das bewusste Wahrnehmen neuer Reize, erfordert volle Aufmerksamkeit. Im Stand-by-Modus lassen sich handlungsrelevante Informationen nicht speichern. Signale, die auf uns einprasseln, nehmen wir als großes Rauschen wahr. Aus diesem Klangteppich zupfen sich unsere Sinne einzelne Stücke heraus und weben sie zu einem Muster.

Wie viele Hintergrundgeräusche wir aufnehmen, bestimmt die Wachheit unseres Geistes. Seine Leistung steigt bei zunehmender Erregung, nimmt aber nach Erreichung des Optimums wieder ab, da unsere Energiereserven für Dauerwachheit nicht ausreichen. Experimente zeigen, dass introvertierte Menschen ein höheres internes Erregungspotenzial als Extravertierte haben und für Spitzenergebnisse daher weniger Zusatzerregung brauchen.

**Du nennst dich einen Teil und
stehst doch ganz vor mir?**
Johann Wolfgang von Goethe

Was aufgenommen wird, bestimmt das System der selektiven Aufmerksamkeit, das nach eigenen Bauplänen arbeitet.

Wir können uns diese spezielle Aufmerksamkeit als Scheinwerfer vorstellen, der Dinge und Vorgänge für das Bewusstseinskino ausleuchtet. Dieser aktive Vorgang konstruiert die Welt, auch wenn wir das Gefühl haben, die Welt falle wie ein Geschenk in uns hinein.

Selektive Aufmerksamkeit ist unteilbar. Zu einem gewissen Zeitpunkt gibt es nur einen Scheinwerfer. Zwar können wir auf der Bühne von einem Ort zum andern hüpfen, doch der selektive Lichtkegel folgt uns, ändert allenfalls seinen Durchmesser und seine Helligkeit. Die begrenzte Verarbeitungskapazität selektiver Aufmerksamkeit erleben wir, wenn an unerwünschten Orten Kapazität abgezogen wird, um sie anderswo zur Verfügung zu stellen.

Womit sich die selektive Aufmerksamkeit erobern lässt, erforschen Wahrnehmungspsychologen, die ihre Erkenntnisse auch Markenstrategen gerne zur Verfügung stellen. Denn der Kampf um Aufmerksamkeit entscheidet sich nicht mehr allein an der Werbefront, wo bezahlte Söldner auf Terraingewinn hoffen, obwohl ihre altmodischen Waffen nur über beschränkten Einsatzradius verfügen.

Wie kann man ein Land regieren, in dem
es 246 verschiedene Käsesorten gibt?
Charles de Gaulle

Selektive Aufmerksamkeit wird verständlicher, wenn wir kompliziert und komplex besser unterscheiden. Kompliziertes können wir vereinfachen, Komplexes bleibt komplex.

Pflanzen zu bestimmen, fand ich als Schüler kompliziert, komplex ist es nicht. Von Komplexität sprechen wir, wenn die Datenmenge so groß ist, dass sichere Informationen für sichere Vorhersagen fehlen. Und »sicher« meint, dass eine Prognose mit größter Wahrscheinlichkeit eintrifft.

Das Warnsignal für zu hohe Komplexität ist Unwohlsein, das mich aber erst befällt, wenn ich zur Verarbeitung riesiger Datenmengen gezwungen werde. Solange ich einen Supermarkt nicht betrete, haben 30 000 Artikel keinen Einfluss auf meine Psyche. Aber wenn die Eingangstür hinter mir zugeht, werde ich Teil des Systems und muss die Wahrscheinlichkeitsrechnung lösen, was mir in den nächsten Tagen nützen könnte. Bei Berücksichtigung aller mir zur Verfügung stehenden Daten verlasse ich den Supermarkt bis ans Lebensende nicht mehr. Ohne Rückgriffe auf bestehende, dem rationalen Denken unzugängliche Ordnungshelfer dauert selbst die Wahl einer bestimmten Banane eine Ewigkeit.

Unser Gehirn mit einem Vorstellungsvermögen großer Zahlen auszustatten, fand die Evolution unnötig. Wichtiger sind ihr Fähigkeiten für das Überleben in der unmittelbaren Erfahrungswelt. Erst wenn ich eine Schaufensterfront abschreite, in der die 70 000 in Europa beworbenen Marken ausgestellt sind, kann ich mir dank Blasen an den Füßen diese Menge vorstellen. Billionen Dollars werden hin- und her geschoben, 85 Milliarden Fotos jährlich geschossen, Millionen von Publikationen veröffentlicht und Hunderttausende von Unternehmen gegründet. Das sind harmlose Mengen, die erst durch die Vernetzung ihrer Teile komplex werden.

Erlauben wir sechs Schülern, alle Möglichkeiten des Zusammensitzens auszuprobieren, müssen wir ihnen Zeit für 720 Versuche geben. Wird die Wahl von einem König getroffen, dem die Untertanen gehorchen, erledigt sich das Problem der Komplexität wenigstens für die Schüler.

Unser Aufmerksamkeitspotenzial bleibt mehr oder weniger konstant. Es ist daher kaum sinnvoll, zunehmender Komplexität mit noch mehr Informationen zu begegnen. Das Hirn macht es jedenfalls anders, in dem es nach zusätzlichen Ordnungsmustern Ausschau hält. Und weil es diese Aufgabe an das Gedächtnis delegiert, lohnt sich der Blick auf Gedächtnissysteme. Denn zu den Vorausssetzungen eines Markenstrategen gehört auch das Anerkennen, wie unsere Erinnerungsspeicher wirklich funktionieren.

Gedächtnis

Das Gedächtnis ist keine Monumentalbibliothek, keine Wachstafel, kein protokollarisches Tagebuch, kein Webstuhl, kein Archiv und kein Lagerraum. Es ist kein Ort und kein Computer. Auch wenn elektronische Datenverarbeitungsmaschinen einige Prozesse und Funktionen des menschlichen Gehirns simulieren können.

Unser Gedächtnis ist eine Arbeitsgemeinschaft. Wo geschuftet und gerackert wird, können wir auf der Gedächtniskarte einzeichnen. Aber ein Hauptquartier gibt es nicht. Das ist nicht weiter schlimm, weil die verschiedenen Arbeitsplätze phänomenal gut miteinander kommunizieren und eng verbunden sind.

Bei der Festlegung der Grenzen und Namen dieser Arbeitsplätze oder Gedächtnislandschaften konnten sich die Hirnforscher noch nicht einigen, was beim zarten Alter dieser Wissenschaft nicht erstaunt. Mir scheint die Einteilung in zwei grundsätzlich verschiedene Funktionsregionen sinnvoll.

Die Speicherareale, über die wir sprachlich berichten können und die vom Bewusstsein begleitet werden. Fachleute fassen diese Hirnareale unter dem Namen »deklaratives Gedächtnis« zusammen.

Im zweiten Grundtyp sind Informationen zu Fertigkeiten abgelegt. Er heißt daher »prozedurales Gedächtnis« oder manchmal auch »implizites Gedächtnis«.

Beide Typen bestehen aus spezialisierten Systemen, auf die ich so weit eingehe, wie sie für Markenstrategen von Bedeutung sind.

Das episodische Gedächtnis

Dieses Areal speichert die wichtigen Ereignisse unseres Lebens und heißt daher auch autobiografisches Gedächtnis. In ihm müssen wir Spuren hinterlassen, wenn wir eine Marke so verankern wollen, dass sie künftiges Wahlverhalten beeinflusst.

Das Faktengedächtnis

Es bewahrt Schulwissen auf und stellt auf Was-Fragen passende Antworten bereit. Seine Popularität verdankt es Medienauftritten in Millionärsspielen. Fürs menschliche Überleben bringt es weniger als andere Informationsspeicher, trägt kaum zu Verhaltensänderungen bei und ist sehr fehleranfällig. Nicht der öffentliche Austausch von Fakten macht Millionärsspiele so beliebt, sondern ihre Geschichten von Gewinnern und Verlierern, vom Tod oder Leben. Außerdem stärkt es mein Ich, wenn ich stressfrei im Sofa Dinge weiß, die Kandidaten vor der Kamera vergessen.

Das Vertrautheitsgedächtnis

Seine Informationen halten uns exklusiv und ohne Unterbrechung auf dem Laufenden, welche Objekte oder Ereignisse uns bereits vertraut sind. In Fehlschaltungen dieses Gedächtnistyps orten Forscher auch die Ursache für Déjà-vu-Erlebnisse.

Das Fertigkeitsgedächtnis

Es speichert Muster, die für das Erlernen einer Sprache, eines Instrumentes oder des Umgangs mit anderen Menschen geknüpft werden. Viele seiner Daten waren uns einmal bewusst, werden aber bei automatischer Verarbeitung vom Bewusstsein abgekoppelt.

Das Gewohnheitsgedächtnis

Dieses System erlaubt Routinehandlungen, indem es die Ergebnisse häufiger Handlungen speichert und entsprechende Verhaltensmuster bildet. Erlernte Fähigkeiten sowie Konditionierungen durch positive oder negative Erlebnisse automatisiert es so, dass wir nicht nachdenken müssen. Weil damit das Erlebnis des offenen Ausgangs fehlt, empfinden wir Gewohnheiten oft als sinnlos.

Das Priming-Gedächtnis

Für Werbefachleute ein interessanter Typ, weil er die Erkenntniszeit für Informationsaufnahme verkürzt und die Zusammenstellung vollständiger Erinnerungen erleichtert. Priming ist der Zündfunke, der uns bei der Suche nach einem Namen, den ersten Buchstaben liefert. Auf der Bühne des Primings finden so beliebte Aufführungen wie das alte Werbemärchen von Coca-Cola statt. Dem Softdrinkmulti wird noch heute unterstellt, er habe Kinogänger unterschwellig manipuliert. Obwohl James Vicary vier Jahre später selber zugab, der in den Film kopierte Slogan »Trinken Sie Coca-Cola« habe das Publikum nicht beeinflusst. Selbst einem überdurchschnittlichen Priming-Gedächtnis wäre dieser Reiz zu schwach, um eine Kettenfolge wahrnehmen – investieren – sich bewegen – bestellen – bezahlen auszulösen. Die Zuschauer hätten sich innert 150 Millisekunden auf den Getränkestand stürzen müssen.

Das Kategoriengedächtnis

Es ist der Liebling der Wahrnehmungs- und Gestaltpsychologie und kommt als Intelligenzmesser häufig zu zweifelhafter Ehre. In seinem Einflussbereich werden Prototypen von Merkmalsgruppen aufbewahrt und zur Verfügung gestellt. Der Effekt der beliebten Kippbilder beruht auf Kategorienwechsel.

Die klassische Konditionierung

Gedächtnisareale dieser Art speichern unbewusst ablaufende Verbindungen von neutralen und bedeutenden Reizen. Dank Iwan Pawlows Hund, der sich von einer Glocke an der Nase herumführen ließ, gelangte dieser Gedächtnistyp zu Weltruhm.

Gedächtnissysteme werden auch nach ihrer zeitlichen Struktur unterschieden. Dann sprechen wir von Lang- und Kurzzeitgedächtnis sowie Arbeitsgedächtnis. Soeben wussten Sie noch, was Priming bedeutet, vergassen es aber bereits, weil das Kurzzeitgedächtnis ein limitiertes Speicherpotenzial hat, was erfahrene Redner zur Einhaltung der Formel »five plus two« veranlasst. Mehr als sieben inhaltliche Schwerpunkte merken sich untrainierte Zuhörer nicht.

Das Langzeitgedächtnis bringt uns Erinnerungen aus fernen Zeiten zurück, ist jedoch kein DVD-Brenner, der identische Kopien liefert. Bei jeder Anfrage an die Vergangenheit muss ein neuer Film zusammengesetzt werden, was immer zu anderen Resultaten führt. Jede Erinnerung an die unvergessliche Sommernacht am Meer ist ein Unikat.

Frauen

Den Frauen unter der Überschrift »Voraussetzungen« ein Kapitel und erst noch das letzte zu überlassen, weckt Erwartungen. Allerdings zwingt die geringe Seitenzahl ohnehin zur Einschränkung.

Wenn Sie erwarteten, viel über Spezialitäten im Frauenmarketing zu erfahren, ist Einschränkung sogar die wichtigste Botschaft. Denn Markenstrategen müssen sich nicht den Kopf zerbrechen, worin sich Frauen und Männer unterscheiden. Was sie in ihrem Wahlverhalten unterscheidet, ist sichtbar – kann demnach beobachtet oder nachgelesen werden.

Markenstrategen interessiert das Unsichtbare. Denn das Unbewusste entscheidet schließlich, wie ich mich verhalte. In »Tausend und einer Macht« geht es deshalb nur um das Gemeinsame von Frauen und Männern. Machen wir auf dieser Ebene das Richtige, ergeben sich Detailanpassungen für die Unterschiede von selbst.

Dieses Kapitel ist auch als Hommage an die Verführung schlechthin zu verstehen. Schließlich betrachte ich Liebe zur Verführung ebenso als Voraussetzungen für Markenstrategen wie den Wunsch, verführt zu werden. Doch die Bedeutung dieses Glaubensartikels und Platznot bedingen die Fokussierung auf meinen Aufruf, sich weniger für das Trennende und mehr für das Verbindende zu interessieren.

> Umgeben Sie sich mit schrägen Menschen,
> und Sie entdecken an sich selbst schräge Seiten.
> *Tom Peters*

Die Bestseller zu den Geschlechterunterschieden sind weder falsch noch unsinnig. Sie sind Vorstellungsbilder wie andere auch und zudem unterhaltend. Nur verändern sie nichts, da sie sich mit bekannten Bildern decken. Diesen Mechanismus kann man als Feststellung betrachten oder zum Vorwurf umdeuten. Eigentlich gäbe es aus markenstrategischer Sicht nicht mehr dazu zu sagen.

Aber da Geschlechtsunterschiedesucher gerne die Lehre von der linken und der rechten Hirnhälfte in ihre Ergebnisse einfließen lassen, fühle ich mich zu diesem kleinen Exkurs gedrängt.

Was erzählt uns diese Lehre, die Geschlechterfragen und Staus jeglicher Art lösen sowie zum lateralen Denken veranlassen soll?

Sie sagt uns, dass die linke Hemisphäre dominiert und folgende Verantwortlichkeiten übernimmt: das verbale, begriffliche, logische, analytische, rationale und arithmetische Bewusstsein.

Der rechte Teil verarbeitet non-verbale, musikalische, bildhafte, ganzheitliche, intuitive und Muster erkennende Informationen.

Nun die Koppelung mit der Geschlechterfrage: Weil Frauen links ticken, haben sie einen größeren Freundeskreis, bemuttern Babys und manchmal Männer, tratschen gerne und in verschiedenen Sprachen, sind sozial mobil und haben wenig Sinn für Systeme.

Männer lassen ihrer rechten Hirnhälfte den Vortritt, lieben und erfinden Werkzeuge, jagen und lesen Spuren, handeln und treiben Handel, sind aggressiv und machthungrig, führen mit Sachverstand und ertragen Einsamkeit.

Frauen kaufen keine Marken, sie schließen sich ihnen an.
Faith Popcorn

John Gray und das Ehepaar Pease leisteten ganze Arbeit. Mars und Venus, Männer mit Jägerinstinkten und Frauen mit Einparkproblemen, endlich benennbare Schuldige für beobachtbare Ungleichheiten, die lieben Hirnhälften. In den Zeugenstand riefen die Ankläger auch einen Nobelpreisträger. Doch die Aussagen von J. C. Eccles datieren aus dem Jahr 1963, was ihre Beweiskraft unter Neurologen arg beeinträchtigt. Zudem betonte Eccles immer wieder, dass seine Einteilung dynamisch aufgefasst werden müsse.

So wohl fühlt sich die Hemisphären-Gilde nicht, verbindet sie ihre Empfehlung doch mit der Warnung, die Logik nicht ganz auszuschalten. Das geistige Durcheinander wird noch größer, wenn Links-Rechts-Liebhaber auch noch glauben, die linke Hälfte vertrete das Bewusstsein und die rechte das Unbewusste.

Es stimmt, unser Gehirn ist teilweise asymmetrisch aufgebaut. Doch solche Doppelstrukturen sind charakteristische Merkmale des ganzen menschlichen Organismus. Außerdem ist der Datenabgleich zwischen linker und rechter Hälfte hervorragend organisiert. Eine

Brücke aus zweihundert Millionen Nervenfasern verbindet die Milliarden linker und rechter Neuronen. Doch das verliert an Relevanz, seit alles darauf hindeutet, dass die Funktionen der einen Hälfte ohne den permanenten Informationsaustausch mit der anderen keinen Sinn ergeben.

Es stimmt, dass die Kontrolle von Sprachmotorik, Semantik und Syntax bei den meisten Menschen auf der linken Seite erfolgt. Aber ohne die Begleitmusik der Gestik, Mimik, Rhythmik und Emotionen bleibt Sprache unverständliches Stückwerk.

Es stimmt aber auch, und das finde ich weitaus interessanter, dass die rechte Seite den Anforderungen des Augenblicks genügen will und es der linken Seite überlassen kann, zu seinen Tatsachen die passenden Geschichten zu erfinden. Diese fabulierende Eigenart der dominanteren Hirnhälfte scheint eine menschliche Besonderheit zu sein und bringt den großen Vorteil, mögliche Ursachen eines Ereignisses zu berücksichtigen, wenn es sich wiederholt. Die Koppelung zweier Hirnhälften mit gleichen biologischen Strukturen erleichterte es der Evolution zudem, Neues einseitig auszuprobieren, weil das alte Muster auf der Gegenseite ja erhalten und jederzeit zugänglich bleibt.

Nicht jeder, der links steht, ist ein Intellektueller.

Franz Josef Strauss

Was bleibt uns von der simplifizierten Sicht auf die linke und rechte Gehirnhälfte? Für den praktischen Alltag recht wenig. Und der Aufruf zum ganzheitlichen Denken ist so sinnvoll wie die Aufforderung: »Sei spontan!« Wir ändern bewährte Muster nicht durch Einsicht, sondern durch die Verarbeitung von Geschichten, die uns emotional stark bewegen oder immer wieder erzählt werden.

Männer entscheiden nicht rationaler als Frauen. Sie fühlen sich offensichtlich einfach dazu getrieben, dies zu behaupten und mit irgendwelchen Theorien zu »beweisen«.

Markenstrategen ist dies egal. Sie haben bei Lektüre von Faith Popcorns »EVAlution« bemerkt, dass ihre Strategien für frauenorientiertes Marketing die gleichen sind wie in »Tausend und eine Macht«. Welche Geschichte uns ein XX oder XY erzählt, erfahren wir durch Zuhören und Beobachten.

Die Instrumente

Bitte 500 Gramm Schönheit, 5 Liter Kitsch und einen halben David Beckham. Die zwölf Instrumente in »Tausend und eine Macht« lassen sich nur symbolisch in bekannten Einheiten messen. Genau das macht ihren Einsatz im Marketing so einfach und wertvoll.

Die zwölf Instrumente sind Zeichen, die ihren Benutzern eine zusätzliche Sprache geben, mit der sie über menschliches Verhalten, Veränderungen und Verlust diskutieren können, eher ein Hilfsmittel zum Navigieren als zum Bauen, denn die Instrumente helfen Ihnen, dem Gehirn bei der Arbeit zuzuschauen: *So* funktionieren wir; auf so etwas reagieren wir ...

Der zwölfteilige Werkzeugkasten ist überschaubar, einsichtig und multifunktional. Daher erfüllt er das Qualitätskriterium »Einfachheit und Vielfalt«. Ob Anwender die Instrumente anders benennen und ihre neurologischen Beschreibungen in Erinnerung behalten, ist für die Praxis bedeutungslos.

Navigationsinstrumente zur Festlegung eines Kurses sollen uns ebenfalls Auskunft über Standort-Koordinaten geben. Die zwölf Instrumente erfüllen auch diese Anforderung. Daher taugen sie für strategische und analytische Aufgaben.

Aufmerksamkeit wird zum knappsten Gut des 21. Jahrhunderts. Das macht die zwölf Instrumente noch wertvoller. Von geringer Bedeutung ist allerdings, in welcher Reihenfolge Sie die Werkzeuge wahrnehmen. Wenn Sie Seite um Seite lesen, dann entscheiden Sie sich für die beliebteste Variante. Wenn Sie schon als Kind das Beste zuerst gegessen haben, beginnen Sie vielleicht mit den Helden. Am seltensten wird die Möglichkeit gewählt, sich freiwillig und sofort auf negativ Besetztes zu stürzen. Wenn der Gesamteindruck positiv bleibt und alle Lesarten in der Praxis funktionieren, ist das Ziel erreicht.

Das Bild
Lieben ist gefährlich

Mein erster Erinnerungsfilm eines Bilderzerstörers ist weiblich. Die Sequenz zeigt, wie mütterliche Besorgtheit in ein 10m² großes Kinderreich eindringt, Schulhefte aus einem verwelkten Karton fischt, mit beiden Händen bis zum Boden vorstößt und mit der gesamten Comics-Sammlung des Zimmerbewohners den Raum wieder verlässt – nicht ohne Blickkontakt, die Aktion zu begründen.

In den Augen sah ich Sorge um meine Zukunft und Erleichterung, diese durch die Vernichtung der Bildhefte wieder rosiger gestaltet zu haben.

Heute, gut vierzig Jahre später, würde ich die unausgesprochene Anklage von Bildzerstörern so formulieren:

1. Du sollst dir kein Bildnis machen.
2. Bilder enthüllen Verborgenes.
3. Die Kraft der Bilder vergewaltigt den Verstand.
4. Bilder wirken erregend.
5. Manipulation mit Bildern ist einfacher als mit Worten.
6. Bilder sind für Denkfaule.
7. Herrscher schaffen Bilderwelten.
8. Bilder wecken Gefühle und schläfern den Geist ein.
9. Die Vereinigung von Betrachter und Bild hat etwas Erotisches.
10. Bilder sind Stillleben auf leblosen Flächen.

Weil das alles stimmt, gefallen mir Comics, wirken Bilder, treten Innen- und Außenwelt so einfach in Beziehung.

Weil Bilder so große Macht über unser Handeln ausüben, stehen sie am Anfang der zwölf Instrumente.

Weil die Mächtigen um diese Macht wissen, sind Bilder bei Eroberungsfeldzügen äußerst wichtig.

1948 schloss die Federal Communications Commission die Hälfte der amerikanischen Bevölkerung vier Jahre lang vom Fernsehempfang aus. Denn man wollte die Gefahren des neuen Mediums anhand bereits vergebener Sendelizenzen genau prüfen. Als lebensgefährlich stufte die Kommission das Fernsehen offenbar nicht ein. Heute wissen wir, dass innere Bilder unser Überleben sichern.

Wirkungskraft Sehnsucht

Tiefe ist etwas Exklusives. Daher geht es im Marketing immer auch um Oberflächengestaltung. Entweder wir machen das Verborgene unsichtbar oder wir ermöglichen den Zugang hinter die Kulissen. Die Vermutung, das Äußere verheimliche das Wesentliche, weckt die Sehnsucht nach Enthüllung. Was ist hinter dem Bild? Und was sagt uns das Gesicht eines Menschen?

Die Physiognomiker des 18. Jahrhunderts verpackten ihre Antworten in eine Lehre, die schon bald in Verruf kam. So musste sich der Schweizer Pfarrer Johann Caspar Lavater von Georg Christoph Lichtenberg die Leviten lesen lassen: »Wenn die Physiognomik das wird, was Lavater von ihr erwartet, so wird man Kinder aufhängen, ehe sie die Taten getan haben, die den Galgen verdienen.« Die Entzauberung durch den angesehenen Mann aus Göttingen schockierte und wirkte beinahe über Nacht.

Der Gegenschock ließ etwas auf sich warten, war aber umso gewaltiger, als die Nationalsozialisten die Physiognomik neu entdeckten, um ihre Rassenpolitik mit wissenschaftlicher Beweiskraft aufzuladen. Dieser Missbrauch führte zur erneuten Ächtung der Lehre von der äußeren Erscheinung des Menschen. Und dennoch sehnen wir uns weiterhin nach dem »Inneren«, dem »Wesentlichen«. Diese Sehnsucht hat ganz natürliche Gründe.

Menschen sind soziale Wesen und können nur dank Kooperation überleben. Sie sind also auf Informationen, die ihnen andere Menschen liefern, angewiesen. Und ein gutes Prognosesystem erleichtert Voraussagen über fremdes Handeln. Kennen wir das Innere, wissen wir eher, wie unser Gegenüber wirklich ist. Meinen wir jedenfalls. Ganz falsch ist dieser Glaube nicht, aber was heißt denn schon wirklich? Sehe ich den anderen so, wie er meint, dass er sei? Oder so, wie ich hoffe, dass er ist?

Was Peter über Paul sagt, sagt mehr über Peter als über Paul.
René Descartes

Wir kennen diese Gedankenspiele. Sie brauchen uns nicht weiter zu beschäftigen. Vorderhand reicht die einfache Tatsache, dass wir darauf programmiert sind, Bilder zu konstruieren, auch solche über das Unsichtbare. Bei Gefühlen klappt dies besser, als es vielen lieb ist. Für ein gutes Überlebensprogramm ist es schließlich wesentlich wichtiger, das von den Gefühlen gesteuerte Verhalten einzuschätzen als irgendwelche abstrusen Gedankengänge, die vorwiegend für den interessant sind, der sie produziert. Diese Eigenerfahrung wird durch unzählige Experimente bestätigt.

Sehnsucht ist nicht Endstation, sondern Anfang. »Du sollst dir kein Bildnis machen«, ist eine eingängige Metapher für das maßlose Streben nach Wahrheit. Für das Gehirn ist die Sucht nach Bildern kein moralischer Fehltritt, sondern fester Teil des Grundprogramms, um Muster überprüfen und neu gestalten zu können, damit der »Prognoseapparat« ständig verfeinert wird.

Wo Worte versagen, soll der Blick in die Seele Klarheit schaffen. »Schau mir in die Augen, Kleines« ist nicht zufällig einer der berühmtesten Sätze der Filmgeschichte. Und es gibt nur wenige Dichter, die uns nicht auf eine Reise ins Innere mitnehmen wollen. Das scheint für Schriftsteller einfacher zu sein als für Fotografen. Denn erstaunlich viele Aufnahmen von Augen vermögen unsere Sehnsucht nach inneren Bildern nicht zu stillen. Und weil wir instinktiv spüren, dass es möglich ist, fühlen wir uns betrogen. Oder wieso würden wir sonst den Blickkontakt vermeiden, wenn wir unsicher sind oder unsere Worte nicht mit unseren Gefühlen übereinstimmen? Auch beim Umgang mit Bildern verstehe ich die durchschnittlichen Qualitätsansprüche im Marketing nicht. Wer Sehnsucht weckt und enttäuscht, verliert Vertrauen.

Wirkungskraft Erinnerung

Unser Gedächtnis ist definitiv kein Filmarchiv, in dem alles Erlebte und Gesehene fein säuberlich auf Bildern festgehalten ist. Auch wenn die Vorstellung noch immer sehr beliebt ist. Da der Austritt aus dieser Glaubensgemeinschaft für Markenstrategen unabdingbar ist, finden sich im Kapitel *Gedächtnis* (Seite 39ff.) Argumente zur Gewissensberuhigung.

> **Das Gesicht der Welt würde heute anders aussehen, wenn die Nase der Kleopatra anders ausgesehen hätte.**
> *Blaise Pascal*

Die Wissenschaftsgeschichte der visuellen Wahrnehmung wäre anders geschrieben worden, wenn Sir Francis Galton die verdiente Anerkennung für seine sensationellen Experimente bekommen hätte. Denn bereits 1879 konnte er nachweisen, dass unser autobiographisches Gedächtnis unsere persönlichen Schicksalsgeschichten in Bildsequenzen speichert. Galton gelang es, flüchtige Bilder, Assoziationen, festzulegen, zu datieren und zu ordnen. Sein und unser Pech war es, dass zur selben Zeit in Berlin ein gewisser Hermann Ebbinghaus ebenfalls am Experimentieren war. Und da der deutsche Kollege mit naturwissenschaftlichen Messreihen aufwarten konnte, war er der Star und Methodenvermittler, obwohl die mechanische Funktionsweise des Gedächtnisses wenig darüber aussagt, was in unserer Chronik steht.

Seit die Gedächtnisforschung über neue Methoden verfügt, lässt sich selbst ein so flüchtiges Ding wie unser Lebensalbum teilweise erfassen. Auf eine im Detail noch unerforschte Weise erschafft das Gehirn innere Bilder, die unser Fühlen, Denken und Handeln bestimmen. Diese Erinnerungsbilder verantworten individuelle und gesellschaftliche Leistungen oder Katastrophen. Denn obwohl die meisten dieser Bilder nie bis zur Oberfläche unseres Bewusstseins gelangen, sind sie die Andockstellen für Neukompositionen der äußeren Welt.

> Man hat mich zu Tode fotografiert.
> *Marlene Dietrich*

Bilder sind weder Nebenprodukte noch nettes Anhängsel unserer Gedanken und schon gar nicht Abbilder irgendwelcher Wahrheiten. Denn Bilder müssen nicht wahr sein. Es genügt, wenn das limbische System meldet, ob ein Bild für die eigene Erinnerung wichtig ist oder nicht. Ohne Schablone keine Vorstellung.

Die Macht der Bilder beruht auf der Macht unserer Vor-Urteile, die sich weder mit Meinungsumfragen noch mit mechanistischen Methoden erfassen lassen. Über die Grundlagen der visuellen Kommunikation wissen wir inzwischen Bescheid. Dieses Wissen zapfen die Werber an, wenn sie um unsere Aufmerksamkeit buhlen. Aber es genügt nicht, die inneren Vorlagen zu erkennen, die für die Aufnahme externer Bilder fundamental sind.

Es ist höchste Zeit, über die Macht
der inneren Bilder nachzudenken.
Gerald Hüther

Für Gerald Hüther, Spezialist für die Entstehung innerer Bilder, waren es vor allem die Erlebnisse nach seiner Flucht aus der DDR, die ihn an seinen Forschungen weitermachen ließen. Es beunruhigte und faszinierte ihn, an der eigenen Biografie zu beobachten, wie Erinnerungsbilder alltägliches Verhalten dominieren, wie tief ihre Spuren sind, wie sie verwischen und durch neue ersetzt werden. Was Hüther widerfuhr, haben wir alle erfahren. Unsere inneren Bilder steuern unser Verhalten.

So remember, every
picture tells a story don't it?
Rod Stewart

Wer sich mit Marketing beschäftigt, muss sich zum Glück keine neurologischen Fachbegriffe aneignen. Aber er muss zum Biographen und Chronisten werden, um innere Bilder der Menschen zu entdecken. Noch ist es leicht, in diesen Disziplinen einen Vorsprung herauszuholen. Denn die Konkurrenz verharrt wie gelähmt auf dem Standpunkt, dass sich Bilder der Kindheit durch besondere Haftungseigenschaften auszeichnen. Das stimmt ja. Aber inzwischen wissen wir doch weit mehr über Erinnerungen und ihre Bilder. Das Wichtigste davon setze ich Stück für Stück zu einer Palette zusammen, mit der sich wirkungsvollere Effekte erzielen lassen als mit austauschbaren Fotos fröhlicher Frühstücksfamilien oder niedlicher Konsumsäuglinge.

Wirkungskraft Geschwindigkeit

Bilder rasen mit Lichtgeschwindigkeit in unsere Gefühlswelt hinein. Millionen von Informationen treffen auf das Auge, werden gefiltert weitergeleitet und von einem System aus Milliarden Nervenzellen zu einem inneren Bild komponiert. Rekordverdächtige Beschleunigung von Null auf Hundert. Es ist kaum möglich, sich gegen die Aufnahme neuer Bilder willentlich zu wehren, es sei denn, wir verweigern die Kontaktnahme, indem wir gar nicht hinsehen, das Medium ausschalten.

Das Unbewusste verfügt über eine automatisierte Eingangskontrolle. Es wehrt sich weniger, wenn Bilder an Ereignisse unserer unmittelbaren Vergangenheit erinnern. Oder an die Zeit zwischen dem 14. und 24. Lebensjahr. An Situationen vom ersten Mal. Vielleicht weil unser Selbst während dieser Periode einer Großbaustelle gleicht, auf der kindliche Luftschlösser den neuen Gebäuden der Erwachsenenwelt im Weg stehen.

Wir können heute leicht bestimmen, wie lange wir ein nicht allzu kompliziertes Bild betrachten müssen, damit es erinnert wird. Maximal zwei Sekunden reichen. In der gleichen Zeit kann ich nur einen Satz aufnehmen, der nicht mehr als zehn Wörter hat. Was die Sprache lediglich im Nacheinander der Worte schafft, gelingt dem Bild simultan, beinahe in Echtzeit. In einem einzigen Augenblick erfahre ich eine Geschichte, die mich an Teile meiner eigenen Bilder, meiner eigenen Vergangenheit, Gegenwart oder Zukunft erinnert. Ich bin ja nur immer Teil eines Bildes, kann nur wahrnehmen, was sich mit bisher Erlebtem oder Gesehenem verknüpfen lässt. Je mehr emotionale Andockstellen, desto höher die Geschwindigkeit des Bildtransports.

> Wenn wir bei der Geschwindigkeit Null sind,
> passiert kein Verkehrsunfall mehr.
> *Josef Staribacher*

Bei der Geschwindigkeit des Bildes stoßen wir auf das zentrale Merkmal des emotionalen Systems: Sicherheit. Was viele Ähnlichkeiten mit bereits vorhandenem Bildmaterial aufweist, wird als bekanntes und daher sicheres Bild eingestuft. Um das Bewusstsein nicht unnötig mit solchen Lappalien zu belasten, gibt das Gehirn diese Resultate dieser Informationsverarbeitung nicht weiter.

Informieren nur, wenn nötig, heißt die Devise im Kopf. Und da Sicherheit nur als Reaktion auf Unsicherheit möglich ist, muss das Bildempfangssystem auf die Stärke der Reize reagieren. Diese lassen sich im Gegensatz zu den persönlichen inneren Bildern leicht messen, finden sich deshalb in allen Lehrbüchern der Wahrnehmungspsychologie und sind beliebte Beigaben bei Präsentations- und Rhetorikseminaren. Dort wird den Teilnehmern jeweils ans Herz gelegt, mehr in Bildern zu sprechen oder wenigstens Bilder irgendwo hin zu beamen. Richtigerweise begründen die Lehrmeister ihre wirkungslose Aufforderung mit den Höchstnoten, die visuelle Erregungen im Wettbewerb der Informationsarten erzielen.

All diese theoretischen Erkenntnisse sind zwar interessant, doch nur bedingt anwendungstauglich. Nach Formeln und Prozentzahlen lassen sich keine lebendigen Bilder gestalten. Die Auseinandersetzung mit Gefühlen und Geschichten ist wesentlich ergiebiger, wie uns die Kunstgeschichte zeigt.

I made a god run but i ran too slow.
Bob Dylan

Nachdem das Bild rasend schnell in uns eingedrungen ist, steht es plötzlich still. In diesem Augenblick wurde es zu unserem eigenen Bild. Und je nach den Orten, an denen es verarbeitet wurde, weicht es vom Original ab. Eine wesentliche Differenz besteht nur schon darin, dass innere Bilder immer mit einem emotionalen Wert versehen werden. Erst innere Bilder wecken Gefühle. Die einzelnen Standbilder können wir zwar gedanklich weiterführen, aber dann fügen wir neue Bilder hinzu. Wir machen aus einem Standbild einen Film, aus einem Stillleben einen Ablauf. Diese Kurzfilme sind unsere Erinnerungen. Ihr Aufbau und ihre Themenwahl wird uns beim Instrument *Die Geschichte* (Seite 61ff.) beschäftigen.

Wirkungskraft Magie

Wir sind bekanntlich nicht nur von Genen geprägt, sondern auch von dem, was uns umgibt, was andere uns lehren. Soziale Kontakte sind im wahrsten Sinne des Wortes lebensnotwendig, vor allem während der ersten Jahre. Das kulturelle Umfeld wirkt stark auf die emotionale Verknüpfung der Bilder ein. Mein Denken und Fühlen ist von der christlich-abendländischen Kultur durchdrungen. Wer in der islamischen Tradition aufgewachsen ist, hat ein anderes Verhältnis zum Bild als ich.

Die Magie der Bilder beschäftigt die Menschen seit Urzeiten, weil sie ahnen, dass die Kontrolle über die Bilder den Weg zur Macht abkürzt. Bei jedem Bilderstreit geht es um die Eroberung fremder Gebiete. Die reformatorische Variante des Verbietens ist eine gängige Variante dieser Strategie, die von Philosophen ebenso gern eingesetzt wird. So konnte sich Theodor W. Adorno, Vordenker der 68er-Bewegung, auf den geistigen Übervater Platon berufen, als er seinen Jüngern ins Gebetbuch schrieb, gesellschaftlicher Schematismus lasse sich nur durch ein Bilderverbot durchbrechen. Doch nicht alles, was theoretisch nachvollziehbar ist, kann praktisch umgesetzt werden. Was auf unseren internen Datenbanken gespeichert ist, verspürt einen unwiderstehlichen Drang nach einem Ebenbild in der Außenwelt, obwohl sein Anblick nicht selten Schrecken auslöst.

An Magie erinnert die Eigenschaft von Bildern, Raum und Zeit zu überwinden. Blättern wir in alten Fotoalben, breitet sich die Gegenwart in die Vergangenheit aus. Der Schnappschuss vom ersten Schultag weckt das verschüttete Staunen unserer Kindheit, führt uns an scheinbar vergessene Orte, ist Traumbild und Realität zugleich, Auferstehung und Tod.

Das Magische ist für Wissenschaftler natürlich kein brauchbarer Begriff, um Wirkungen zu erklären. Sie beschränken sich daher auf die nüchterne Feststellung, dass die Hirnströme des limbischen Systems äußerst stark aktiviert sind, wenn ein Kind zum ersten Mal sein Spiegelbild wahrnimmt oder sich auf einer Fotografie wiedererkennt. Sie wollen herausfinden, wie das Resultat einiger Millionen Jahre Entwicklungsarbeit zustande gekommen ist. Was bei der physikalischen Bildaufnahme durch das Auge passiert, und was danach.

Wer mehr verdienen will,
muss cleverer manipulieren.
Karl Lagerfeld

Die Angst vor der Magie ist immer auch eine Angst vor der Manipulation. Ich habe oft für staatliche und nicht profitorientierte Unternehmen gearbeitet. Ein schönes Tätigkeitsfeld, aber auch oft mit der Herausforderung verbunden, in den Köpfen meiner Kunden Manipulation als biologische Notwendigkeit festzuschreiben. Oder das Biologische so zu verpacken, dass es ins rationale Legitimierungssystem passt. Denn Späterben aufklärerischer und linker Vernunft bauen auf das Luftschloss *Verhaltensänderung durch Einsicht*. Nur was sich an das Bewusstsein richtet, den Statthalter des Denkens, gilt als politisch korrekt. Das Ärgerliche an diesem Dienstweg ist, dass der Adressat die meisten Meldungen gar nicht erhält.

> Manipulation lebt davon,
> nicht durchschaut zu werden.
> *Erich Brendl*

Warnschilder vor bösen Manipulatoren stehen auf dem Boden der Wahrheit. Denn durchschauen können wir etwas nur, wenn wir hinter den Dingen eine objektive Wahrheit erwarten. Doch so, wie unser Wahrnehmungssystem funktioniert, ist das definitiv nicht der Fall. Ob und wie externe Bilder zu inneren Bildern werden, bestimmen genetische Konstruktionspläne und unsere *Vorbilder*. Da wird gar nichts durchschaut. Was sehen Sie beim Betrachten einer wahren Fotografie Ihrer Kindheit? Die Person, die Sie vor dreißig Jahren waren? Oder ein eben entworfenes Bild aus unzähligen Geschichten, bedeutsamen, bekannten und unbekannten.

Jedes Bild wird von unserem Gehirn automatisch so bearbeitet, dass es passt. Da gibt es keine überprüfbare Wahrheit dahinter, sondern nur die Suche nach Wahrscheinlichkeiten. Denn wie ich unter dem gleichlautenden Kapitel näher ausführte (Seite 14ff.), ist Wahrheit für unser Gehirn das Gleiche wie hohe Wahrscheinlichkeit für das Eintreffen von Prognosen. Geht beim Wahrsagen etwas schief, muss das Versagen begründet werden. Eine Aufgabe, die im Pflichtenheft des Bewusstseins steht und elegant mit Opferhaltung und Schuldzuweisung gelöst wird. Das lautet in seiner Grundform dann etwa so: Wäre mir die Information so dargeboten worden, dass ich ihre *wahre* Bedeutung durchschaut hätte, hätte ich mich anders verhalten. Kein Wunder, dass Manipulation nicht den besten Ruf hat.

Wer menschliches Wahlverhalten beeinflussen, also Marketing betreiben will, muss Bilder malen, die Sehnsüchte befriedigen, Erinnerungen wecken und die Magie eines Zauberstabes haben. Auf keinen Fall darf man sich den Kulturpessimisten anschließen, die unsere Welt vor dem Untergang in der Bilderwelt bewahren wollen.

Das »Weltbild« macht es möglich,
sich selbst weiter erfolgreich misszuverstehen.
Sigmund Freud

Vor dem Untergang müssen wir nicht die Welt retten, sondern das Bild selbst. Dazu müssen wir ein Gefühl für lebendige Bildsprachen entwickeln oder denen vertrauen, die sich dieses Gespür bereits angeeignet haben. Austauschbare Bilder geben lediglich die Information *Ich bin austauschbar* weiter. Wer sich im Kampf um die Aufmerksamkeit intensiv mit den Wirkungskräften von Bildern auseinandersetzt, hat einen Wettbewerbsvorteil. Lieber beim ersten Auftritt den gewünschten Eindruck hinterlassen, als immer wieder erscheinen zu müssen. Zeit ist eine zu kostbare Währung.

Götter und Bilder

Du sollst dir kein Bildnis machen, lernte ich im Religionsunterricht – und glaubte es nicht. Doch wer sich mit dem Menschen, seinem Verhalten, seinem Denken und seinen Vorstellungen auseinandersetzt, kommt an Glaubensfragen nicht vorbei. Wie sich angehäuftes Wissen über unser Gehirn auf meine Glaubensvorstellungen auswirkte, fasse ich am Schluss des Buches zusammen. Wo Grenzgänger zwischen Religionswissenschaft und Neuroforschung Antworten suchen, erfahren Sie schon jetzt.

Es spricht alles dafür, dass religiöse Vorstellungen zu den universellen Phänomenen des menschlichen Daseins gehören. Eine Annahme, die viele Forscher dazu veranlasste, sich auf die Suche nach den religiösen Bauteilen im Kopf zu machen. Bisher mit wenig Erfolg. Doch die Recherchen zeigten die Gefahren modernster Untersuchungsmethoden. Einem Meditierenden radioaktive Substanz einzuspritzen, ihn auf ein Metallbett zu zurren, eine bildgebende High-Tech-Apparatur um seinen Kopf kreisen zu lassen und am Ende ungewöhnliche Hirnaktivitäten in einzelnen Regionen festzustellen, beweist nur, wie spekulativ Hirnforschung sein kann und unser Gehirn gerne Geschichten erfindet.

Begriffe sind keine Beschreibungen, sondern Fähigkeiten.
Ruth Millikan

Unter der Schädeldecke verbirgt sich keine miniaturisierte Lagerhalle, in der die unterschiedlichsten Dinge mit all ihren Merkmalen gestapelt sind. Was diese Decke schützt, ist eine Sammlung verschiedenster Erkenntnissysteme, die ihre Informationen ständig untereinander austauschen. Zur Zeit können wir nicht viel mehr tun, als diese Erkenntnissysteme genauer unter die Lupe zu nehmen. Die Frage lautet dann nicht mehr: Gibt es im Kopf ein Religionsmodul?, sondern: Welche Systeme können religiöse Vorstellungen hervorbringen? Das lässt die Frage noch offen, wer uns diese Möglichkeiten gegeben hat.

Was also geht in unserem Kopf vor, wenn wir an Wesen glauben, die mehr können als wir? Zuallererst braucht es ein System, das uns erlaubt, aus uns herauszutreten. Diese Perspektive einzunehmen, trainieren wir als Kinder mit Fantasiespielen. Dann wird der Blick von außen allmählich zum Standard erhoben. Oder wie sehen Sie sich beim Gang durch Häuserschluchten zu Ihrem Büro? Ich nehme an, aus der Sicht eines Adlers. Und an einer wichtigen Präsentation, was erscheint dort im Blickfeld Ihrer Kamera? Meist nicht, wie Sie sich von außen sehen. Eher versuchen Sie, kleine Sonden in die Innenwelten der Entscheidungsträger und Meinungsmacher einzuführen. Die gesehenen Gedanken vergleichen Sie dann mit dem beobachtbaren Verhalten und ziehen daraus Schlüsse für den nächsten Handlungsschritt.

Dieser Vorgang läuft zum großen Teil ohne Kontrolle durch Ihr Bewusstsein ab, was uns vorderhand nicht zu kümmern braucht. Wichtig ist nur, dass Sie diese Fähigkeit offenbar haben.

Abkoppelung von der wahrnehmbaren Realität gehört zu den Einzigartigkeiten des Menschen und wird bereits in den Kindheitsjahren eingeübt, wenn Phantasiebegleiter sich beim Erlernen sozialen Bewusstseins als nützliche Freunde erweisen, dem Menschen andere Blickwinkel ermöglichen, in unangenehmen Situationen helfen, selbst bei peinlichen Problemen Lösungen vorschlagen.

Solche unverzichtbaren Freunde werden nach den gleichen Bauplänen erschaffen, die es für das Wahrnehmen von Gesichtern, das Verstehen von Sprache und die Vorhersage von Handlungen braucht. Und weil bei den Konstruktionsplänen für diese speziellen Erkenntnissysteme die Schablone für Realität entfernt wird, ist abgekoppeltes Denken für uns real, keine Illusion. Anders wären unsere Folgerungen absolut wertlos.

Religion ist praktisch.
Pascal Boyer

Unsere imaginierten Freunde zeigen Gefühle, nehmen uns an der Hand und flüstern uns in die Ohren. Aber vor allem wissen sie viel mehr als wir. Sie sind so etwas wie eine externe Datenbank für Unsichtbares und Unerklärliches. Und weil Götter auch über moralisch Relevantes Bescheid wissen, zitieren wir sie bei Unglücksfällen gerne herbei. Ist eine Information wichtig, gehen wir davon aus, dass sie Göttern bekannt ist. Dieses Wissen anzuzapfen, erleichtert soziales Verhalten.

Religiöse Bilder sind so gesehen Vorstellungen von Wesen, die eine Gesamtsituation unmittelbar und umfassend überblicken. Sie helfen uns beim Zurechtfinden in der komplexen Welt sozialer Beziehungen weit wirkungsvoller als die toten Buchstaben der Gesetze. Denn zu Göttern pflegen wir ein persönliches Verhältnis und erleben gemeinsame Geschichten. Die Teilnahme übernatürlicher Akteure an unserem Leben ist kein Muss, aber sehr hilfreich.

Diese bruchstückartigen Ausführungen schlichten die Streitgespräche zwischen Naturwissenschaftlern und Theologen nicht. Und noch weniger beantworten sie Ihre persönlichen Fragen zur Religion. Aber sie zeigen, dass Grenzgänger zwischen Fragen des Glaubens und des Wissens am Bauen von begehbaren Brückentheorien sind. Ob und wie wir von ihnen Gebrauch machen, bleibt uns überlassen.

Behauptungen

Du musst dir ein Bildnis machen.

Fremde Bilder formen wir mühelos
zu eigenen um.

Ein Bild ist Schnellzug und
Bahnhof zugleich.

Sehnsucht braucht ein visuelles
Medium.

Gute Bilder brennen sich ins
kollektive Gedächtnis ein.

Die Zauberkraft des Bildes
ermöglicht Auferstehung.

Coca-Cola

Die Geschichte
Es wird sein, was war

Ich erinnere mich noch gut an die wichtigste Aufgabe meiner Gymnasialzeit: Wie erobere ich das Mädchen mit dem frechen Kurzhaarschnitt, den leuchtend blauen Augen und den weichen Gesichtszügen? Da ich nicht mutig und daher kein Held war, suchte ich Helfer.

Es war die Frau am Kiosk, wo ich meine ersten Zigaretten und das namenlose Mädchen ihre Süssigkeiten erstand. Die Kuppelei gelang, und in Abwesenheit meiner Eltern improvisierte ich meine erste Party. Für die anderen war sie eine Zumutung, für mich der Beginn einer wunderschönen Liebesgeschichte.

Mit Zahlen und Fakten sind wir überfüttert. Doch unser Durst nach guten Geschichten ist unstillbar. Das ist keine pädagogische Behauptung verzweifelter Deutschlehrer, sondern ein neurologischer Befund, den Sie auf einfachste Weise selbst überprüfen können, indem Sie einen geschichtenfreien Tag einführen. Niemandem dürfen Sie etwas erzählen, auch sich selber nicht. Erzählverbot total, nur nackte Fakten. Wie lange halten Sie das durch? Und wie reagiert Ihre Umwelt? »Tausendundeine Nacht« ist weit mehr als eine großartige Sammlung spannender und erotischer Geschichten. Mit ihren nächtlichen Geschichten kämpft Schahrasad um ihr Überleben und wird so zur literarischen Metapher menschlicher Identität, um die es letztlich beim Erzählen geht. Das erklärt auch, weshalb es nicht beliebig viele Themen gibt, die sich in den Rahmen einer Geschichte einfügen lassen. Uns fesseln Geschichten von:

- Leben & Tod
- Ankunft & Abschied
- Liebe & Hass
- Gut & Böse
- Geheimnis & Entdeckung
- Geborgenheit & Furcht
- Wahrheit & Lüge
- Stärke & Schwäche
- Treue & Betrug
- Weisheit & Dummheit
- Hoffnung & Verzweiflung

Die Liste erlaubt Ergänzungen oder Umbenennungen, weil Bezeichnungen nichts am Grundprinzip ändern. Die thematischen Achsen bilden ein Netz, auf dem unser Ich seine Koordinaten sucht und so Stabilität findet. Und diese Informationen findet es in Geschichten, die wir uns selber und andern erzählen.

Ordnung schaffen für den Aufbruch

Auch wenn unser Gehirn mit über hundert Milliarden Neurozellen, ihren möglichen Verknüpfungen und verschiedenen Signalstärken eine unvorstellbare Kapazität hat, muss es Informationen in Form von Geschichten abspeichern. Um die unvorstellbar große Informationsmenge der Außenwelt zu verdichten, führt unser Gehirn Standards ein, schafft Modelle und Schablonen, mit denen sich neue Erlebnisse vergleichen lassen. Kann die Vorlage eine neue Situation nicht erfassen, wird sie eben verfeinert. Zu dieser Modellpflege gehört die Ausblendung unnötiger Details, bis die Unsicherheit für unser Ich gerade noch erträglich ist.

Die Absicht, dass der Mensch glücklich sei,
ist im Plan der Schöpfung nicht enthalten.
Sigmund Freud

Eine Aufgabe mittleren Schwierigkeitsgrades wie die Planung eines Familienurlaubs besteht aus rund 65 einzelnen Schritten, die 10^{90} Kombinationen ergeben. Entweder lässt sich das Problem durch Einschränkung der Variablen vereinfachen oder wir bleiben zu Hause. Das Gehirn stutzt den Entscheidungsbaum, indem es im autobiografischen Geschichtenarchiv nach Erlebnissen sucht, die mit der Aufgabe der Urlaubsplanung zu tun haben könnten, dann die entsprechenden Kurzfilme sinnvoll miteinander kombiniert und schließlich brauchbare Storys für die Lösung des aktuellen Problems liefert. Bis zum Bewusstsein gelangen am Schluss nur noch so viele Fragen, dass wir die Koffer trotz 10^{90} möglicher Entscheidungen packen und abreisen.

Nur Geschichten fügen verstreute Wissensmengen so schnell zusammen und ermöglichen die Gesamtschau wichtiger Geschehnisse. Daher sind wir selbst bei scheinbar banaler Handlung auf das biologische Programm »Vereinfachung durch Geschichten« angewiesen. Wenn Sie eine unbekannte Person zu einer Sitzung einladen müssen, wird automatisch Ihr Langzeitgedächtnis aktiviert. Dort liegen zu den meisten Teilsituationen ähnliche Geschichten bereit. Sequenzen von Telefongesprächen, Treffen mit neuen Personen, Inszenierungen eigener Auftritte, Reaktionen auf Unsicherheiten, Verwalten von Terminkalendern – je nach Schwierigkeitsgrad der Situation sind das sehr viele Sequenzen. Das Abrufen und Zusammenfügen dauert zwar einige Sekunden, ist aber bedeutend schneller als das Zusammentragen und Neubewerten unzähliger Daten belangloser Details.

Attraktive Angebote bereit stellen

Einer Geschichte müssen Sie nie zustimmen, wenn Ihnen nicht danach ist. Jede Erzählung ist nur ein Angebot, das Sie annehmen oder ausschlagen können. Und selbst ihr Ende ist nicht viel mehr als eine Höflichkeitsgeste. Keine Macht der Welt kann Sie am Schreiben einer Fassung hindern, an die Sie lieber glauben.

Ihre Grenzenlosigkeit macht eine Geschichte unbeherrschbar. Dieses anarchistische Element erhöht die Attraktivität, verwehrt ihr jedoch den Eintritt in Marketingabteilungen, wo Herrscher statt Verführer arbeiten. Der Umgang mit einem Objekt, das sich wegen seiner verschwommenen Ränder nicht überblicken und fassen lässt, macht Planern Angst. Marketing wird schließlich an Universitäten gelehrt, wo das Argumentieren mit Gefühlen peinlich wirkt. Aber wie können wir etwas einordnen, das jeder ein bisschen anders versteht?

Die Prädestination war von Anfang an ein Misserfolg.
Graffiti

In der Beantwortung dieser Frage liegt für mich der wichtigste Beitrag der Gehirnforscher. Sie geben mir naturwissenschaftlich geprüfte Argumente in die Hand, die sich nur schwer widerlegen lassen. Der Showdown zwischen Anhängern und Gegnern von Storytelling wird ab heute auf der Bühne der Vernunft aufgeführt. Ein Duell, dem jeder gelassen entgegenblickt, der auch unser Gehirn unter die evolutionären Produkte einreiht.

Indem das Gedächtnis Daten in Geschichten verpackt, erfüllt es das Modell von Vererbung, Selektion und Variation in beispielhafter Weise. Die Weihnachtsgeschichte hinterlässt bis heute Erinnerungsspuren, weil sie einen attraktiven, leicht kopierbaren Kern enthält und Auswahl sowie Varianten zulässt. Eine auf Fakten reduzierte Fassung hätte sich nicht verbreitet. Der fröhliche Anarchismus von Geschichten ist das Resultat des ewigen Wettkampfs um die beste Form von Datenverarbeitung. Unser Gehirn ist ein Spitzenprodukt, weil es Daten als Geschichten aufarbeitet und zur Verfügung stellt und so unzählige Andockstellen für externe Informationen bietet.

Der Übergang vom Affen zum Menschen sind wir.
Konrad Lorenz

Mit zunehmender Datenmenge erweist sich unser lausiges Faktengedächtnis als Schwachpunkt, den es möglichst rasch zu beheben gilt. Doch im Vergleich zu den Entwicklungsabteilungen der Evolution arbeiten amtliche Stellen mit Lichtgeschwindigkeit. Außerdem zieht die Vergrößerung des Gehirns sofort Modelländerungen an der Frau nach sich. Die Aufgabe wurde daher an die kulturelle Evolution delegiert, die für die externe Datenverarbeitung verantwortlich ist. Und so erfand das kollektive Gehirn der Menschheit den Computer.

Hinter dieser Maschine mehr als nur eine Hilfskraft für das Verarbeiten genauer Daten zu sehen, vernebelt den Blick für die Funktionsweise des Gehirns. Unser Gedächtnis kodiert Informationen nicht nach dem Kriterium wahr oder falsch. Sein Code lautet: Passt oder passt nicht. Ob der pH-Wert des Waldbodens tatsächlich unter 4,2 ist, ist ihm egal. Wenn ihm aber jemand erzählt, es sei beim Spielen mit seinen Kindern hingefallen und die Erde im Mund habe wie Zitrone geschmeckt, findet die gespeicherte Geschichtensammlung Anknüpfungspunkte. Informationen in Geschichten zu verweben, ist keine Modeströmung, die am Marketing vorbeiziehen wird, sondern ein biologisches Erfolgsrezept und das bessere Angebot. Was ziehen Sie vor? Sie haben die Wahl: »21. April 1959, 1. Schultag«, oder: »Ich war froh, lachte meine Mutter nicht, als ich den neuen Schultornister mit dem weichen Fell auf der Klappe mit ins Bett nehmen wollte. Endlich durfte ich in die Schule.«

Die wahren Orte stehen nie auf der Landkarte.
Herman Meville

Historische Wahrheiten sind dem Gedächtnis egal, es registriert nur die Bedeutungen, die wir einer Geschichte zuordnen. Der Film, der Ihnen durch Ihr Gehirn vorgespielt wird, ist eine einmalige Uraufführung. Was Sie am Abend Ihres ersten Schultages sahen, wurde zwar nicht gelöscht, aber unzählige Male verändert, gekürzt oder ergänzt. Die Evolution hat das Gedächtnis nicht entwickelt, damit wir unsere Zuhörer mit fotografischen Details und Originalzitaten verblüffen können. Erinnerungen dienen zur schnellen Einordnung neuer Erlebnisse. Das absolute Gedächtnis ist eine Qual, kein Glück, wie Jorge Luis Borges in der Erzählung von Ireneo Funes eindrucksvoll schildert. Jahrzehnte später wurde Borges' Kunstfigur harte Wirklichkeit, als der russische Neuropsychologe Aleksandr Lurija den Fall Solomon Schereschewski veröffentlichte, in dessen Gedächtnis jede Geschichte unauslöschliche Spuren hinterließ. Das machte ihn zwar zum lebendigen Lexikon, verunmöglichte aber das Erkennen so unbeständiger Dinge wie Gesichter. Und beim Erfassen von Geschichten und Poesie zeigte er die gleichen Schwierigkeiten wie ein Computer. In Geschichten festgehaltene Erinnerungen sind flüchtig. Das wollen wir offensichtlich nicht wahrhaben, wie eine Umfrage von 2001 zeigt. Denn 85 Prozent der Befragten waren der festen Überzeugung, mit der richtigen Technik ließen sich ursprüngliche Erinnerungen wieder hervorholen.

Ein erster Blick auf Helden

Zu einer Geschichte gehört ein Handelnder. Wenn sich plötzlich ein Baumzweig bewegt oder ein unerwartetes Geräusch an unser Ohr dringt, sucht das Gehirn sofort einen Verantwortlichen. Die Suche nach einem Schuldigen ist ein so zentraler Überlebensmechanismus, dass unser Wahrnehmungsapparat sogar für die Beschaffenheit von Dingen einen Verantwortlichen sucht. Ist der Urheber bestimmt, forschen wir im Archiv nach, ob bereits etwas über ihn vorliegt. Dann vernehmen wir mit unseren Sinnen seine neuen oder erstmaligen Geschichten. Sehen wir nach der Bewegung des Zweiges ein fliehendes Reh, können wir uns eine beruhigende Story zusammenreimen und weitergehen. Erblickt eine Joggerin bei hereinbrechender Dunkelheit aber eine männliche Gestalt unter dem Zweig, dem sie die Geschichte eines Exhibitionisten zuschreibt, wird sie ihr Lauftempo wohl beschleunigen.

Ein Mann und eine Frau in einem Zimmer.
Nackt. Wir haben alles, was wir brauchen.
Philip Roth

Als Meldeläufer zwischen Innen- und Außenwelt hat der Akteur eine so wichtige Funktion, dass er den Heldenstatus und damit ein eigenes Kapitel verdient (Seite 123). Seine Abenteuerreisen sind immer mehrschichtig, transportieren Vernünftiges und Emotionales, verbinden Raum und Zeit. Wenn Sie sich den schönsten Sonnenuntergang Ihres Lebens in Erinnerung rufen, hören Sie vielleicht den Wellenschlag des Meeres, riechen das Haar eines geliebten Menschen, sehen einen flammend roten Planeten in den Fluten versinken, schmecken Salz auf der Zunge und spüren Sandkörner in den Achselhöhlen.

Weil wir noch nicht im Detail wissen, wie solche Kompositionen zustande kommen, wer daran beteiligt ist und was sie verändert, gibt es noch keine Software für Computer. Das Finden und Erfinden von Geschichten bleibt vorderhand geistreiches Handwerk. Markenstrategen müssen die Meisterprüfung nicht ablegen, aber die Zulassungsbedingungen kennen. Dazu gehören Kenntnisse des Themenkatalogs, der Anforderungen an Helden, des Designs von Kulissen und Szenen. Aneignen lässt sich dieses Wissen auf viele Arten, wobei sich das Studium bewährter Vorbilder sehr empfiehlt und eine gute Grundlage für eigene Versuche schafft. Was in jedem Rhetorikkurs gelehrt wird, geht Markenstrategen in Fleisch und Blut über. Am wichtigsten sind Anfang und Schluss einer Geschichte. Wie betritt der Held die Bühne und welchen Abgang geben wir ihm?

The first cut is the deepest.
Cat Stevens

Der Beginn muss zwingend mit unserer eigenen Erlebniswelt zu tun haben. Wer bin ich? Was hat die Geschichte mit mir zu tun? Das sind die ersten Fragen, auf die unser Gehirn Antworten sucht. Im Mittelteil lässt sich unbesorgter herumwursteln, solange der rote Faden hält. Höchste Konzentration setzen wir lieber für die Gestaltung eines fulminanten Schlussbildes ein. Denn bei der Zuteilung von wertvollem Speicherplatz hat das Ende einer Geschichte am meisten Stimmen, weil dort die Entscheidung fällt, ob ich mein Verhaltensprogramm anpasse.

Aus dem Leben eines Helden interessieren uns die gleichen Ereignisse, die auch in unserer Biographie von Bedeutung sind, nämlich die Geschichten vom ersten Mal. Daher hinterlassen Erinnerungen der Lebensjahre zwischen 16 und 22, 22 und 33 sowie 40 und 45 tiefere Spuren. Denn in diesen Zeitfenstern erleben wir in der Regel den ersten Sex, verlassen das Elternhaus, sterben vor Liebeskummer, treten in die Arbeitswelt ein, halten das schönste Kind der Welt in den Armen und haben die Erstbesteigung unseres Lebensgipfels hinter uns. Reprisen vom ersten Mal sind ein sicherer Wert. Die besten Plätze in unserer Erinnerung nehmen Geschichten von starken Gefühlen ein, und solche, die uns immer wieder erzählt werden. Wo waren Sie am 11. September 2001?

Undelegierbare Erlebnisse

Zum Geschichtenerzähler führen ebenso viele Wege wie nach Rom, wo ich drei Jahre nach Studienabschluss auch eintraf. Meine Aufgabe: den schweizerisch-italienisch gemischten Schülerscharen Deutsch und seine literarischen Anwendungen zu lehren. Als Gegenleistung für meinen Theorieschub lehrten mich die Gymnasiasten, wie im Land der göttlichen Komödie meine Weisheiten in die Praxis umgesetzt werden. Und in Neapel wurde mein nördlicher Angriff auf die südliche Kulturprovinz mit einem einzigen Satz abgeschmettert: »Bei uns finden die Theateraufführungen auf der Straße statt, Tag und Nacht.« Knapp acht Jahre saß ich in einem Publikum, das Akteur und Zuschauer zugleich ist.

Dieser unterhaltsame Intensivkurs für Storytelling wurde nach der Geburt meiner Tochter Olivia früher als geplant abgebrochen. Und schon vor der Rückkehr in die Schweiz merkte ich, dass die Geschichte »Familie mit schwer behindertem Kind« nicht im Gedächtnis verankert ist und vergeblich nach Andockstellen sucht. Da waren nur Erzählmuster von Familien mit gesunden Kindern abgelegt, Vorstellungsbilder meiner Kindheit, aus einer heilen Welt. In solchen Fällen gibt es nur zwei Wege, man lässt die starken Gefühle zu und versucht, die neuen und alten Geschichten miteinander zu verweben – oder man hält an den alten Bildern fest und die Gefühle draußen.

Was damals meine Weltbilder und mich selber ins Wanken brachte, bekam mit den Jahren eine völlig andere Bedeutung. Meine sprachlose Tochter lehrte mich die Grenzen von Sprache, die Unterschiede zwischen Wissen und Erleben, bedingungsloses Annehmen und letztlich die Kunst des Verführens. Um in dieser Kunst beruflich erfolgreich zu sein, war allerdings Nachhilfeunterricht bei einem großen Meister angesagt. Ich wollte in die Werbung. Obwohl mein vierzigster Geburtstag absehbar war, fiel mir der Rollenwechsel vom Lehrer zum Schüler erstaunlich leicht, weil ich auch meinen bisherigen Job eher der Unterhaltungsbranche zuordne.

Die Werbung ist eine hervorragende Schule des Erzählens, was verständlicher macht, weshalb berühmte Schriftsteller sich mit diesem Handwerk ein Zubrot verdienen. Nach Lehrbuch wird Werbung dem Marketing zugeordnet. Das macht Sinn, wenn das unter dem gleichen geistigen Dach stattfindet. Doch weil das in den meisten Unternehmen nicht der Fall ist, verpufft ein großer Teil der immensen Werbebudgets, was sich mit Studien bestätigen und mit den Gesetzen menschlicher Informationsverarbeitung begründen lässt.

Die wahren Poeten unserer Zeit sitzen in den Werbeagenturen.
Tennessee Williams

Storytelling lässt sich an die Werbung delegieren, wenn das direkte Gespräch ersetzt werden muss. Aber müssen Eltern für ihre Kinder sprechen, Broschüren für Dienstleistungen oder TV-Spots für Produkteigenschaften? Gutes Marketing will keine Affären heraufbeschwören, sondern Ehen stiften. Wo unser Gegenüber das Original erwartet, wird ein Mittler eingeschaltet. Das schützt zwar vor möglichen Blamagen, schafft aber Distanz und schadet längerfristig der Beziehung. Durch Werbung wird keine Marke aufgebaut, sondern nur Aufmerksamkeit geweckt. Wer das Erzählen von Geschichten an Werbeagenturen delegiert, muss im Briefing möglichst genaue Distanzangaben und ausführliche Begründungen mitliefern. Rechtfertigt der Auftraggeber die Auslagerung mit mangelnder Kompetenz im Storytelling, muss er in einem Maßnahmeplan genau festhalten, wann und wie diese Lücke geschlossen wird. Denn mit unverbindlichen Absichtserklärungen lassen sich schlechte Gewohnheiten nicht ablegen.

Jeder erlebt mehr als er versteht - aber das Erlebnis,
nicht das Verständnis beeinflusst unser Verhalten.
Marshall McLuhan

Schlecht ist die Vernachlässigung der internen Erzählkunst auch, weil wir Werbebotschaften geringe Bedeutung und wenig Glaubwürdigkeit zuordnen. Das ist fatal, führt aber leider nur zur Steigerungsstrategie, die Zahl der Botschaften zu erhöhen. Eine Sackgasse, da klassische Werbegeschichten bei unserem Gedächtnissystem den Ruf haben, eher unbedeutend zu sein. Diese Bewertung im Speicherplatz wird ihnen vom Unbewussten automatisch zugeteilt. Und das ist gegen Umdeutungen durch Einsicht weitgehend immun. Der Werbung zuliebe wird die Evolution ihr Erfolgsrezept nicht ändern.

Aber was ist mit den guten Storys? Den Spots, die in Cannes Preise gewinnen und eine eigene Fernsehshow haben? Die bittere Antwort lautet, dass diese Botschaften zwar Aufmerksamkeit erregen, aber im falschen Speicher abgelegt werden, nämlich dort, wo Unterhaltsames zum Abruf bereit steht. Die Ausnahme bestätigt die Regel, aber Werbung macht primär Werbung berühmt, nicht das Produkt.

Das Letzte was Sie tun sollten ist:
die Werbung der Marketingabteilung überlassen.
Bernard Arnault

Den Werbeagenturen die Schuld für den gegenwärtigen Informations-Gau zuzuschieben, ist billig und steht notwendigen Veränderungen nur im Weg. Wenn sich in westlichen Ländern die Ausgaben für Werbung und Kultur etwa die Waage halten, liegt dies weniger an den Agenturen, sondern an der ökonomischen Verzahnung mit der Medienwirtschaft und den Marketingabteilungen, die das Geschichtenerzählen delegieren. Werber übernehmen das gerne und gut. Aber die meisten von ihnen sind auch bereit, ihre Kunst den Markenstrategen beizubringen, um so die Distanzen zwischen Erzähler und Zuhörer zu verkürzen.

Liebesgeschichten sind das Leben

Nach Love Selling nun Love Marketing? Keine Angst, Storytelling ist keine Mogelpackung für ein idealisiertes Menschenbild. Und auch den Neurologen gelingt es nicht, der Liebe ihr Geheimnis zu entreißen, um uns die ersehnte Gebrauchsanweisung vorzulegen. Die Erforscher unseres Gehirns sind sich nicht einmal einig, ob sie das

Wort Liebe überhaupt in ihr Berufsvokabular aufnehmen sollen. Die meisten von ihnen betrachten die Liebe als sprachliche Metapher für menschliches Bindungsverhalten und raten den Laien dazu, sich mit der wenig romantischen Feststellung abzufinden, Liebe diene der sexuellen Fortpflanzung und dem Zusammenbleiben der Eltern während der Aufzucht ihrer Nachkommenschaft.

Liebe zieht an und bindet. Das ist der minimale Konsens, den die Gehirnforscher bis jetzt finden. Die Tätigkeitswörter erinnern auch daran, dass Liebe kein Zustand, sondern ein Prozess ist. Im übrigen bin ich ganz froh, dass Wissenschaftler das Beschreiben der Liebe den Künstlern, Tagebuchverfassern und Lyrikern überlassen.

Beim Thema Storytelling fühle ich mich trotz all dieser Vorbehalte verpflichtet, die unendliche Geschichte der Liebe um weitere Sätze zu ergänzen. Denn vielleicht müssen Sie irgendwann begründen, weshalb Sie als Markenstratege Ihre kostbare Arbeitszeit für die Suche nach guten Liebesgeschichten vertrödeln.

> Liebe zerstört, was wir gewesen sind,
> damit wir sein können, was wir nicht waren.
> Aurelius Augustinus

Liebe ist ein starker Lock- und Klebstoff, den wir besonders aufmerksam registrieren und in Erinnerung behalten. Daher gehören Grundkenntnisse im Verfassen einer Liebesgeschichte zu den Berufsanforderungen eines Markenstrategen. Widerständler entlarven sich dadurch, dass sie souverän über Kundenbindung referieren, aber beim Thema Liebe ins Stocken geraten oder sich in die Floskeln emotionaler Intelligenz flüchten.

Bevor wir die erste Zeile einer Liebesgeschichte schreiben, fragen wir uns, was den Liebenden im Wege steht. Denn Liebesstorys ohne Hindernisse sind so spannend wie Fahrpläne städtischer Verkehrsbetriebe. Hindernisse müssen vom Publikum als wesentlich erkannt werden. Springen zwei Verliebte über die Klippe, bloß weil sich ihre Eltern gegen das kleine Glück stemmten, löst das in unseren Breitengraden höchstens ein müdes Lächeln aus. Wir sollten also nebst den großen Liebesgeschichten der Weltliteratur auch die gegenwärtigen Bestseller kennen. Zuschauer wollen erfahren, welche Sehnsüchte die Liebenden dazu antreibt, das Unbekannte zu riskieren und alte Geschichten umzuschreiben. Was suchen sie im anderen? Was fehlt ihnen? Wovon wollen sie weniger, wovon mehr? Welche Idee soll dramatisiert werden? In welcher Bildsprache? Mit welchen Symbolen? Mit welchen Charakteren?

> Es kommt darauf an, sich von anderen zu unterscheiden;
> ein Engel im Himmel fällt niemandem auf.
> *George Bernhard Shaw*

Storytelling erfindet das Marketing nicht neu. Aber es verbindet Theorien mit dem realen Leben, macht Abstraktes verständlich und vermittelbar. Ein Leitbild ohne Bildergeschichten weckt keine Vorstellungen und setzt keine Leitplanken.

Erzählte Corporate Identity

Storytelling ist kein Marketinginstrument, das Unternehmen zwingt, ihre eigenen Geschichten zu verleugnen oder zu ersetzen. Gerade weil es auf Bestehendem aufbaut, ist seine Einführung so einfach. Und weil das Verpacken von Information in Geschichten ein biologisches Prinzip ist, können Sie damit beginnen, wo und wann Sie wollen. Das gutartige Virus wird sich von alleine verbreiten und irgendwann Leidbilder durch Leitbilder ersetzen, indem es schwülstige Schlagworte in dramatische Szenen verwandelt. Die Identität eines Unternehmens ist so instabil wie das Ich eines Menschen, weil jedes komplexe System sich permanent selbst organisieren muss. Daher sind gängige Leitbilder nicht nur blutleer und wirkungslos, sondern sogar schädlich, da sie der evolutionären Anforderung hoher Anpassungsfähigkeit in keiner Weise genügen. Die bedeutungsschwangeren Beschwörungsformeln missachten zudem das Prinzip unseres Wahrnehmungssystems, neue Informationen nach Differenzen zu bereits gespeicherten Daten abzusuchen. Möchten Sie das Leitbild Ihres Unternehmens testen, so empfehle ich Ihnen eine Übung, die meinen Studenten Spass macht. Die Spielregeln sind einfach: Suchen Sie im Internet zehn Firmen aus fünf unterschiedlichen Branchen aus. Füllen Sie die extrahierten Leitsätze als Textbausteine in eine Datenbank. Ergänzen Sie das Dokument mit den eigenen Leitsätzen und aktivieren Sie die Suchfunktion. Wie einzigartig und einprägsam ist Ihr Leitbild?

Dinge, die von ihrer Geschichte losgelöst sind, haben keine Bedeutung. Sie sind bloß Gegenstände.
Cormac McCarthy

Ein Leitbild, das nach innen und außen wirken soll, ist wie eine gekürzte Fassung dieses Buches. Es hat einen unantastbaren Kern, der passende Varianten anzieht und allzu fremde abstößt. Gefunden wird ein solches Leitbild nicht durch Meinungsumfragen oder sprachgewandte Berater. Sie finden es, wenn Sie Ihre Mitarbeiter erzählen lassen. Und weil es inzwischen bewährte Methoden und Tools gibt, wie das Sammeln solcher Geschichten am besten durchzuführen ist, haben Sie schon nach wenigen Wochen den Stoff, aus dem sich Ihre Version von »Tausend und eine Nacht« und das Drehbuch für die Aufführung schreiben lässt.

Wen Sie damit beauftragen sollen, ist eine wichtige Frage. Falls Sie in einem größeren Unternehmen tätig sind und der Statistik vertrauen, finden Sie ein internes Talent. Ob es sich allerdings durchsetzt und die Ansprüche des Publikums genügend einbringt, ist eine andere Frage. Aber da Sie sich als Anhänger von Storytelling bestimmt schon einen professionellen Geschichtenerzähler ins Haus geholt haben, können Sie ihn auch mit der Schlussfassung eines Leitbildes beauftragen, das den Copy-Paste-Test besteht, womit Sie gleichzeitig beweisen, dass Marketing keine Denkhaltung, sondern ein Verhalten ist.

Wir müssen Pfingstprediger sein und nicht Gagproduzenten.
Helmut Maucher

Zum Verhalten großer Erzähler gehört, sich an der Vergangenheit zu orientieren, um Gegenwärtiges und Künftiges zu veranschaulichen. Daher erstaunt es nicht, dass sich Steven Spielberg oder George Lucas als Übersetzer verstehen und den Geschichtenschatz der Märchen und Religionen ohne schlechtes Gewissen plündern. Die beiden Regisseure würden meiner Behauptung kaum widersprechen, dass Glaube, Liebe, Hoffnung eine brauchbare Formel für das Erzählen einer guten Geschichte ist. Glaube, dass die Geschichte eine persönliche Wahrheit enthält. Liebe, als Person wahrgenommen zu werden und in der Geschichte einen Platz zu finden. Hoffnung, dass die Ideen keine leeren Worte sind und in Erfüllung gehen.

Behauptungen

Alles Interessante ist frischer Schnee von gestern.

Effiziente Datenverarbeitung macht erfolgreich.

Wer Wesentliches besser erzählt, gewinnt.

Die stärksten Geschichten sind die selbst erlebten.

Die eigene Geschichte lässt sich nicht delegieren.

Wir mögen Aufführungen lieber als Dienstleistungen.

Sulgen

Der Sinn
Lückenfüller und Ordnungshüter

Die Lebensratgeber stapelten sich an der Fensterbrüstung vorbei und verdunkelten zunehmend mein Arbeitszimmer, was ich als stumme Aufforderung deutete, die Ratschläger von ihrer sinnlosen Arbeit zu befreien, mein Leben mit Sinn zu füllen.

An der Stelle zerstörter Träume vom jungen Familienglück nisteten sich Wut, Trauer und Neid ein. Wieso wir? Warum hatte das Schicksal gerade uns zugemutet, im Zusammenleben mit einem schwer behinderten Kind einen Sinn zu sehen? Ich musste manchen Grashalm ergreifen, bis ich wieder eine blühende Wiese sah. Sinn muss offenbar erlebt werden.

Lebenskrisen sind immer durch eine doppelte Sinnstörung gekennzeichnet. Hinter uns schnappt eine Tür ins Schloss, vor uns wächst eine Mauer. Für den ungebetenen Aufenthalt in diesem garstigen Niemandsland ist eine Überforderung unseres Gehirns verantwortlich, das als lebendiges System dem evolutionären Gesetz untersteht, Aufgaben möglichst energiesparend zu erledigen. Wer zu viele unwahrscheinliche Zukunftsgeschichten sammelt, macht sich zum Gesetzesbrecher. Schließlich beanspruchen selbst vage Vorstellungsbilder Platz, der für die Verarbeitung aktueller Probleme dringend benötigt wird. Tritt das Unerwartete trotzdem ein, können unbrauchbar gewordene Muster noch immer aufgelöst und ersetzt werden. Die dazu notwendige Energie steht allerdings nicht sofort zur Verfügung, sondern kann nur portionenweise aus anderen Arealen abgerufen werden. Große Umschichtungen im Geschichtenschatz brauchen Zeit. Was muss ein sprachloses Kind erzählen, damit seine Eltern stolz sind?

Informationsmuster, die unser Handeln steuern, sind kein Instantprodukt. Sie sind das Ergebnis einer Entwicklungsabteilung, die Copyrights erst erteilt, wenn sich neue Modelle während einiger Generationen bewährten. Eine Konstruktionsanweisung, die früh zum festen Wert wurde, lautet: Baue stets auf dem auf, was gerade zur Verfügung steht.

Vielleicht gibt es schönere Zeiten – aber diese sind unsere.
Jean-Paul Sartre

In unserem Gehirn wohnt kein Götterkind, das seine Lieblingsmärchen unbemerkt wegwerfen darf, wenn es den Gefallen an ihnen verliert. Wir können niemandem zurufen, uns bitte schön eine völlig neue Geschichte zu erzählen, an die wir glauben möchten. Wir haben uns damit abzufinden, dass es keine neuen Geschichten, sondern nur Überarbeitungen bereits erzählter gibt. Je schneller und radikaler dies nötig ist, desto größer der Aufwand und die Gefahr von Überforderung.

Von dieser Notstandsituation bekommt auch das limbische System Wind. Schließlich wurde es dazu erschaffen, sämtliche Vorgänge zu bewerten. Dauernde Überforderung weckt daher negative Emotionen, die unser Körper speichert und als ungute Gefühle weitergibt, damit das Gehirn die notwendigen Anpassungen vornimmt und so die Lücke zwischen alten und neuen Geschichten schließt. Weil dies vor der Pubertät meist ohne Einmischung unseres Bewusstseins geschieht und das Kriterium »hat sich bewährt« noch wenig Beweiskraft hat, sind Sinnfragen Probleme für Erwachsene.

Die Behebung individueller Lebenskrisen überlassen wir lieber der Zeit und Fachpersonen. Besonders zynische Vertreter der Marketingzunft meinen zwar, nur ein unglücklicher Konsument sei ein guter Konsument. Ich vertrete die Ansicht, dass zufriedene Menschen die besseren Kunden sind.

MAYA macht Sinn

Amerikaner lieben Kürzel und Eselsbrücken, um das Gedächtnis zu entlasten. Nine/Eleven, 4P, SWOT oder I ♡. Mir gefällt das Kürzel MAYA besonders gut. Es weckt Kindheitserinnerungen, da mir die Biene Maja erhöhten Fernsehkonsum und glückliche Stunden bescherte. MAYA ist aber – abgesehen von der lautmalerischen Ähnlichkeit – ein Prüfstein für Qualitätsmarketing und heißt dann: **M**ost **A**dvanced **Y**et **A**cceptable. Ist der Überraschungseffekt einer Information genau so groß, dass er noch angenommen wird?

Intern wird diese Frage durch automatisierte, unbewusste Informationsverarbeitung beantwortet. Extern, also auf der Bewusstseinsebene, reicht die Kapazität jedoch nicht aus, um am Ende eines logischen Entscheidungsbaums die Antwort auf die MAYA-Frage zu finden.

> Legt man eine Zitrone neben
> eine Orange, so hören sie auf,
> Zitrone und Orange zu sein.
> Sie werden Früchte.
> *Georges Braque*

Schahrasad, Homer und die Evangelisten waren Sinnstifter, weil sie mit untrüglichem Gefühl Neues mit Vergangenem so verknüpften, dass sich Wiedererkennen und Überraschung die Waage halten. Ihnen steht der Marketing-Oscar zu, falls tatsächlich die Beeinflussung von Wahlverhalten prämiert wird. Wieviele Assessments oder Anforderungsprofile kennen Sie, mit denen solche Fähigkeiten erfasst werden?

MAYA könnte auch eine Formel der Hirnforscher sein, ist doch Sinn nichts anderes als Ordnung. Übersicht schaffen, indem neue Daten mit alten so verknüpft werden, dass erneut erkennbare Muster entstehen. Auch wenn Ihnen kein Neurologe der Welt die Frage nach dem Sinn des Lebens beantworten kann, ist Sinn eine brauchbare Metapher für ein Deutungsangebot, das zu Ihren bisherigen Lebensgeschichten passt.

Während Sie den Satz »Flüssige Sonnen kühlen die Weinstöcke am eisigsten« lesen und über den Sinn dieser Worte nachdenken, suchen die Neuronen in Ihrem Gehirn nach passenden Mustervorlagen. Vielleicht denken Sie an neue Erfindungen, Gedichte, Druckfehler oder dilettantische Übersetzer. Aber wahrscheinlich stellen Sie schlicht Ihre Denkarbeit ein und vergessen den Satz wieder.

Eine schwere Unterlassungssünde wird Ihnen nur angelastet, falls Sie Ihr Okay zu einer Marketinggeschichte geben, ohne vorherige Prüfung der Anschlussstellen. Wohin das führt, zeigte uns die brillante Benetton-Kampagne. Sie passte weder zur Formel-1-Welt noch zu den Renaissance-Villen der Firmeninhaber. An der Qualität von Oliviero Toscanis Arbeiten lag es bestimmt nicht. Wie der Mailänder Fotograf ein Kind mit Dow-Syndrom mitten ins Leben setzt, ist große Kunst und berührt nicht nur mich.

Marktforschung findet keine Lücken

Markenstrategen sind Sinnstifter. Fragt sich nur, wer vom Stiftungskapital profitieren soll und was wir unter Sinn verstehen.

Sinn ist die Maßeinheit für die Anschlussfähigkeit einer Geschichte. Allerdings geben zwei Jurys Bewertungen ab. Die eine kommt vom Bewussten, die andere vom Unbewussten. Sie stimmen leider nur selten überein. Und da unser Verhalten zum größten Teil vom Unbewussten gesteuert wird, interessieren sich Markenstrategen für die Urteilsfindung des Unbewussten.

Beurteilen heißt Ordnung schaffen, was ohne Kategorien nicht geht. Die Instrumente in »Tausend und eine Macht« sind eine praxistaugliche Möglichkeit, die Kategorien zu erfassen, nach denen das Unbewusste Beobachtungen ordnet. Bekannt gegeben wird das Resultat durch das Verhalten. Und das ist zum Glück beobachtbar. Von einem niederen Sinnwert gehen wir aus, wenn wir die neue Geschichte nicht aufnehmen, wenn wir nicht dazu genötigt werden. Aber Zwangsmaßnahmen stehen Markenstrategen gegenüber Kunden ohnehin nicht zu.

Marktforschung ersetzt nicht die persönlichen Fähigkeiten der Marketingfachleute, die Mentalität und das Verhalten der Konsumenten zu verstehen.
Helmut Maucher

Marketingabteilungen steht nicht zu wenig Geld zur Verfügung, sie geben es in ihrem Steigerungswahn nur falsch aus. Mehr Werbung und mehr Marktforschung, lautet das simple Rezept. Schon Kaiser Augustus habe das Volk zählen lassen, um mehr Steuern einzutreiben, halten Marktforscher ihren Kritikern entgegen, stoßen aber mit ihrem Gegenangriff ins Leere. Denn niemand zweifelt daran, dass systematisches Zusammentragen und Auswerten von Zahlen notwendig ist. Aber solche Resultate sind Sinnwerte des Bewusstseins.

Zu welcher Zielgruppe gehören Sie? Der Sinnwert üblicher Zielgruppen ist deshalb so tief, weil ihre Grenzen von denen eingezeichnet werden, die mit ihrer Vermessung Geld verdienen und ihre teuren Geräte einsetzen müssen. Bleiben brauchbare Resultate aus, geben sie dem Grenzverlauf einfach einen anderen Namen oder verkleinern die Gebiete.

Wenn Marktforscher auf der Jagd nach Zielgruppen die Meere des Unbewussten befahren, erinnern sie mich an Kapitän Ahab in »Moby Dick«, der lieber mit der ganzen Mannschaft unterging, als den Wahn aufzugeben, er könne den weißen Wahl ins Schlepptau nehmen. Im Gegensatz zur Besatzung der »Pequod« können sich die Leute an der Verkaufsfront wehren, indem sie die wirren Koordinaten der Marktforscher überhören oder in eine Geschichte mit höherem Sinnwert übersetzen. Der Hinweis, beim nächsten Start würden dreißig Self-rewarding-empty-Nester-Personen oder zehn DINKSs mitfliegen, hilft der Stewardess wenig bei ihrer Arbeit. Weshalb nicht gleich die passende Rahmenhandlung liefern, um allzu merkwürdige Übersetzungen zu vermeiden? Führten Zielgruppen zu lesbaren Geschäftsbriefen, gewinnenden Gesprächen oder guten Servicegeschichten?

> Die Märkte bestehen aus Menschen,
> nicht aus demographischen Kategorien.
> *Cluetrain Manifest, 2. These*

Markenstrategen lassen ihre Kunden nicht in psychologische und ökonomische Einzelteile zerlegen, bis nur noch ein analytischer Schutthaufen übrig bleibt. Sie halten es auch für keine gute Idee, sich vorwiegend um die Identität des anderen zu kümmern. Sie vertrauen lieber auf die Anziehungskräfte, die von einer starken Persönlichkeit ausgehen, und setzen alles daran, damit das Unternehmen zu den Geschichten findet, die starke Persönlichkeiten prägen.

Auf Treibjagden nach Kundenidentitäten zu verzichten, kostet Überwindung, weil der Spott der alten Halali-Kollegen nicht ausbleiben wird.

Ordnung im Warenhaus

Ich liebe Warenhäuser trotz ihrer angeschlagenen Gesundheit. Denn mit ihnen sind schöne Geschichten meiner Kindheit verbunden. Reisen in die Stadt, Staunen in der Spielzeugabteilung, Hochrennen auf heruntergleitenden Rolltreppen, Berühren fremder Dinge und Wichtigtuerei an der Milchbar.

Als ich den Marketingleiter eines Kaufhauses fragte, welche Geschichten sein Warentempel erzählt, dachte er nach. Über die

Berechtigung meiner Frage oder eine mögliche Geschichte? Er lieferte mir dann gleich mehrere, von denen ihm die vom Schlaraffenland am besten gefiel. Von meiner Frage verunsichert, änderte er seinen Favoriten und meinte, sein Haus würde Erlebnisse bieten. Was er denn darunter verstehe, der Begriff Erlebnisgesellschaft suggeriere doch die Existenz einer Gesellschaft, die sich nicht durch Erlebnisse konstituiere. Er habe sich vielleicht ungeschickt ausgedrückt, entgegnete er, Events sei der zutreffendere Begriff. Aber ein Event ist keine Geschichte, sondern eine Kommunikationsform ... Was soll ein Warenhaus seinen Kunden erzählen?

Ordnung machen erfordert Präsenz, Ordnung halten Konsequenz.
Elfriede Hablé

Das Entwickeln einer Marketingstrategie gehört zu den spannendsten und schönsten Aufgaben, sogar das Zusammentragen der Entscheidungsgrundlagen, falls dazu neben Zahlen und Fakten auch Storys gehören. Der interessanteste Teil ist das Schreiben des Drehbuches. Davon gibt es drei Rohfassungen: eine für das Unternehmen, eine für die Kunden und eine für beide. Ins Storyboard für die Aufführung notieren wir die wichtigsten Ordnungsmuster. Stimmt die Geschichte, schließen sich die kleinen Sinnlücken von selbst.

Wer Ordnung ins Warenhaus bringen will, interessiert sich für die Spielpläne der letzten dreißig Jahre. Denn er weiß, dass in ihnen die Kategorien zu finden sind, die Sinnwerte der Kunden prägten. Diese Geschichten sind das Material für eine neue Erzählung.

Erfindungen für Fehlendes

Besonders hartnäckige Gegner von Storytelling begründen ihren Widerstand gerne mit dem moralischen Gebot, sich an die Wahrheit zu halten. Doch die Wahrheit ist ein Kind des Bewusstseins, das keine Geschwister hat, wenn Daten automatisch verarbeitet werden. Welch wichtige Aufgaben die Wahrheit für die sprachliche Verständigung dennoch übernimmt, habe ich bei den »Voraussetzungen«, im ersten Teil dieses Buches (ab Seite 13) erläutert.

Am Auskunftsschalter für Erinnerungen erhalten wir keine wahren Geschichten. Was wir aber erwarten dürfen, sind Erzählungen über Verhaltensweisen, die für das Zusammentreffen bestimmter Ereignisse eine hohe Wahrscheinlichkeit haben. Verfasst wurden sie vom Unbewussten, das mit dieser Arbeit unser Ich stabilisieren muss. Reicht das vorhandene Material nicht aus, gibt es trotz diverser Umstellungen und Entsorgungen kein stimmiges Bild. Also werden die fehlenden Puzzleteile eben erfunden. Die Neurowissenschaftler nennen diesen Vorgang Konfabulieren.

Se non è vero, é ben trovato.
Giordano Bruno

Die dichterischen Fähigkeiten von Nervenzellen sorgen im Sektor Erziehung & Recht seit eh und je für große Aufregung. Aber wenn sich das Unbewusste seine Version von Welterklärung einmal zurechtgelegt hat, versagen selbst modernste Lügendetektoren. Und je öfter wir eine tolle Story als unsere eigene ausgeben, desto mehr sind wir davon überzeugt, Inhaber des Copyrights zu sein. So kommt es, dass wir mehr Erlebnisse an Lager haben, als wir persönlich einbrachten.

Wie verwerflich diese menschliche Eigenschaft ist, entscheidet jede Kultur selber. So wurde ich während meiner Italienjahre selten durch die Frage unterbrochen, ob eine Ausschmückung auch wirklich wahr sei. Giordano Brunos Satz ist ein guter Claim für unser Gedächtnis, aber auch fürs Marketing. Konsumenten kaufen keine Wahrheiten. Sie kaufen Geschichten, die für sie Sinn machen. Das Erfinden von Geschichten, die dem Wahrheitsbegriff des Bewusstseins nicht standhalten, ist bei Kindern ausgeprägter als bei Erwachsenen, was die Neurologen teilweise mit der Unreife der Stirnlappen erklären. Auch wenn die Grenzen zum Krankhaften fließend sind, ist unser Ich auf die grundsätzliche Fähigkeit angewiesen, passende Geschichten zu erfinden, um uns sozialverträglich zu machen.

Dem Leben einen Sinn geben

Verirre ich mich im Supermarkt, wird im Wiederholungsfall mein Vermeidungsverhalten aktiviert. Die Vertreibung aus einem Konsumparadies führt mich jedoch so wenig in eine Existenzkrise wie unverständliche Gebrauchsanweisungen oder schlecht gelauntes Personal.

Schließlich gibt es Unternehmen, deren Markenstrategen sich besser um diese Aufgabe kümmern, selbst bei Hotlines. Produkt- und Servicepflege sind aber Sinnstiftung auf unterer Ebene und gehören zum Pflichtprogramm. Bei der Kür geht es um die Vertreibung aus einem anderen Paradies.

It's not the destination, it's the journey.
Harley-Davidson-Werbung

Harley-luja. So betitelt der dänische Markenmanager Jesper Kunde seinen Bericht über die Wiederauferstehung der amerikanischen Motorradlegende. Mickrige sechs Prozent betrug der Marktanteil, als 1981 Vaughan Beals und zwölf weitere Manager Harley-Davidson von AMF zurückkauften. Zu Beginn des neuen Jahrtausends fuhren wieder 54 von 100 schweren Brummern mit dem typischen Harleyklang an uns vorbei. Weshalb bezahlen vernünftige Menschen für ein technisch mittelmäßiges Produkt den doppelten Preis? Warum ist Harley-Davidson das einzige Unternehmen, dessen Logo sich Tausende auf ihren Körper tätowieren lassen? Auch Frauen.

Jesper Kunde führt den beeindruckenden Erfolg vor allem auf konsequentes Corporate-Religion-Marketing zurück.

Die Religion muss froh machen.
Jakon Bosshart

Zu den traditionellen Großanbietern von Lebenssinn gehören Religionen, Staat, Arbeitswelt und Familie. Sie alle geraten in die Krise, weil sie ihr Versprechen vom angstfreien Leben nicht einhalten können. Die meisten Neurologen schreiben der Religion keinen eigenen Ankerplatz im Gehirn oder in den Genen zu. Religion ist für sie nur eines von vielen möglichen Orientierungsgebäuden, wenn auch ein sehr mächtiges.

Der Sinn des Lebens kann in allem nur Vorstellbaren gefunden werden, auch wenn eine soziale Komponente unabdingbar scheint. Die Wahrscheinlichkeit, dass die großen Sinnanbieter noch immer in die engste Auswahl kommen, ist hoch, weil sie sehr früh in unser Erfahrungsgedächtnis eindringen und aus der unmittelbaren Umgebung eines Kindes stammen. Und der soziale Druck, sich mit großen Sinnanbietern anzufreunden, ist stark. Ihren Kindern den Außenseiterstatus zu ersparen, ist denn auch einer der Gründe, weshalb konfessionslose Eltern ihre Nachkommen weiterhin in den Religionsunterricht schicken, auch wenn dieses Argument zunehmend an Bedeutung verliert. Was bleiben wird, ist das Bedürfnis, dem Leben einen Sinn zu geben.

Das Leben hat keinen Sinn, aber es lehrt uns, ihm einen zu geben.
Vytautas Karalius

Unternehmen wehren sich vor allem aus zwei Gründen gegen Sinnmarketing. Sie wissen, dass eine Strategie nur funktioniert, wenn man voll hinter ihr steht. Und sie ahnen, dass Sinnmarketing Umstellungen in der Organisationsstruktur mit sich bringt.

Je austauschbarer die Produkte, desto eher orientieren sich Kunden nach den Einstellungen, Werten und Verhaltensweisen eines Unternehmens. Aber nur wer zu seinen Überzeugungen steht, kann überzeugende Geschichten auch Kunden weitererzählen. Ohne starke Organisation kein spiritueller Fokus. Ohne Bibel keine Überlieferung. Religiöse Führung ist autoritär, aber nicht diktatorisch. Mitarbeiter, die sich den wenigen verbindlichen Regeln dauernd widersetzen, müssen sich eine neue Glaubensgemeinschaft suchen, sonst gefährden sie die Mission.

Corporate Religion ist eine Frage der Überzeugung.
Jesper Kunde

Kein Kunde erwartet von einem Unternehmen, dass es ihm das Gesamtpaket Lebenssinn liefert. Aber er findet Unternehmen sympathischer, die ihm einen Orientierungsraum bieten, in dem er sich aufgehoben fühlt, da ihm nicht jeden Tag eine völlig andere Geschichte erzählt wird. In solchen Räumen bewegen sich keine uniformierten Einheitsmenschen, sondern Individuen, die sich während des Aufenthalts zu einer gemeinsamen Überzeugung bekennen. Sinnstiftung durch Corporate Religion ist kein Spaziergang und kein Tagesausflug, sondern die systematische Suche nach der eigenen Identität. Drückeberger rechtfertigten ihr Verhalten bisher mit dem Hinweis auf mangelnde Ausrüstung und schlechten Begleitschutz. Nach allem, was uns Hirnforscher über Identität erzählten, müssen wir solche Argumente künftig als durchsichtige Ausrede klassifizieren.

Suchen verursacht Kosten

Sparprogramme und schlechte Erfahrungen erhöhen die Verweigerungsquote, dem Lockruf neuer Methoden zu folgen. Aber Sinnmarketing ist weder neu noch teuer, führt aber zu Verschiebungen in bestehenden Budgets. Das Sparpotenzial bei den Posten Marktforschung und Mediakosten nahmen Sie bereits dankend zur Kenntnis. Ein Bruchteil deckt die Löhne externer Apostel und den Suchaufwand nach der Identität locker. Wieviel die Umsetzung zu Buche schlägt, hängt allerdings eng mit dem angeschlagenen Tempo zusammen. Eine ohnehin empfohlene Geschwindigkeitsreduktion verringert die Kosten für strukturelle und organisatorische Maßnahmen gewaltig.

Zu Einsparungen kommt es mit größter Wahrscheinlichkeit, weil Einfachheit und Sinnmarketing ein Paar sind, das Unternehmen vom Druck befreit, seine Identität in möglichst vielen Produkten zu suchen.

Lernen ist wie Gelatine. Es nimmt die
Form an, in die man es gießt.
Mark Reardon

Mehraufwand ist bei der internen Schulung zu verzeichnen. Denn zur Bildung einer Glaubensgemeinschaft und zur Verbreitung einer Religion braucht es Missionsarbeit, ob nach den rigiden Regeln von McDonalds oder der indirekten Version von Nike. Das günstigste Weiterbildungsmodul ist die Aufnahme eines Glaubensartikels in Anstellungsverträge und Beförderungsrichtlinien. Wer darauf verzichtet, riskiert höhere Kosten durch Misserfolge.

Die größten Ausgaben drohen bei organisatorischen Maßnahmen. Denn Stärkung der eigenen Identität geht meist mit einer Straffung der Organisation einher, was ein Widerspruch zum Glauben an die Selbstorganisation komplexer Systeme zu sein scheint. Doch der Widerspruch basiert auf falschen Annahmen von Komplexität. Weitgehende Autonomie ist nur möglich, wo feste Grundregeln gelten, für deren Definition und Einhaltung es einige wenige lokalisierbare Verantwortliche braucht. Denn der Kern einer Geschichte ist unantastbar.

Mit der Entmachtung von Organisationseinheiten und Mitarbeitern sind wir bei den immateriellen Kosten angekommen. Aber auch diese Ausgaben sind abhängig vom Tempo, weil sich Glaube nicht befehlen lässt. Erst wenn durch Überzeugungsarbeit genügend freiwillige Anhänger gewonnen sind, sollte man Verweigerer ausschließen. Für Schlüsselpositionen gelten andere Regeln.

more pepper less paper
Graffiti

Der globale Werbe- und Mediamoloch verschlingt für Sinnvermittlung jedes Jahr fünfhundert Milliarden Dollar. Kunden finden es aber sinnvoller, wenn Wünsche nicht nur geweckt, sondern auch erfüllt werden. Daher sorgten die Markenstrategen der Ritz-Hotels dafür, dass jeder Angestellte mit Kundenkontakt über eine bestimmte Summe verfügt, um Gäste zu erfreuen und zu trösten. Und zwar ohne abendliches Abrechnungsritual.

Play it again oder Wiederholungen

Eine gute Geschichte muss nicht nur anschlussfähig, sondern auch wiederholbar sein, wenn das neue Muster Bestand haben soll. Doch im Lärm, den Kreative und Change-Manager verursachen, wird eine wichtige Durchsage der Neurowissenschaftler leicht überhört: Bedeutsames muss wiederholt werden, damit es bedeutsam wird.

Wir haben gesehen, dass die Jury des Unbewussten ihre Urteile nicht nach dem Kriterium wahr oder unwahr fällt. Sie gewichtet auch, wie oft eine Aufführung stattfindet. Synapsen lernen langsam, nicht nur wenn Geigenspielen auf dem Tagesprogramm steht. Wenn ein guter Musiker bis zu seinem 20. Lebensjahr über zehntausend Stunden übt, mag das die Nachbarn nerven, ist aber Voraussetzung für den Erfolg. Und was für Fertigkeiten gilt, beherzigen Markenstrategen auch für die Vermittlung von Sinn. Sie werden demnach nicht in den Chor einstimmen, Kunden müssten dauernd mit Neuem überrascht werden. Ist die gute Geschichte einmal gefunden, wird sie wiederholt, wiederholt, wiederholt.

Das Bittere an dieser Funktionsweise unseres Gehirns liegt auf der Hand. Auch Unsinn kann sich in Sinn verwandeln, wenn er oft genug auf uns einprasselt. Das neue Persil wäscht nicht jedes Jahr weißer, aber es wäscht jedes Jahr weiß. Sucht macht nicht frei, aber der Cowboy reitet weiter. Red Bull verleiht keine Flügel, aber sein Placebo-Kick bleibt.

Unternehmen, die nicht zehn Prozent vom Umsatz in Wiederholungen ihrer Marketinggeschichte investieren können oder wollen, haben trotzdem gute Karten. Vorausgesetzt sie nehmen nicht nur ihre Kunden ernster, sondern auch die übrigen Vorgänge im Gehirn. Und mit ihrem unfreiwilligen Verzicht auf Sinnstiftung durch repetitiven Unsinn leisten sie erst noch einen verdankenswerten Beitrag zur Bekämpfung medialer Umweltverschmutzung.

Behauptungen

Sinnwert = Anpassungsfaktor zweier Geschichten.

Zwischen Langeweile und Aufregung pendelt der Sinn.

Heil suchen Menschen in der Kirche oder anderswo.

Archetypen sind sinngesättigte Informationspakete.

Einverständnis ersetzt Verstehen.

Wiederholungen können Unsinn zum Sinn befördern.

Das Einfache
Weglassen als schöpferischer Akt

Stolz war ich, meinen Direktor bei der stadträtlichen Amtsstellenleitersitzung zu vertreten. Das gab ich zwar nicht zu, aber das Nachhausetragen zweier dicker Ordner und das späte Zubettgehen bewiesen die Richtigkeit meiner Gefühle.

Einzug der Pinguine, die Sitzung beginnt. Die Consulter watscheln zum Hellraumprojektor, nach 60 Minuten öffnet sich das Fragenzeitfenster, ein überinformierter Fuchs fragt, Anwesende finden es peinlich.

Kompliziertes duldet keine Fragen, wenn es um Rückendeckung mittels Verschleierung des Einfachen geht. Schon wieder etwas gelernt.

Vereinfacher mögen abstrakte Kunst und sind Meister der Tarnung. Denn außerhalb des Kunstbetriebs muss die Fähigkeit des Abstrahierens und Reduzierens geschickt verpackt werden.

Vereinfacher müssen damit leben, ein Produkt anzubieten, das genau dann gut ist, wenn der Käufer meint, er hätte es auch selber machen können.

So unterschiedlich sie auch arbeiten, einiges ist allen gemeinsam. Sie können verzichten, sind konsequent, stellen Perfektion nicht an den Beginn ihrer Arbeit, suchen das Wesentliche, haben Vertrauen zu sich und anderen, sind mutig und hartnäckig. Gute Voraussetzungen für den Job eines Markenstrategen.

Der einfache Konsument

Der neue Konsument ist radikal anders. So die Botschaft forscher Trend-, Markt-, und Zukunftsforscher. Aber das ist rhetorisches Gewäsch. Der Bauplan für unser Verhalten ändert sich nicht so schnell wie bei den Lieblingen der Genforscher, den Drosophilafliegen. Unsere Einstellungen, Erwartungen und Motivation prägt das altertümliche limbische System, das Neuerungen nur widerwillig und sehr bedächtig aufnimmt.

Der neue Konsument rüttelt nach wie vor am Tor zum Garten Eden, will Brot und Spiele, kämpft mit seiner Sexualität, findet sich in alten Geschichten wieder. Bloß bei den Kulissen und Ausdrucksformen seines Bewusstseins kommt es zu wahrnehmbaren Veränderungen. Natürlich gibt es Variationen in den Details. Aber die bringen sich während unserer Jugendjahre ein und haben eine Reaktionszeit von mehr als zwanzig Jahren.

Unsere Sehnsucht nach dem einfachen Leben ist ungebrochen. Überraschen uns Marketing-Gurus mit der Weisheit, die neuen Konsumenten seien einzigartige Individuen, bleibt mir mit der Sprache auch gleich jegliche Erkenntnis weg. Und bei der praktischen Umsetzung helfen solche Plattitüden wenig. Statt schon wieder einen neuen Menschen auf dem intellektuellen Reißbrett zu entwerfen, machen wir uns lieber mit dem alten besser bekannt.

> **Verbringe nicht die Zeit mit der Suche nach Hindernissen, vielleicht ist keines da.**
> *Franz Kafka*

»Reduce to the Max.« Mit diesem Slogan wurde der Smart lanciert. Doch ebenso geeignet ist er als Funktionsbeschrieb für das limbische Gehirn, wobei limbisches System die Sache besser auf den Punkt bringt, da sich mit unserer Gefühlswelt verschiedene Hirnstrukturen beschäftigen. Am ehesten ist noch der zentrale Teil dieses Systems lokalisierbar, die mandelkernförmige Amygdala. Sie und ihre zahlreichen Zulieferer sind die großen Vereinfacher im Kopf, schützen ihn vor Überlastung und uns vor immerwährender Unentschlossenheit. Hat das Gehirn die Wahl zwischen einer komplizierten und einer einfachen Information, entscheidet es sich immer für *Simplicity* – vorausgesetzt, die beiden Informationen lassen sich ähnlich deuten. Wie unsere Hirnaktivität zunimmt, wenn eine logisch geforderte Erwartung nicht eintrifft, verfolgen Neurologen an den Bildschirmen, auf denen selbst die verschiedenen Hirnwellen für grammatische oder inhaltliche Probleme zu sehen sind.

Wahrnehmen, Denken und Fühlen verbrauchen sehr viel Energie, die unser Gehirn offenbar gerne aufwendet, wenn ein Gewinn winkt. Und wenn es nicht gleich ums Überleben geht, sind wir bei der Auslegung, was ein Gewinn ist, äußerst großzügig. Die einen mögen knifflige Kreuzworträtsel, andere fördern mit Unverständlichem ihre akademische Karriere, Künstler, Psychiater und Consulter winken Ruhm und Zweitwohnungen. Doch am Prinzip des Energiesparens ändern solche Tätigkeiten nichts. Keine Gewerkschaft leistet so erfolgreich Widerstand gegen sinnlose Überstundenplackerei wie der Betriebsrat unseres Gehirns.

Lieber gut geschminkt
als vom Leben gezeichnet
Grafiti

Der neue Konsument ist der alte. Marketingkonzepte scheitern nicht wegen mangelnder Anpassung an den neuen Konsumenten. Sie erleiden Schiffbruch, weil sie veränderte Außenbedingungen nicht wahrhaben wollen. Das ist ein wesentlicher Unterschied. Der neue Verbraucher ist so bequem, konformistisch, aktiv und auf sich fixiert wie sein Vorgänger. Mehr Informationen und Optionen ändern die Basisprogramme für Verhalten keineswegs, sondern fördern nur den Wunsch nach mehr Einfachheit, um die Orientierung nicht ganz zu verlieren.

Der Glaube an den neuen Menschen vernebelt die Sicht auf den real existierenden. Daher ist das Gejammer über die Jugend von heute nichts Neues. Statt den Netzwerkkindern die Schuld am Werteverfall anzuhängen, sollten wir uns darüber freuen, dass ihre Skepsis gegenüber Versprechungen den Wunsch nach mehr Authentizität weckt. Wenn die Jungen traditionelle Werte wie Treue, Vertrauen, Toleranz und Disziplin wieder entdecken, ist es höchste Zeit, verhaltenssteuernde Mechanismen ernster zu nehmen als Trugbilder vom neuen Menschen.

Hochstapler lieben einfache Zeichen

Die Natur kennt weder Copyright noch Patentschutz. Was sie im harten Überlebenskampf seit Jahrmillionen testet und verbessert, darf demnach von Technikern ohne Rechtsfolgen kopiert werden. Zu den Forschungsrichtungen, die sich intensiv mit der Funktionsweise des Gehirns beschäftigen, gehört die Bionik. Der Begriff ist ein halbes

Jahrhundert alt und setzt sich aus Bio(logie) und (Tech)nik zusammen. Doch erst, als ein Computer den Schachweltmeister in die Schranken wies, wurden die Bioniker aus ihrem Schattendasein erlöst.

> Gehirn und Computer haben intelligente Eigenschaften, und das teilweise aus den gleichen Gründen.
> *Steven Pinker*

Auch wenn der Vergleich von Computer und Gehirn mehr Missverständnisse als Klärung schafft, genehmige ich dem Lieblingskind der heutigen Technik wenigstens beim Kapitel über Einfachheit einen Auftritt.

Einfache Systeme haben nur Erfolg, wenn Genauigkeit eine Nebenrolle spielt. Und genau das ist beim Wahrnehmen und Fühlen der Fall. Würde unser Gehirn wie ein Computer funktionieren, wäre Hochstapeln eine brotlose Tätigkeit. Die Tricks der Gaukler und Schwindler mögen noch so verschieden sein, sie folgen alle dem gleichen Schema. Hochstapler orientieren sich an den Schlüsselsymbolen der Welten und Personen, die sie darstellen wollen. Diese Symbole verstärken sie durch Hervorheben, Überzeichnen. Das kann eine Uniform, ein spezielles Verhalten oder Fachchinesisch sein. Denn in der ersten Verarbeitungsphase ist eine genaue Übereinstimmung von Symbolen und Darstellungsgegenstand unwichtig.

> *Buchhalter sind haltlos*
> *Grafiti*

Unser Gehirn arbeitet assoziativ, generalisiert und abstrahiert, lässt Details einfach weg. Der Computer hingegen ordnet jeder Information eine genaue Adresse zu. Was nicht ankommt, führt zu einer Fehlermeldung. Rechenmaschinen, Typus Schreibtischmodell, folgen einem festen Programm, das zwar fehlerhafte Kopien schnell erkennt, aber unterschiedliche Geschichten und Bilder nicht zu einem sinnvollen Ganzen zusammenfügt. Das ist nur mit der parallelen Datenverarbeitung von Neuronennetzen möglich, was Bioniker zu begehrten Mitarbeitern der Computerindustrie macht.

In Geschwindigkeit und Zuverlässigkeit ist uns der Computer schon lange überlegen, erreicht aber im Erkennen von Gegenständen und Entschlüsseln sprachlicher Zeichen die Leistungsfähigkeit unseres Gehirns nicht annähernd. Denn wie wir inzwischen wissen, speichert das Gehirn Informationen in einfachen Geschichten mit hohem Assoziationswert ab. Wie viele Staubbeutel ein Veilchen hat, wissen Sie wohl nicht, haben aber beim Wort Veilchen sofort ein einfaches Bild, das zur Verständigung ausreicht. Die Gleichung Gehirn = Computer rückt aber noch aus anderen Gründen immer näher an den Tischrand.

Die Energieversorgung im Gehirn erfolgt dezentral und chemisch. Jede Zelle hat ihr eigenes Kraftwerk. Der Computer hat einen Anschluss, der ihn mit Strom speist. Die Eingänge ins neuronale Netzwerk sind fast unbegrenzt, variabel, steuerbar und kombinierbar. Bei einem PC sind sie limitiert und eindeutig festgelegt. Das Gehirn kann Informationen durch verschiedene Impulsfrequenzen fast beliebig kodieren. Der Rechner kennt nur Nullen und Einser. Die Anpassungsfähigkeit durch Selbstorganisation ist im Gehirn hoch, beim Computer eingeschränkt. Daher sind Störungen und kurze Ausfälle fürs Gehirn meist Lappalien, für PC-Arbeiter jedoch mehr als lästig. Hochstapler können beruhigt aufatmen. Wir alle also.

Angst vor dem Einfachen

Weshalb lassen wir dem Komplizierten so gerne den Vortritt, wenn Weiterentwicklung auf der Macht des Einfachen beruht? Zu den wichtigsten Gründen gehört die Angst vor dem Versagen, die frühe Erlebnisse in unserem limbischen System verankert. Um Bestrafungen zu entgehen, flüchten wir ins Unverbindliche. Wo alles mit allem zusammenhängt, gibt es keine Schuldigen, falls die Zukunft nicht den Prognosen entspricht.

Wer Zugang zu fremden Konti hat, kann das Restrisiko durch Anheuern externer Täter minimieren. Das ist gut für den Dienstleistungssektor, schlecht für die Einfachheit. Denn auch ein Berater muss überleben. Ohne masochistische Auffälligkeiten und weitere Delegationsmacht bleibt ihm nichts anderes übrig, als ebenfalls Informationsmüll zu produzieren, um das Wesentliche so zu tarnen, dass es im Notfall unauffindbar bleibt. Trifft das Geplante wider Erwarten ein, zaubert er Verstecktes flugs hervor und macht seine Urheberschaft geltend. Entrüstung ist da fehl am Platz, Zauberer werden eingeladen.

Die Angst eines Schuldigen,der gefasst zu werden fürchtet,
sieht genauso aus wie die Angst eines Unschuldigen,
dem niemand glaubt.
Paul Ekman

Angst ist ein lebenswichtiges Signal, mahnt zur Vorsicht und erfordert Reaktion. Aussitzen, Verharmlosung, Aktivismus, Perfektionismus und Flucht in Komplexität bringen allenfalls Entlastung, die aber wegen ungenügender Ursachenforschung nur kurz anhält. Und da Angst auf Sinnlücken hinweist, ist sie Ausdruck einer Überforderung, der wir am besten durch Reduktion von Komplexität begegnen.

In einer Angstkultur folgen Mitarbeiter dem Programm, die Spuren ihres Handelns zu verwischen, einfache Lösungen zu meiden und Verantwortung zu delegieren. Ein Bekenntnis zur Einfachheit bedingt die Einführung und Einhaltung einfacher Regeln, eine nachvollziehbare Risikokultur und vor allem Belohnung.

Wenn sich laut Umfragen zwei Drittel der Führungskräfte vor Fehlern, Krankheit und Jobverlust fürchten, bestätigt dies lediglich, dass solche Meinungsforschungen folgenlos bleiben. Wovor fürchtet sich der eine Drittel? Oder meint er gar, er sei angstfrei?

Vereinfachen als Beruf

Nach der Pubertät ändern sich Persönlichkeitseigenschaften nur noch durch neue Erlebnisse, aber nicht durch Einsicht. Wer schon als Vereinfacher ins Leben startet, erhält zusammen mit dem Geburtsschein eine Fünfzig-Prozent-Garantie, dass ihm dieses Talent erhalten bleibt. Über die andere Hälfte entscheiden nicht mehr seine Gene, sondern was er bis zum Eintritt ins Erwachsenenalter erlebt.

Stelle die besten Leute ein und finde eine Aufgabe für sie.
Sergio Zyman

Ein Verfasser einfacher Drehbücher ist kein Taschenspieler, verspürt keine Angst vor der Nacktheit einer leeren Bühne. Vielmehr will er seine Lust am Einfachen ausleben, indem er Wesentliches attraktiv macht und sein Drehbuch erst schreibt, wenn eine tragende Idee vorliegt. Ohne vorauseilenden Gehorsam wartet er ab, was beim Publikum ankommt, um aufgrund der Reaktion einzelne Szenen zu überarbeiten. Diese Arbeitshaltung ist möglich, weil sie auf Mustern aufbaut, die in unserem Gefühlssystem den Positiv-Schalter auslösen.

> Manchmal reagieren wir emotional auf Dinge,
> die früher in unserem Leben wichtig waren,
> aber heute keine Bedeutung mehr haben.
> *Paul Ekman*

Wer den Beruf des Vereinfachers wählt, hat in der Kunstszene bessere Aufstiegsmöglichkeiten als im Marketing. Aber da er gar nicht anders kann, akzeptiert er dies und freut sich über die frohe Botschaft, dass der Bedarf nach seinen Talenten zunimmt.

Theater statt Show

Sonne oder Regen, warm oder kalt? Mehr möchten die Zuschauer nach dem Wetterbericht im Fernsehen nicht wissen. Und wenn's eben manchmal regnet und dann wieder nicht, nehmen sie das ziemlich gelassen zur Kenntnis.

Wetterfrösche sehen das anders. Sie funktionieren Fernsehzimmer in muffige Schulstuben um und erteilen Nachhilfeunterricht in Thermodynamik, Hydrogeologie und anderen -logien. Sie rudern mit ihren Armen, entschuldigen sich für die Restungenauigkeit von Prognosen und quälen sich durch die eigene Sendung, als ob wir sie dazu gezwungen hätten.

Weshalb tun sie das uns und sich nur an? Nebst Unergründlichem sind zwei Irrtümer an der Entstehung solcher Trauerspiele beteiligt. Missverständnisse, die eine Erwähnung verdienen, weil sie auch für Unglücksfälle und Verbrechen im Marketing verantwortlich sind.

Irrtum 1: Spaßgesellschaft.
Die Spaßgesellschaft ist eine Erfindung von Kulturpessimisten, die es schlecht verkraften, dass die junge Generation keinen Bock mehr auf politische Visionen der Siebzigerjahre hat. Oft paart sich der Glaube, die Jungen würden das Leben in der Leistungsgesellschaft als immer währende Love Parade betrachten, mit dem Gejammer vom Werte-

zerfall. Scheinbar zähneknirschend fügen sich Marketingplaner ihren eigenen Projektionen und produzieren Spaß auf Langeweile komm 'raus.

Irrtum 2: Menschen sind doof.
Menschliches Verhalten widerspricht oft den Regeln der Vernunft. Das stimmt. Aber doof wäre, wenn das nicht so wäre. Das gäbe ein heilloses Abstimmungsdurcheinander. Mit dem Trick, die wuselnde Außenwelt durch einfache Grundmodelle zu bändigen, erledigt das Unbewusste den größten Teil der dauernden Wählerei, noch während die Vernunft am Diskutieren ist. Menschen sind klug, weil sie das Einfache automatisch erkennen.

Reality has always
had too many heads.
Bob Dylan

Das Wort Show weist schon auf den Schwachpunkt hin: zeigen, wie man etwas macht. Selbst in lausiger Qualität lassen wir diese Spaßpädagogik über uns ergehen, weil ihre Unverbindlichkeit uns einlullt, leicht abrufbar ist und Langeweile vertreibt. It's showtime, okay. Aber auch aufwändige und perfekte Unterhaltung bleibt ein Produkt, das wie jedes andere Produkt auf Marketing angewiesen ist, auf ein Schauspiel, das uns einbindet.

Besuchen Sie wieder mal eine Großveranstaltung, ein Rockkonzert oder Fußballderby. Offiziell berechtigt Sie Ihre Eintrittskarte zur Teilnahme an der Show. Inoffiziell bezahlen Sie für den Zutritt in einen Erlebnisraum. Und je weiter Sie von der Bühne oder dem Rasen entfernt sind, desto eher wird Ihr Wunsch nach unmittelbarer Unterhaltung erfüllt. Auf den billigsten Plätzen läuft am meisten, da erleben Sie simpel gestricktes Theater. Auf den Stehplätzen wird gelitten, geschrien, geliebt. Für komplizierte Diskussionen, Analysen und kopfige Selbstfindungsprozesse bleibt im Gedränge wenig Raum. Sie bezahlen für ein individualisiertes Angebot, für eine kleine Bühne, auf der Sie der Held sind, der die einfachen Szenen und Texte kennt, Beziehungen knüpft, Nebenrollen bestimmt. Und mit zunehmender Distanz zum Showgeschehen erfahren Sie, was einfaches Theater ist, das Spuren hinterlässt.

Unsichtbar wird Dummheit,
wenn sie genügend große
Ausmaße angenommen hat.
Bertolt Brecht

Menschen sind nicht doof. Zyniker beeinflussen menschliches Wahlverhalten vielleicht kurzfristig, bleiben aber letztlich immer auf Distanz zum neuen und alten Kunden. Aus dieser Entfernung entgeht ihnen, dass die scheinbare Zustimmung zu schlechten Shows bloß ausbleibender Widerstand ist. Gegenwehr riskieren wir nur, wenn ein Profit winkt. Das kann das Gefühl sein, man wisse es besser, könne geschliffener schreiben oder beteilige sich mit seiner Reklamation am sozialen Geschehen.

Wortlose Missachtung kostet uns weniger Energie, solange keine persönlichen Beziehungen bestehen. Sollen sie doch weiterhin so kompliziert kommunizieren, wenn ihnen die Sicherheit des Komplizierten so wichtig ist. Sicherer werden lokale Wetterprognosen durch Einbettung in globale Vorgänge nicht.

Das Einfache hat Zukunft

Wieso sollen wir uns um Einfachheit bemühen, wenn komplizierte Kommunikations- und Verhaltensmuster offenbar besser belohnt werden?

Einfachheit hat Zukunft, weil wir in der Informationsgesellschaft leben. Weil wir nicht aufnehmen, sondern ausscheiden müssen. Weil die explosionsartige Zunahme von Information unsere Kategorien von Gut und Böse ändert. Was wir vor wenigen Jahren noch gierig aufsogen, empfinden wir heute als Zumutung.

Das limbische System unterscheidet dauernd Wesentliches von Unwesentlichem, um unser Überleben zu sichern. Das macht es hervorragend, ist aber froh, wenn es diese aufwändige und energiefressende Arbeit nicht leisten muss. Im Zweifelsfalle verzichtet das Gehirn lieber auf Wahrnehmung und Abspeicherung. Der Nachweis wurde längst erbracht, dass wir nur einen Bruchteil der täglichen Informationseinheiten wahrnehmen. Zuviel Information geht uns im wahrsten Sinne des Wortes auf den Geist. Der Kampf um die Aufmerksamkeit wird auf dem Feld der Einfachheit gewonnen.

> **Verzicht nimmt nicht. Der Verzicht gibt.**
> **Er gibt die unerschöpfliche Kraft des Einfachen.**
> *Martin Heidegger*

Komplexität und Kosten steigen progressiv. Das heißt, irgendwann erreichen wir den Punkt, hinter dem die Kurven so steil nach oben jagen, dass Schwindelgefühle unausweichlich sind. Mir flimmert es vor den Augen, wenn ich in der Wirtschaftszeitung «Forbes» lese, wie viel Geld sich mit dem Bekenntnis zur Einfachheit verdienen lässt. Wenn die Albrecht-Brüder wie Dagobert Duck in ihr Geldbad jucken, landen sie weich. Bei Karl zeigt der Pegelstand nach Schätzungen der Wirtschaftszeitung 23 Milliarden Dollar an, beim jüngeren Bruder sind es 18 Milliarden.

Aldi ist das Beispiel schlechthin für konsequente Umsetzung des Prinzips Einfachheit. Und das in einem Wettbewerb, der primär über den Preis geführt wird. Statt zehn verschiedenen steht in den Regalen bloß ein Orangensaft, dem Mythos nach derjenige mit dem besten Preis-Qualitätsverhältnis. Kundenbefragungen ergeben, dass die fehlende Entscheidungsmöglichkeit nicht vermisst, sondern wegen der psychologischen Entlastung sogar begrüßt wird. Zudem erleichtert die Standardisierung der Läden die Orientierung und vermittelt die Sicherheit von Heimat. Die Lektüre der Albrecht-Story lohnt sich für alle, die noch immer daran zweifeln, dass mit zunehmender Komplexität einfache Rezepte gefragt sind und Perfektion einen zu hohen Preis hat.

Zum Preis für Einfachheit gehören allerdings eine andere Organisationsstruktur und ein anderes Marketingverhalten.

> Klare, entschlossene Menschen sind die einfachsten.
> *Jack Welch*

Einfachheit schafft Klarheit. »Ich liebe dich!«, wirkt um ein Vielfaches stärker als die Aussage: »Ich könnte mir eine Zukunft mit dir unter Umständen irgendwann vorstellen, wenn ich bedenke, dass ich in deiner Gegenwart dir gegenüber manchmal ziemlich positive Gefühle empfinde.« Der Einfachheit gehört die Zukunft, weil sie einen Ausweg bietet, dem Informations-Gau zu entkommen. »Take it or leave it« spart Zeit.

Die zunehmende Knappheit an Zeit und Aufmerksamkeit zwingt

uns zur Suche nach einfachen Lösungen. Denn jede zusätzliche Option führt im Entscheidungsbaum zu einer neuen Verzweigung, zu noch größerer Unsicherheit. Was den Handlungsspielraum scheinbar erweitert, erschwert Entscheidungen und kostet Energie. Lieber ein Frühstücksbuffet mit beschränkter Auswahl, erstklassigen Produkten und aufmerksamem Personal als eine lieblose, verwirrende und anonyme Gastro-Show.

Näher beim Kunden zu sein, ist kein Trend, sondern ökonomische Notwendigkeit. Kundennähe bedingt jedoch Delegation von Verantwortung, was nur in einer gemeinsamen Geschichte möglich ist, die so einfach ist, dass wir sie Mitarbeitern und Kunden erzählen können. Wer gegen die Funktionsweise des menschlichen Gehirns handelt, verliert den Kampf um die knappen Güter Aufmerksamkeit und Zeit.

Einfaches Rezept für Einfachheit

Seit Dieter Brandes sein Insiderwissen von Aldi als selbstständiger Berater weitergibt, macht er die gleiche Erfahrung wie ich. Die meisten Kunden haben nichts gegen Einfachheit einzuwenden, können aber weder einfach denken noch arbeiten noch leben. Das liegt sowohl am fehlenden Glauben als auch an der Weigerung, die Bedingungen und Besonderheiten des Einfachen zu akzeptieren.

Der Glaube. Die religiöse Besetzung von Glauben erschwert uns das Annehmen der neurologischen Sichtweise, dass es bei Glaubensfragen immer um Verhaltensmuster geht. Die Lektüre an dieser Stelle zu unterbrechen, um ein Einfachheitskonzept in Auftrag zu geben, macht keinen Sinn, wenn das Bekenntnis zum Einfachen nicht im Leitbild erscheint. Ich rate ohnehin zum Verzicht auf öffentliche Selbstbeschwörungsformeln, solange der Glaube fehlt. So eindrucksvoll uns religiöse Erweckungserlebnisse geschildert werden, so wenig entsprechen sie der Realität. Sie sind viel mehr nachträgliche Rechtfertigung von Verhalten und werden deshalb so gerne weitererzählt, weil sie auch untätiges Warten legitimieren. Irgendwo mit der Einfachheit zu beginnen und sich an den Resultaten zu freuen, wird den Glauben automatisch verstärken. Erst wenn aus dem Bekenntnis ein Verhalten wird, ist der Zeitpunkt für die Überarbeitung des Leitbildes gekommen.

> Nichts ist einfacher als Großartigkeit.
> Im Grunde ist einfach zu sein
> bereits großartig.
> *Ralph Waldo Emerson*

Die Bedingungen. Der Kern einer Geschichte muss klare Hinweise auf die Ziele der Abenteuerreise enthalten. Daher ist er so einfach formuliert, dass die Story autonom weitergegeben und kontrolliert werden kann. In gewohnterer Begrifflichkeit heißt dies: nicht verhandelbare Grundregeln, Dezentralisation, Delegation und Kontrolle.

Möchten Sie Ihren Glauben an Einfachheit zum Beispiel mit der Geschäftskorrespondenz stärken, genügen zur Einführung Ihr persönliches Bekenntnis, ein Kleber mit den wichtigsten Regeln und einige Musterbeispiele. Auf der Verhaltensseite bedingt es Vertrauen in den gesunden Menschenverstand, Abkehr von Bürokratie, lobenden und kritischen Beistand, Konzentration und Konsequenz. Machen Sie es komplizierter, ist dies ein Zeichen für fehlenden Mut und Zweifel am Gelingen.

> Gerade der Unsichere wird die
> Tendenz haben, zu genau zu planen.
> *Dietrich Dörner*

Die Besonderheiten. Die Bibel für Einfachheit wurde nicht von den Ökonomen verfasst. Sie ist das Werk von Künstlern und Missionaren. Weil sie die größte Erfahrung in der Reduktion von Komplexität haben, finden wir in ihren Rezeptvorlagen alles Notwendige für einfache Inszenierungen vom Fest der Sinne.

Die <u>Kunst</u> des Weglassens

Einfachheit begegnet uns in unzähligen Formen, je nach Konstrukteur, Ziel und Medium. Und weil auch Künstler eitel und mitteilsam sind, wissen wir recht gut, wie die Kunstwelt bei der Suche nach dem Wesentlichen vorgeht. So verschieden die Methoden im Detail sind, es gibt einen gemeinsamen Nenner, an dem wir uns orientieren können.

Das Ganze beginnt mit einer Idee, die weder willkürlich noch gleichgültig ist, sondern seelische Qualität enthalten muss und nicht demokratisch gefunden wird. Weglassen ist ein autoritärer Akt. Seiner sprachlichen Herkunft gehorchend kreiert die Idee ein Vorstellungsbild, das der Künstler sich so lange selber erzählt, bis er an die Geschichte glaubt.

Weil Sinn ein Wert für die Anschlussfähigkeit einer Geschichte ist, kann ihn der Künstler nur bewahren, wenn er unerwünschte Andockstellen eliminiert. Die Arbeit des Weglassens beginnt. Für Laien am sichtbarsten wird diese Tätigkeit bei einem Bildhauer, der aus einem Marmorblock seine Idee von Liebe herausarbeitet. Aber das Prinzip ist bei allen Künsten das gleiche: So nahe herangehen, dass Veränderungen möglich sind – das Veränderte aus Distanz überprüfen – weglassen – prüfen – weglassen – prüfen – weglassen. Bis alles entfernt ist, was die Idee gefährdet.

Wie jeder Arbeiter hat der Künstler Werkzeuge, deren Beherrschung ihm das Reduzieren erleichtern. Leider beurteilen wir ein fertiges Produkt oft nach den handwerklichen Fähigkeiten des Künstlers. Diese fatale Eigenart beschert uns Durchschnittliches und eine Menge Müll. Berufsvereinfacher halten sich deshalb an Joseph Beuys, der Kunst nicht von Können ableitet, sondern von Künden.

Eine Geschichte, die ihren Sinn nicht verkündet, ist für die Beeinflussung anderer Geschichten wertlos. Einige Künstler gefallen sich in der Behauptung, nur für sich selber zu arbeiten, was sich hübsch anhört. Aber Markenstrategen wissen, dass wir mit Sprache vor allem Verhalten rechtfertigen. Ein medizinisch intaktes Gehirn will mit der Außenwelt in Verbindung treten, nicht im Elfenbeinturm vor sich hindämmern. Bessere Verkündigung ist das Ziel von Weglassen.

> Die Helden der alten Mythen waren
> fast völlig nackt, die Helden der
> heutigen sind völlig nackt.
> *Stanislaw Jerzy Lec*

Der Markenstratege erkennt unter dem Vergrößerungsglas des Einfachen die Beziehungsgrenzen vom Wesentlichen und weiß deshalb, wo er bei Raum, Zeit, Musik, Bewegung, Text, Bühnenbild, Kostümen oder Nebenrollen mit Korrekturen ansetzen muss. Die Liste kann noch so lang sein; weil die Idee seinen Blick leitet, wird sie nie völlig unübersichtlich. Mit Genugtuung nimmt er zur Kenntnis, wie seine starke Idee sogar Verhaltensmuster ändert, ohne dass er dies veranlasst hätte.

Für das Einfache muss man arbeiten, Komplexität entsteht von allein. Kunden möchten nicht für Arbeiten bezahlen, die nach ihrer Auffassung andere leisten sollen. Oder lösen Sie eine Kinokarte, um dem Helden zwanzig Minuten bei der Parkplatzsuche zuzusehen? Weglassen, wenn die Szene nicht zur Idee gehört.

Letztlich gibt es nur zwei Strategien, die zum Einfachen führen. Und in beiden Fällen ist die Suche nach dem Wesentlichen ein schöpferischer Prozess.

A: Sie bieten wenigen vieles, indem Sie nicht allen etwas bieten.

B: Sie bieten vielen weniges, indem Sie nicht allen alles bieten.

Lassen Sie sich von der Lust am Einfachen anstecken. Am besten dort, wo Ihre Idee wohlwollend aufgenommen wird. Backen Sie zu Beginn kleine Brötchen, dann wird das in der Konditorei bestimmt wahrgenommen. Gute Geschichten verbreiten sich schnell.

Behauptungen

Der neue Mensch ist der alte.

Einfache Denker finden Einfaches primitiv.

Das Selbstverständliche kostet weniger.

Mit Zusammenfassungen lässt sich Geld verdienen.

Einfache Lösungen ahnen, komplizierte wissen wir.

Ein Held füllt keine Steuererklärungen aus.

DRAWAG
DRAWAG
DRAWAG

Die Schönheit
Spiegelbilder sind Überarbeitungen

Der Satz durchlöchert meine Gedankenwolke. Soeben noch mit der blödsinnigen Frage beschäftigt, ob sich Straßenbahnfahrer beim Kreuzen ihrer Wagen grüßen sollen oder nicht, sagt mir eine Frau: »Haben Sie eine schöne Tochter!«

Olivia, inzwischen auch für Uneingeweihte definitiv zu groß für einen Kinderbuggy, nimmt das Kompliment mit einem Schmunzeln entgegen. Ich hingegen mit Worten, aus denen Stolz klingt. Danach festigt sich mein Griff um Olivias ausgestrecktes Händchen, und eine weitere Selbstfrage schneidet mich erneut von der Außenwelt ab. Haben wollen? Ist das etwas, dessen Verzicht wir wirklich lernen sollen und können?

Die Schönheit hat einen Wert, der sich in den verschiedensten Formen und Währungen offenbart. 700 Millionen verkaufte Barbies, jährliche 180 Milliarden Dollar für Kosmetikartikel, täglich 3000 schönheitschirurgische Messer an amerikanischen Frauen und etwas weniger an operativ wiedereingliederungswilligen Straftätern, Kinder endlich in Ästhetiksalons für Kids, stolze Dreizehnjährige mit Brustimplantaten, mehr minderjährige Mädchen mit Erfahrungen in Diätkuren als in Sex, mehrere Gutscheine für vollere Lippen zum Geburtstag – Aufrüstung und Inszenierung der Körper sind im vollen Gang, Schönheit boomt, die Mediokratie bangt.

Erinnerungen an die eigenen pubertären Inszenierungen nehmen dem neuen Körperkult das Bedrohliche. Wer sexy aussieht, ist nicht zwingend auf Sex aus. Die Kinder der getunten Leistungsgesellschaft vollziehen intuitiv den Schritt in die Attention-Economy, zelebrieren wieder das eigene Geschlecht, entlarven mit ihrer lustvollen Theatralik einen überholten Rationalismus und führen ihren Kritikern vor, wie lächerlich deren Jugendlichkeitswahn ist. Jede Generation muss ihre Identität durch Abgrenzung finden. Und nichts ärgert bestandene Selbstinszenierer der Mediengesellschaft mehr als der Verweis auf den unwiederbringlichen Verlust ihrer jugendlichen Körper.

My dream is to save woman from nature.
Christian Dior

Die Netzwerkkinder verstehen die Lektion, dass Aufmerksamkeits-Ökonomie die Oberflächensurfer belohnt, den gezielten Einsatz von Symbolen. Die Konstrukteure des visuellen Zeitalters führten Schönheit als neue Währung ein, verdrängten jedoch deren Vergänglichkeit und leiteten damit die eigene Entmachtung ein. Daran ändert auch der Griff in die Moralkiste oder ins Portemonnaie nichts. *The imperium strikes back.* Aber Schönheit ist ja keine Exklusiveigenschaft jugendlicher Körper. Der Erfolgsfaktor gutes Aussehen spielt bei allem Wahrnehmbaren mit.

Mehr als ein Fitnessfaktor

Schönheit entzieht sich abschließenden Definitionen ebenso wie die Liebe. Niemandem steht das Deutungsmonopol zu. Das Mokieren über naturwissenschaftliches Interesse am ästhetischen Saatgut ist unbeholfene Revierverteidigung ohne Zukunft.

Auf Vergangenheit setzen die Evolutionspsycho- und -biologen. Mit riesigem Erfolg, wie das Ehepaar Allan und Barbara Pease mit ihrem Buch »Warum Männer nicht zuhören und Frauen schlecht einparken« demonstrieren. Das amerikanische Bestseller-Duo erteilt Mehrheitsmeinungen über Geschlechterrollen den wissenschaftlichen Segen. Wir müssen lediglich das Leben der Jäger und Sammler studieren, um das seltsame Verhalten von Frauen und Männern zu verstehen. Obwohl die kärgliche Ausbeute an Souvenirs diesem Studium esoterische Züge verleiht, halten Teilnehmer von Steinzeitreisen stolz den mitgebrachten Schlüssel zum Geheimnis der Schönheit hoch. Männer wählen ästhetische, Frauen wirtschaftliche Potenz.

Und wenn Schönheit Scheiße wäre,
ich würde sie freiwillig essen.
Autoaufkleber

So verführerisch Einfachheit ist, unsere Abstammung vom Affen erklärt nicht alles. Auch wenn uns die Primaten mit den 98,5 Prozent gemeinsamer Gene eine happige Mitgift auf den weiteren Weg gaben, ist Schönheit mehr als nur Zeichen körperlicher Fitness und Gebärfreudigkeit.

Was den Genetikern ihre Taufliege, ist den Evolutionspsychologen der Pfau. Pflegen Sie mit diesem Kronzeugen geschlechtsspezifischen Verhaltens keinen Kontakt? Hier die angeblichen Beweisstücke in Kurzform: Pfauenmänner übermitteln mit ihrem großen, bunten Federschmuck der Weiberwelt die Botschaft: »Sex mit Schönen lohnt sich«. Wer sich ein so prächtiges, gewichtiges und nutzloses Schmuckstück leistet, ist genetisch fit.

Falls Sie nun den Analogieschluss wagen, ein kostbarer Verlobungsring signalisiere das gleiche, erfreuen Sie die Juweliere mehr als die Wissenschaftler. Dennoch präsentieren Evolutionspsychologen weiterhin Studien, deren Medientauglichkeit in keinem Verhältnis zur empirischen Methodik steht. Männer stehen auf Frauen mit Busen, Taillen und Hüften im Idealmass 90–60–90; Frauen erliegen den magischen Anziehungskräften von Muskelpaketen, breiten Schultern und schmalen Hüften.

Kulturell weniger bedingt und wissenschaftlich besser belegt, sind die Signale von Gesichtern. Aus Ihrer Schulzeit kennen Sie bestimmt das Kindchen-Schema: hohe obere und kurze untere Gesichtspartie, zierlicher Kiefer, voller Mund, kleine Nase und große Augen.

Die gängige Lehre, wonach solche Proportionen den Beschützer- und Fürsorgeinstinkt auslösen, erweitern Evolutionspsychologen mit der Verknüpfung von Jugendlichkeit und Reproduktionserfolg. So bestimmt das Kindchen-Schema den Schönheitsfaktor erwachsener Frauen. Facial babyishness ergibt in Experimenten zwar einen höheren Attraktivitätswert, ist aber noch kein Beweis, dass das Rätsel der Schönheit bereits in der Steinzeit gelöst wurde.

> Das erste trägerlose Abendkleid
> war für den Fortbestand der
> Menschheit zweifellos wichtiger
> als die erste trägerlose Brücke.
> *Maurice Chevalier*

Schönheit allein ist kein Erfolgsgarant. Nur wer seine Gene möglichst vielen Nachkommen weitergibt, kann sich visuelle Auffälligkeiten und schlechtere Fluchtchancen erlauben. Daher ist die Kombination männlicher Eitelkeit mit Vielweiberei zumindest im Tierreich ein Erfolgsrezept. Monogamie erhöht zwar die Paarungschancen für einzelne Lebewesen, verringert aber selektive Effekte bei der Gemeinschaft. Bis sich bei treuen Partnern ein begehrtes sexuelles Merkmal durchsetzt und verstärkt, dauert es viel zu lang. Modellsimulationen kommen auf zwanzig bis hundert Generationen.

Die Zeugung vieler Nachkommen macht wenig Sinn, wenn die Jungen nicht überleben. Weibchen, bei denen die Aufzucht meist hängen bleibt, sollten bei der Partnerwahl auf Schönheit, Fitness und materielle Ressourcen achten. Ist der Sinn für Ästhetik eine Domäne der Weibchen? Oder paaren sich Männchen nicht einfach mit allen, die nicht dauerhaft Widerstand leisten?

Ästhetische Vorlieben bringen polygam veranlagten Tiergattungen Wettbewerbsvorteile, aber meist nur in Kombination mit Kampflust und physischer Stärke. Menschliches Verhalten mit dem evolutionären Stammbaum zu erklären, bleibt hochgradig spekulativ, zumal die sexuelle Auslese von der kulturellen Selektion überlagert wurde. Dennoch lohnt sich die Lektüre evolutionspsychologischer Werke für Markenstrategen, weil ihre Verfasser zwar schlechte Steinzeitmenschen, aber gute Beobachter menschlicher Gewohnheiten sind.

Schönheit ist auch Design

Apple sei Dank. Steve Jobs erinnert Vernunftmenschen machtvoll daran, dass jedes Ding auch eine Seele hat und sich das Sichtbarmachen einer schönen Seele lohnt. Der iPod ist ein schöner MP3-Player zum dreifachen Preis, die Harley ein schönes Motorrad zum doppelten Preis und der Montblanc-Kugelschreiber ein schönes Schreibzeug zum vierhundertfachen Preis. Menschen investieren gern in Schönheit.

Design ist die fundamentale
Seele aller von Menschen
geschaffenen Dinge.
Steve Jobs

Obwohl Design durch seine Selbstinszenierungen zu Ruhm kam, verwehre ich ihm die Ehre einer Kapitelüberschrift. Denn frage ich Kunden nach ihrem Verständnis von Design, reduzieren sich ihre Antworten fast immer auf Produktdesign. Doch das greift zu kurz. Weshalb wir trotz Designerboom und hervorragender Werkstattbücher von hässlichen Dingen umzingelt sind, führe ich auf vier Gründe zurück:

1. Klassische Organisationsstrukturen verhindern, dass Produktdesign zum Marketingprozess wird.
2. Das Kopieren bestehender Vorlagen verunmöglicht einzigartige Schönheit.
3. Die Besonderheiten eines Kulturraums werden nicht mit der Wahrnehmung von Design in Verbindung gebracht.
4. Entwicklungsabteilungen betrachten Gestalter nicht als Schöpfer, sondern als Retter in letzter Not.

Ein Produkt muss von der Idee, über die Fertigung bis zur Aufnahme beim Kunden ästhetisch begleitet werden. Dazu braucht es eine Landkarte, auf der strategische Richtungspfeile eingezeichnet sind, Orientierungspunkte, Zeichensysteme bestehender Produkte, verfügbare Ressourcen, MAYA-Vorgaben des Marktes (Seite 76). Ohne angepasste Unternehmensstruktur sind diese Karten so ungenau, dass wir den Weg aus dem Durchschnittlichen kaum finden.

Design ist konkretisierte Firmengeschichte.
Otl Aichinger

Einzigartigkeit lässt sich nicht behaupten, sondern nur erfahren. Kopie führt nie zu Einzigartigkeit. Und Wiederholung macht nur Sinn, wenn es um eine eigene Geschichte geht.

Ästhetische Produkt-Begleiter entdecken die ästhetischen Vorlieben von Kunden, indem sie deren Geschichten vom Schönen studieren. Diese Erlebnisse nehmen sie ernst, suchen nach Gemeinsamkeiten und binden sie in eigene Vorstellungen ein. Das gelingt selten auf Anhieb. Doch mit genauem Beobachten, Experimentieren und Korrigieren gelangen sie zum Punkt, an dem eine formale Sprache entsteht, die sich von anderen abhebt und von Kunden akzeptiert wird.

Der Beschützer guten Designs weiß, dass sein Produkt bei der

Markteinführung in ein hochkomplexes System zeichenhafter Versprechen eintritt. Um ihm eine peinliche Vorstellung zu ersparen, sortiert er die Versprechen nach ihrer Verbindlichkeit und Bedeutung, damit das Publikum das perfekt angepasste und einzigartige Produkt mit Applaus empfängt.

Ein ästhetischer Begleiter holt die richtigen Spezialisten, stimmt deren Arbeit aufeinander ab und organisiert Disziplinenwechsel. Er ist das Bindeglied zwischen Mensch und Technik, zwischen Irrationalem und Rationalem. Mit seiner Entscheidungskompetenz definiert er Spielregeln, ist sich aber bewusst, dass Produkte nur den sichtbaren Teil eines Unternehmens bilden, Kunden aber auch das Unsichtbare wahrnehmen. Ob schön oder nicht schön.

Abfallprodukt oder Luxusgut?

Schönheit ist eher evolutionäres Abfallprodukt als das Ergebnis gezielter Entwicklungsarbeit. Denn das Ziel der Evolution bleibt erfolgreiche Reproduktion und Überleben durch Anpassung. Und das Zeichensystem Schönheit setzte sich durch, weil es Komplexität verdichtet und reduziert. Wenn ich weiß, was eine Person, eine Gruppe oder eine Kulturgemeinschaft schön findet, habe ich innerhalb kürzester Zeit eine Fülle von Informationen, die mir das Leben erleichtern.

Die Übernahme von Vorurteilen erhöht die Trefferquote. Die Symbolsprache Schönheit entwickelte sich nicht durch wiederholtes Betrachten glühender Sonnenuntergänge, sondern durch Interpretation von Gesichtszügen. Unsere Zuneigung, Milde oder Freude äußern wir in optischen Signalen. Was gut oder böse ist, hat stets grobe Umrisse einer Gestalt.

Daisy ist schön, Kater Karlo hässlich. Solche Vorurteile spuckt die neuronale Datenverarbeitung nicht leichtfertig aus. Das Grundprogramm, auf dem sie basiert, wurde durch einen Prozess von Versuch und Irrtum gefunden, der lange vor dem Erscheinen der Primaten begann, genetisch verankert ist und dennoch genügend Freiraum erlaubt, um sich kulturellen Eigenheiten anzupassen. Schönheit wurde vom Zufallsprodukt zu einem wichtigen Überlebens- und Anpassungsfaktor. Schönheit als erstes Hinweissignal auf das Gute.

Dem Ingenjör ist nichts zu schwör.
Daniel Düsentrieb

Selbst Rebellen und Exzentriker müssen spießbürgerliche Vorurteile übernehmen und in ihren Alltag einbauen. Denn ihr Ich ist ebenfalls auf das Orientierungssystem gängiger Vorstellungsbilder angewiesen. Aber weil das Gewöhnliche schlecht zum Symbolsystem eines Outlaw passt, weben wir es nicht in seine offizielle Biografie ein. Wieso sollte unser Gehirn Speicherraum opfern, um das Alltagsbild eines Suppe essenden Menschen mit Salvador Dalí anzureichern? »Differenzierung durch Typisierung«, lautet eine der Systemregeln in unserem Kopf.

Schönheit ist kein Luxusgut. Sie ist eine Zeichensprache, die typisiert, um unsere Handlungsfähigkeit zu erhöhen. Dieses Kommunikationsmedium weiterhin in die Freizeit und die Ateliers der Künstler zu verbannen, ist ein fahrlässiger Akt. Der Neurologe Wolf Singer meint sogar, dass vielleicht nur die Gesellschaftssysteme überleben werden, die künstlerische Begabungen ihrer Mitglieder besser nutzen und die Sprache der Kunst verstehen.

Individuelles ist universell

Was Schönheit als Signal für erfolgreiche sexuelle Reproduktion einbüßt, gewinnt sie als Wegweiser im Alltag. In Situationen des flüchtigen Kontakts, bei den »first impressions«, sind Merkmale des Aussehens oft die einzigen Informationen für rasche Erstbewertung. Nicht mehr als Hinweis auf Gesundheit und Fruchtbarkeit, wie magersüchtige Modells und wissenschaftliche Studien belegen, sondern als Signal für kulturelle und soziale Vorteile.

Die äußere Erscheinung reguliert Kommunikation über den spontanen Ersteindruck hinaus. Die inneren Werte sind für das Funktionieren menschlicher Beziehungen keineswegs nebensächlich, werden aber von den Kritikern der neuen Oberflächlichkeit zu hoch eingeschätzt. Unter experimentellen Bedingungen zeigen Testpersonen, die in den Vorgesprächen gegen die Macht der Ästhetik wettern, die gleichen Präferenzen wie Personen mit einer deklarierten Vorliebe für das Schöne.

Süße Babys werden länger und öfter angelächelt, kleine Kinder bevorzugen die gleichen Gesichter wie ihre Eltern, wir begegnen schönen Menschen freundlicher, werfen schöne Gegenstände weniger weg, Kinder und Jugendliche mit gutem Aussehen haben mehr Freundschaften und Verabredungen, Lehrer und Vorgesetzte beurteilen die Leistungen der Schönen höher als vergleichbare Leistungen der weniger Glücklichen, Ärzte behandeln attraktive Patienten geduldiger, und Psychologen raten ihnen zu Einzeltherapien, hübsche Angeklagte kommen mit milderen Strafen davon und schöne Menschen haben bessere Karten bei Vorstellungsgesprächen und Gehaltsverhandlungen.

Je länger die Liste der Bevorzugungen, desto eher neigen wir zur Annahme, Schönheit sei der Schlüssel zum Glück. Doch diesen Zusammenhang belegen weder die Glücksforschung noch die Regenbogenpresse. Für das persönliche Glücksempfinden sind andere Faktoren entscheidender als gutes Aussehen, was jene trösten mag, die der Schönheit den Kampf ansagen, um die Ideologie der Chancengleichheit zu retten oder eigene Defizite erträglicher zu machen. Ausserdem legt die Evolution nie den ganzen Einsatz aufs gleiche Feld. Betrachten wir doch Schönheit schlicht als ein Informationssystem mit universellem Charakter.

Weil Hip-Hopper mit Technofreaks Mühe bekunden, Freejazzer selten die Schlagerparade hören, Zombieliebhaber die fröhliche Doris Day eine blöde Kuh finden und die geistige Bauhaus-Nachkommenschaft keinen Fuß in IKEA-Filialen setzt, kämpft Schönheit mit dem Ruf des Unfassbaren. Dass sich über Geschmack trefflich streiten lässt, dient denn auch Marketingplanern als Begründung, sich vorwiegend nach Arbeitsschluss mit Schönheit zu beschäftigen.

Das wirklich Schöne
muss gerade in den
Augen aller als solches
erkennbar erscheinen.
Giacomo Girolamo Casanova

Menschen sind Herdentiere und folgen auch ästhetisch den Prägungen sozialer Gruppen. Über Geschmack lässt sich streiten, weil sich auf der Ebene des Bewusstseins über alles streiten lässt, weil wir mit Sprache unser Wahlverhalten rechtfertigen. Aber von individuellen Legitimationsstrategien darauf zu schließen, Schönheit sei ein chaotisches Zeichensystem, das sich nicht entschlüsseln lasse, ist eine Dummheit mit Folgen.

Das Haar in der Suppe ist die Suppe
Graffiti

Schönheit ist keine Geheimsprache. Auf individueller Ebene lernt sie jeder Mensch. Aber persönliches Können reicht nicht aus, um die allgemeinen Gesetze der Ästhetik zu erfassen. Für den Erwerb des Fähigkeitsausweises braucht es eine bestimmte Biografie. Menschen mit einem ästhetischen Sensorium erlebten immer wieder Geschichten, aus denen sie die Regeln extrahierten, die andere in ästhetischen Grammatikbüchern umständlich formulieren. Intuition ist die Summe ihrer Erfahrungen und keine Leistung, die sich übertragen und kopieren lässt. Michael Schuhmacher könnte mir noch lange erklären, was fahrerische Intuition ist. Seinen biografischen Vorsprung würde ich trotz meiner Passion für Motorräder nie wettmachen. Die Lehre vom Schönen beruht nicht auf Faktenwissen, was sich bei kulturellen Besonderheiten besonders deutlich zeigt.

Schönheit hat je nach historischer
Epoche und Land verschiedene
Gesichter. Diese lassen sich mit
Achtsamkeit erkennen.
Umberto Eco

Kein Marketingseminar ohne Anekdoten über haarsträubende Mega-Flopps global agierender Unternehmen. Lachen befreit, schützt jedoch nicht vor eigenen Tragikkomödien. Besonders gefährdet sind bekennende Rationalisten, die Erfahrungen nur Nebenrollen zugestehen und kulturelle Eigenheiten aus Reiseführern extrahieren. Trotz globalisierter Medien- und Werbebotschaften sind wir vom amerikanisierten Einheitshirn noch Lichtjahre entfernt. Das erstaunt allerdings nur naive Vertreter der Alle-Menschen-sind-gleich-Fraktion. Doch inzwischen wissen wir, wie stark die Erfahrungswelten unserer Kindheit und Jugend die neuronalen Muster prägen. Auch nach acht Jahren Leben und Arbeit im südlichen Nachbarland war ich noch kein Italiener.

Wir sind billig – und schön

Ein Bekenntnis zur Preisstrategie zieht das Instrument der Einfachheit automatisch mit sich. Doch von der Anziehungskraft des Schönen scheinen Discounter nicht viel zu halten, wie ein Tagesritt durch ihre Verkaufslokale schnell erkennen lässt. Das ist ein Fehler, für den nicht nur Designer mit exorbitanten Honoraren und elitären Statements verantwortlich sind.

> **Der Geiz ist die radikalste Antwort auf Liebesarmut. Er ist immer Folge eines starken Liebesdefizits.**
> *Wolfgang Krüger*

Hinter der Geringschätzung von Schönheit steht auch eine bestimmte Vorstellung von Geld, die David Bosshart in seinem Buch »Billig« so zusammenfasst: »Die einzige Belohnung, die in einer demokratischen Marktwirtschaft zählt, ist Geld. Es gibt keinen anderen Maßstab.« Befürchtung oder Wunsch? Und Maßstab wofür? Um menschliches Wahlverhalten zu beeinflussen? Hinter Bossharts Argumentation steckt der Kulturpessimismus von Medienschaffenden und Pädagogen seiner Generation. Doch Geld bekommt nur dort Warencharakter, wo mit Geld Geld verdient wird. Sonst ist Geld ein Kommunikationsmedium, mit dem sich riesige Datenmengen komprimieren lassen.

Auch für Gedankengänge zur Funktion des Geldes können kulturgeschichtliche Ausflüge nicht schaden. Geld ist kein neuzeitlicher Ersatz für Ehre, Pietät oder Freiheit, wie man uns weismachen will. Geld als Wertmaßstab wurde zwischen Menschen schon immer ausgetauscht. Nur musste mit dem Beginn des Handels eine Form gefunden werden, mit der sich Raum und Zeit überwinden lässt. An den grundsätzlichen Verschaltungen in unseren Köpfen haben weder Münzen, Noten oder Kreditkarten etwas verändert. Nach wie vor reagiert unser emotionales Bewertungssystem nicht auf Geld, sondern auf Personen, Dinge und Geschichten. Die sind manchmal mit Geld verbunden, manchmal nicht. »Liberté, Egalité, Portemonnaie« ist ein Wortspiel, das wenig mit dem Menschen als soziales Wesen zu tun hat. Und seine witzige Restmenge verliert es noch ganz, wenn wir nach diesem Credo eine Marketingstrategie konzipieren. Denn damit findet genau das unkreative Marketing eine Fortsetzung, das auf einem mechanistischen, rationalen Weltbild beruht, auf Projektionen einer Medienindustrie, die Trends und Wahrnehmung zwar beeinflusst, aber in ihrer kurzen Wirkungszeit die Grundprogramme unserer Datenverarbeitung nicht umschreibt.

Gib das Geld her, dir verdirbt
das nur den Charakter.
Lupo zu Lupinchen

Geld ist ein wichtiges Medium, aber kein Grundmotivator. Welche Bedeutung wir ihm zumessen, wann und wofür wir es einsetzen, wird wie so vieles von frühkindlichen Erfahrungen geprägt. Schlechte Zeiten sind unauslöschlich. Persönliche Demütigungen durch Knappheit hinterlassen ihre Spuren bis ans Lebensende. Aber den kaufkräftigsten und kommenden Konsumentengruppen fehlte es in den Jahren ihrer Prägungen weniger an Geld als an Aufmerksamkeit.

Beachtung lässt sich mit Geld kaufen. Nur wird diese Strategie immer teurer, wenn mein Konkurrent über die gleiche Kaufkraft verfügt. Diese Erfahrung trägt dazu bei, dass die Wertediskussion von den Jungen intensiver geführt wird, als vielen Erwachsenen sogar lieb ist.

Auch Schönheit kostet. Aber es gibt viele Formen von Schönheit, die so günstig zu produzieren sind, dass sich ein Verzicht auf sie nicht mit ökonomischen Begründungen erklären lässt.

Geld wird eifrig als Glücksversprechen gehandelt. Doch die Anzeichen mehren sich, dass sich auf dem gemeinsamen Marsch zum Glück eine Lücke zwischen Anführern und Gefolgschaft auftut. Unter der Last der Waren verlangsamt sich das Tempo in den hinteren Reihen. Und immer mehr Gruppen bemerken in den kurzen Ruhepausen, dass der eingeschlagene Weg nicht ins verheißene Land führt und mühsamer ist, als im Reiseprospekt beschrieben. Ob die Führungscrew dies wahrnimmt, ist ihnen zunehmend egal. Mit Geld getröstet zu werden, hat auf Dauer etwas Demütigendes, das spüren alle, die nicht gerade ein erotisches Verhältnis zu diesem Beruhigungsmittel aufbauten. Und das braucht es meist, um ohne erbschaftlichen Anfangsimpuls wirklich reich zu werden. Die Mehrheit der Menschen kennt diese Form der Erotik und Begierde nicht aus eigener Erfahrung.

Das Zeitalter der knappen Aufmerksamkeit weckt wieder Wünsche, die sich der Verwandlung in Geld widersetzen: Beziehungen, Aussehen, Verlässlichkeit, Klarheit, Respekt oder Echtheit. Weil die Jungen und enttäuschte Erwachsene solche Neubewertungen eher nüchtern, im Stillen und ohne romantisches Spektakel vornehmen, entgehen sie der Medienwelt.

Kampf dem Durchschnitt

Erscheinungen, die für rationales Messen zu sperrig sind, lösen sich nicht in Luft auf, sondern behalten ihre Strukturen und geben sie interessierten Beobachtern preis. Seit die Gestalt- und Wahrnehmungspsychologen auf die Unterstützung der Hirnforscher zählen können, wird ihr Inventar experimentell beglaubigt. Und alles deutet darauf hin, dass es universelle ästhetische Merkmale gibt, nach denen sich Durchschnittliches von Außergewöhnlichem unterscheiden lässt. Auf solchen Erkennungszeichen wie Raum, Zeit, Lebendigkeit, Bewegungsrichtungen, Dichte, Flächigkeit, Zugehörigkeit oder Lichtverhältnisse baut eine eigenständige Sprache der Schönheit auf.

Wer soll sie entwickeln, wer absegnen? Werbeagenturen, Mitarbeiter, Meinungsumfragen oder gar Computer? Keiner von ihnen. Zumindest nicht als alleinige und letzte Instanz. In welcher ästhetischen Sprache ein Unternehmen nach innen und nach außen spricht, muss an der Spitze entschieden werden. Daher gibt Tom Peters die dringende Empfehlung ab, dem ästhetischen Begleiter einen Stuhl unmittelbar neben dem CEO frei zu halten. Denn es geht nicht um nachträgliche Verschönerungen, sondern um Designbewusstsein. Dazu sind ansteckende Begeisterung und wildeste Erfahrungen mit Schönheit und Marketingverhalten notwendig.

Die Mittelmäßigkeit wiegt immer richtig, nur ist ihre Waage falsch.

Anselm Feuerbach

Das Laisser-faire in ästhetischen Fragen ist das Echo auf den gut gemeinten Anfeuerungsruf »Jeder Mitarbeiter ein Unternehmer!«. Und weil Unternehmer bestimmen, dürfen alle mitbestimmen. Doch was in politischen Dingen seine Existenzberechtigung hat, führt die Ästhetik in den Abgrund. Nicht das vom Computer aus den schönsten Einzelteilen zusammengesetzte Gesicht überzeugt Testpersonen, sondern eines, das vom rechnerischen Ideal abweicht. Der Schönheit begegnen wir nicht dort, wo die Glocke von Herrn Gauß aufgehängt ist, sondern wo sie aus der Menge heraustritt.

Steht in Ihrem Leitbild eine fassbare Aussage über den Schönheitsbegriff? Gehört ausgerechnet Ästhetik nicht zu Ihrer Unternehmenskultur? Wer sich zum Branding bekennt, muss den Mut aufbringen, ästhetisches Jekami zu verbieten. Und je stärker die eigene Schönheitsgeschichte ist, desto weniger Verbote braucht es. Grenzen schränken nicht nur ein, sondern entlasten und geben Sicherheit, die persönliche Autonomie erst ermöglicht.

> Die idyllische Vorstellung vom modernen Mitarbeiter als bindungslos umhertreibende Scholle und elastischem Gummiband geht an der Wirklichkeit vorbei.
> *Judith Mair*

Wem das Schönheitsbekenntnis eines Unternehmens nicht passt, passt nicht zu diesem Unternehmen. Denn die Funktion einer Unternehmenskultur besteht ja gerade darin, mit hoher Trefferquote zu selektionieren, nach innen und nach außen. Um störungsanfällige Monokulturen zu verhindern, braucht es keine Hausordnungen für Kollektive aus der Retorte. Gefragt sind formale Gerüste für sozialisierte Individuen. Dazu gehören verbindliche Verhaltensmuster, Spielregeln und Bildergeschichten. Nur ein vermittelbares Bekenntnis zu einer bestimmten Stilrichtung erlaubt die Vielfalt unter einem gemeinsamen Nenner. Das Postulieren von Idealen und quasireligiösen Werten, die von niemandem eingelöst werden, ist unzeitgemäß, unglaubwürdig und vernichtet eines der wertvollsten Güter, das Vertrauen.

Durchschnittsästhetik entsteht von allein. Wer überdurchschnittliche Schönheit will, muss ihr ästhetische Begleiter mit Sitz im Olymp zur Seite stellen.

Ein Rahmen wird erschaffen

»A face is like a work of art. It deserves a great frame«, steht im roten Etui meiner Lieblingsbrille. Der Optiker, den ich in seinem Marketingverhalten unterstütze, setzt auf Schönheit als Marketinginstrument. Mit Erfolg, weil er darunter mehr versteht als das Produktdesign seiner Lieferanten. Mit seiner Inszenierung will er nicht das Bedürfnis befriedigen, gut zu sehen. Sein Geschäft ist keine Bedürfnisanstalt, sondern ein Theater, in dem immer das gleiche Stück »Die Erweckung von Sympathie durch Schönheit« aufgeführt wird.

Weil er ein Drehbuch hat, das den Kern der Geschichte festschreibt, können sich Mitarbeitende bei der Inszenierung von Events das Briefing sparen, sich um Details kümmern, die Texte selber schreiben, die passende Garderobe einkaufen, autonom ausschwärmen und die frohe Botschaft verbreiten.

Schönheit ist empfundener Rhythmus.
Christian Morgenstern

Die enorme Anziehungskraft von Schönheit liegt an ihrer rationalen Unfassbarkeit. Nietzsche meint, es sei gerade diese Unbeherrschbarkeit des Wirklichen, die in uns ästhetische Lust weckt. Und weil wir das wissen, erwarten wir, dass sie im Gewand des Zufalls auftritt. Sobald wir ein bewusstes Konstruktionsprinzip entdecken, geht ein Teil ihrer Kraft verloren. Rational planende Geister riskieren, dass ihre vorgetäuschte Absichtslosigkeit als betrügerische Machenschaft auffliegt, Abwehrverhalten auslöst und den Zauber verblassen lässt.

Das Schöne ist einfach da, als sinnliches Resultat einer Verwandlung vom Hässlichen oder Durchschnittlichen. Kaum ein Star lädt seine Bewunderer in die Garderobe ein, um sie an der Metamorphose des Alltags teilhaben zu lassen. Und wer trotzdem hinter die Kulissen blicken darf, findet das zwar interessant, aber kaum ergreifend schön.

Das englische Gesamtkunstwerk
David Beckham führt Regie.
Sportreporter

Das Phänomen der Plötzlichkeit ist typisch für Marketinginstrumente, die sich an unsere unbewusste Datenverarbeitung wenden. Das hängt mit dem Ursprung solcher Zeichensprachen, der Reduktion von Unsicherheit, zusammen. Schon nach zwanzig Millisekunden erkennen wir ein Gesicht, nach weiteren hundertdreißig Millisekunden stufen wir es als bekannt, bedrohlich oder freundlich ein. Der

Auftritt von Schönheit bestimmt den Wahrnehmungsrahmen für das Folgende, erlaubt Planung. Sie stimmt uns ein, gibt Erwartungen eine Richtung. Daher sind Enttäuschung und Schrecken umso größer, wenn die Fortsetzung eine andere Wendung nimmt. Mit diesem Mechanismus spielten die Künstler aller Epochen und Kulturen. Doch da Schönheit einen Deutungsraum absteckt, der individuellen Erfahrungen gerecht wird, lässt sie eine Vielfalt von Projektionen zu. Sie ist in diesem Sinne verbindlich und unverbindlich zugleich.

Der soziale Rahmen, den Schönheit zeichnet, nimmt uns die Angst vor dem Ausschluss aus der Gruppe. Damit meine ich weniger den Ästhetikbegriff der deutschsprachigen Kunstwelt, in der sich als Banause outet, wer ein Kunstwerk schlicht nur schön findet. Etwas als schön zu bezeichnen, ist ein Bekenntnis, hinter dem sich die Hoffnung verbirgt, das eigene Urteil werde von den Menschen geteilt, mit denen man gerne zusammen ist. Daher das unangenehme Gefühl, wenn unsere Feinde die gleichen ästhetischen Präferenzen haben wie wir.

Im sozialen Raum trennt sich Schönheit vom subjektiven Geschmack und wird zu einer Zugehörigkeitserklärung. Die Gespräche nach dem Kino, einem Museumsbesuch oder einer Theateraufführung dienen vor allem der Identitätsfestigung und weniger der Übermittlung großer Neuigkeiten.

> Ein Gesetz gegen Diskriminierung durch schlechtes Aussehen wäre das erste Gesetz, das alle Menschen tagtäglich missachten.
>
> *Winfried Menninghaus*

In einer vom Nützlichkeitsdenken geprägten Gesellschaft erhält Schönheit ihren anarchistischen Zug zurück. Sie formiert einen Rahmen, der Sinnlosem einen Sinn verleiht. Was sich nur über seinen Nutzen definiert, kann in einem ästhetischen Sinn nicht gefallen. Schönheit löst sich von logischen Rechtsgründen, basiert weder auf demokratischen noch auf hierarchischen Spielregeln. Daran erinnert Umberto Eco, wenn er sagt, dass Neid und Habgier nichts mit dem Schönen zu tun haben, dass wir zwar glücklich wären, wenn das Schöne uns gehören würde, das Schöne jedoch bleibt, auch wenn es einem anderen gehört.

Der Verweis auf unsere genetische Verwandtschaft mit Schimpansen suggeriert eine Ähnlichkeit, die wenig mit der Realität zu tun hat. Was uns von den Zulieferern menschlicher Grundprogramme unterscheidet, ist unsere Möglichkeit, externe Erinnerungsspeicher zu schaffen, zu denen auch ästhetische Zeichensysteme gehören. Wäre Schönheit lediglich eine individuelle Harmlosigkeit, hätten Diktatoren kein Interesse an ihrer Kontrolle. Und weil Schönheit Unsichtbares sichtbar und Unaussprechliches erfahrbar macht, wird sie ein Lieblingskind der Markenstrategen.

Behauptungen

Das Zahlungsmittel für Sex
wechselte die Währung.

Der schöne Schein bestimmt
das Bewusstsein.

Bei Schönheit schneidet der Durch-
schnitt schlecht ab.

Hässlichkeit ist eine Form von
Dienstverweigerung.

Für Geschworene ist Schönheit ein
Beweismittel.

Nicht das Auge, sondern die
Erinnerung sieht.

Die Helden
Wir sind und brauchen sie

Amerika! Mit vier Jahren sowie nach zehntägiger Überfahrt im C-Deck war ich im Land der Revolverhelden, Indianerhäuptlinge und Fernsehgeräte angekommen.

Ein Schwarzweißfoto mit weiß gezackten Rändern, auf dem mein Vater in Polizeiuniform seine beiden Kinder an den Händen hält, erinnert mich daran, dass er mir damals zwar fehlte, aber als schweizerische Sheriff-Version nach meiner Rückkehr meine Stellung in der kinderreichen Wohnsiedlung sicherte. Denn der Schatten eines Helden fällt auf alle, die ihm nahe sind.

Mein analytischer Tauchgang ins Meer der Helden begann lange vor der Sucht nach neurologischem Wissen. Nicht in der Schule, wo es genügte, heroische Menschen nach dem Klassifikationssystem der Lehrer zu beurteilen, sondern in meiner Zeit als Juniortexter.

Die Agentur, in der ich mein Handwerk lernte, war der schweizerische Ableger von RSCG, Roux, Séguéla, Cayzac, Goudard. Erweckungserlebnisse haben viele, auch Werber. Jacques Séguéla wurde durch den roten Kirschenmund von Marilyn Monroe aus seiner gewohnten Umlaufbahn geworfen. In einer öden Abflughalle eines öden Flughafens lockte ihn ein Buchumschlag mit dem sinnlichen MM-Mund zum Kauf und erzählte ihm die Geschichte eines jungen dänischen Fotografen. Als Séguéla wieder festen Boden unter den Füßen spürte, wusste er, dass die geschilderten vierzig Nächte mit Marilyn Monroe sein Leben verändern würden. Zumindest das berufliche.

> Ich träumte, ich sei die
> Strumpfhose von Ursula Andress.
> *Woody Allen*

Auf das magische Wesen traf der Däne Hans Jorgen Lembourns 1939, dreizehn Jahre vor meiner Geburt. Aber noch sind Bilder von

Marilyn Monroe ein Spiegel menschlicher Sehnsüchte und Fantasien. Das leidenschaftliche Abenteuer des glücklichen Jungfotografen war von Anfang an begrenzt. Und er wusste es, weil es das Schicksal von Helden, Stars und Götter ist, allen und niemandem zu gehören.

Zwar konnte noch kein Neurologe ein Heldenareal lokalisieren. Aber sie können erklären, was unseren Wunsch nach Helden auslöst. Und obwohl Heldenverehrung tatsächlich ein Frontalangriff auf die Vernunft ist, verzichten diese Wissenschaftler auf moralische Untertöne. Denn Neurologen stoßen sich weniger daran, dass die Vernunft den Kampf gegen die Unvernunft regelmäßig verliert, auch wenn die meisten Intellektuellen diesen Ausgang nicht wahrhaben wollen und das Siegerfoto als Fälschung deklarieren.

Helden sind Marketingprofis. Daher halten sie nichts von Versuchen, die ganze Welt zu verführen, sondern geben sich mit dem Gewinn von Mehrheiten zufrieden. Und die stellt in unserem Gehirn das Unbewusste.

Vom Einblick in das Leben einer Göttin im Innersten erschüttert, verabschiedet sich Jacques Séguéla von alten Marketingweisheiten, sucht nach den Geheimnissen der Verführung und entwickelt sein Starsystem, das wir in Marketinglehrbüchern vergeblich suchen, obwohl doch auch Unternehmen und ihre Produkte nach Ewigkeit, Allmacht und Omnipräsenz streben.

Séguéla machte mir klar, warum Oberflächlichkeit und Geheimnisvolles zum unzertrennlichen Paar werden, weshalb Heldengeschichten Menschen verbinden, was unsere Sehnsüchte, Leiden und Leidenschaften weckt, wo wir sie ausleben und stillen möchten, wie Helden unsere Vergangenheit prägen und Lebensentwürfe der Zukunft modellieren.

Ohne Helden wackelt das Ich

Dem Schulreifeattest liegt jeweils eine Eintrittskarte in eine langjährige Sozialisierungsmaschinerie bei. Doch glücklicherweise prägt sich unsere Persönlichkeit, bevor Pädagogen sich ihrer bemächtigen. In keiner Lebensphase wird unser Gehirn so nachhaltig geprägt wie während der ersten fünf Jahre. Und öffnet sich Jahre später ein zweites Zeitfenster für Prägungen, hat uns die Pubertät schon so fest im Griff, dass wir Pädagogischem eher skeptisch gegenüberstehen.

Verursacht wird diese jugendliche Abwehr durch Veränderungen in Hirnarealen, die für unsere Vernunft von großer Bedeutung sind. Offenbar hält es die Evolution für richtig, einige allzu vernünftige Verdrahtungen wieder zu lösen. Nach der Pubertät tritt dann relative Ruhe ein. Anders gesagt, Erwachsene verändern sich nur noch in Ausnahmefällen.

Neurologie erklärt Markenstrategen auch, weshalb sich Teenager so merkwürdig benehmen und wie sich ihr Ich in diesem Alter zunehmend festigt. Aber was ist dieses Ich? Da meine Recherchen gefährlich ausuferten, bleibe ich Ihnen die Antwort schuldig, biete als Ersatz aber Wegweiser, in welcher Richtung sich die Suche lohnt. Denn Eines wissen wir inzwischen sicher: Das Ich ist nicht das, was es meint zu sein.

Leben ist, was uns zustößt, während wir uns etwas
ganz anderes vorgenommen haben.
Henry Miller

Das Ich ist definitiv nicht Steuermann oder oberste Kontrollinstanz unserer Gedanken und Handlungen, auch wenn es sich dafür hält. Dieser strategische Selbstbetrug dient unserem Überleben. Stellen Sie sich einmal vor, was da los wäre, wenn das Ich gestehen würde, nicht Herr im eigenen Haus zu sein.

Der Normalzustand unserer Psyche lässt uns glauben, das bewusste Ich sitze wie ein König auf dem Thron und beherrsche seine Untertanen, unsere Sinne, Gedanken, Gefühle, Wünsche und Handlungen. Die wissenschaftliche Aufdeckung dieses Selbstbetrugs ist die neurologische Provokation. Sie trifft uns härter als Sigmund Freuds gesammelte Werke, weil wir heutigen Untersuchungsmethoden weniger unterstellen können, auf Projektionen und kranken Psychen zu beruhen.

Ganz so wild ist diese Provokation im Alltagsleben nicht, gehört doch das Akzeptieren von Illusionen zu den Voraussetzungen für ein gesundes Gehirn. Aber als Markenstrategen müssen wir zumindest während der Arbeitszeit davon ausgehen, dass unser Unbewusstes das Sagen hat.

Was uns als bewusster Zustand erscheint, sind Erlebnisse einer virtuellen Welt, die sich langsam zu einer Aufführung verdichten, die wir als unser Ich wahrnehmen.

> Ich weiß gar nicht, ob ich tatsächlich existiere oder ob ich nicht nur ein Held aus einer meiner Geschichten bin.
> *Francis Scott Fitzgerald*

Heldenfiguren gehören zum Ordnungsraster, das unser Ich für den Aufbau seiner virtuellen Welt benötigt. An ihnen erproben wir eigene Möglichkeiten, loten Handlungsspielräume aus, orientieren uns.

Diese Vorbilder müssen nicht unbedingt Menschen aus Fleisch und Blut sein. Star-Wars-Liebhaber schließen R2-D2 ins Herz, weil Regisseur George Lucas weiß, dass ein Held menschliche Züge und einen Namen tragen muss. Im Marketing wird oft vergessen, dass auch Götter Menschen sind.

Das Ich ist keine Steuerzentrale, sondern ein farbenfroher Strauß unterschiedlicher mentaler Zustände, den neuronale Netzwerke der verschiedenen Regionen unseres Gehirns zusammenstellen. Sie liefern Informationen, die bestätigen, dass wir zu dem gehören, was wir als unseren Körper wahrnehmen und mit dem wir etwas tun können.

Das Handlungs-Ich lässt uns erfahren, Verursacher und Kontrolleur unserer Gedanken und Handlungen zu sein. Ohne autobiografisches Ich wüssten wir nicht, ob wir heute noch die gleichen wie gestern sind und ob unser Leben kontinuierlich abläuft. Ein weiteres Ich-System erlaubt uns das Erlebnis, Mittelpunkt unserer Welterfahrung zu sein. Und das selbstreflexive Ich gibt uns die Möglichkeit, über unser Ich nachzudenken. So wie Sie das jetzt vielleicht tun. Und schließlich gehört zu diesem farbenfrohen Ich-Strauß ein Gewissen, das Informationen für die ethische Bewertung unseres Tuns liefert.

Jeder dieser Informationsträger kann beeinträchtigt sein oder ausfallen, ohne dass deshalb das ganze Ich ausfällt. Und bei jedem spielen unsere Erfahrungen mit realen oder fiktiven Helden eine Rolle, selbst wenn es nur ein kleiner Auftritt ist.

Winnetou lebt

Wenn die ersten Helden in unser Leben treten, sind Traumwelt und Realität noch eins. Erst im Kindergartenalter treffen wir zuverlässige Unterscheidungen zwischen Schein und Wirklichkeit. Die Frühreifen, von denen es weniger gibt, als ehrgeizige Eltern meinen, ändern nichts an diesem Befund. Obwohl das Sandmännchen durch merkwürdig flimmernde Mattscheiben in die Kinderwelt eindringt, wird es von den kleinen Zuschauern als real existierendes Lebewesen wahrgenommen.

Wir nähern uns dem Verhalten eines Markenstrategen schneller, wenn wir unsere Vorstellung von der Wirklichkeit dem neurologischen Befund anpassen. Die Psychologie ist soeben daran, Therapieformen mit virtuellen Welten von künstlichen Rechenmaschinen zu erproben. Erste Ergebnisse sind ermutigend.

»Tu dies oder lass das!«, erfahren wir in einem Lebensabschnitt, in dem unser episodisches Gedächtnis nur schwach oder noch gar nicht entwickelt ist. Doch ohne dieses Gedächtnissystem können wir die Überbringer von Informationen nicht einordnen, keine Bezüge zu Raum und Zeit herstellen, keine Geschichten miteinander vergleichen. Was an Eindrücken auf uns einprasselt, hat daher etwas Absolutes.

Der Prototyp unseres Ichs wird während der ersten Lebensjahre gebaut. Es gibt kein Helden-Gen, aber es gibt neuronale Ordnungsmuster, die Vorbilder zur Gestaltung vom eigenen Ich erzeugen.

Wenn man versucht, die Wahrheit zwischen
zwei Figuren zu finden, funktioniert die
analytische, militärische Methode nicht.
Peter Brook

Winnetou oder Harry Potter sind kulturelle Erzeugnisse, aber ihre Herstellung basiert auf einem uralten biologischen Programm, das der sozialen Umgebung Werte vermitteln muss. Nur im sozialen Austausch stabilisiert sich unser Ich, was zur lästigen Folge führen kann, dass die asozialsten Menschen die Gemeinschaft am meisten beanspruchen. Doch diesen Preis nimmt die Evolution in Kauf, weil der Gesamtvorteil überwiegt. Immerhin sorgt das limbische System dafür, dass Regelverletzungen schlechte Gefühle auslösen.

Am großen Austauschprogramm zwischen innen und außen nehmen auch Mythen teil. Ihre Helden tun das Richtige, erfüllen Ideale, werden geliebt, bewundert, bestätigt und ernährt. Wir verehren den Helden, weil er uns Modell steht, für uns handelt, durch seine Existenz das Simulieren von Lebensgeschichten erlaubt.

Zur Heldenverehrung werden wir gezwungen, denn es sind ihre

Geschichten, aus dem der soziale Kitt besteht. Sie transportieren die Werte, die individuelles Wahrnehmen und Verhalten so an die äußeren Bedingungen anpassen, dass die Gattung Mensch bis heute überlebte. Die Vermittler dieser Werte verdienen unseren Respekt. Zumal sie unserem Bewusstsein den Glauben lassen, es könne frei darüber entscheiden, welchen Geschichten es glauben schenken soll.

Helden erleichtern uns auch den Alltag, indem sie für uns leiden, über dem Gewöhnlichen stehen und unsere Hoffnung auf einen Flug über den Wolken am Leben erhalten. Das gibt Sicherheit und stabilisiert ein äußerst fragiles Ich, das sich zu jeder Sekunde neu finden muss. Mythen und ihre Helden liefern diesem virtuellen Ich die Orientierungsvorlagen. Das scheint eine ihrer wichtigsten Funktionen zu sein. Wir brauchen Vorbilder, auch wenn uns dies Lebensratgeber vom Typus »Sei nur dich selbst!« gerne ausreden wollen.

Vierundsechzigtausend Wiederholungen
ergeben die Wahrheit.
Aldous Huxley

Je länger und öfter eine Heldengeschichte weitererzählt wird, desto mehr schenken wir ihr unseren Glauben. Nur in Ausnahmefällen registrieren wir Einmaliges. Mythen, die Menschen auf der ganzen Welt und zu allen Zeiten weitergeben, nennt C. G. Jung archetypisch. Die Werte, die mir Winnetou überbrachte, sind nicht an seine Person gebunden, er gibt sie nur weiter. Die Geschichte der Freundschaft wird von vielen Helden erzählt und vom Publikum geliebt.

Ein Mythos will nicht wahr sein. Er möchte nur, dass wir ihn glauben und weiterverbreiten. Solange die Geschichte von Winnetou erzählt wird, gibt es Freundschaft.

Leben und Sterben eines Helden

Ein Markenstratege forscht nach biografischen Eckpfeilern der Helden. Denn ob groß oder klein, ein Held gehört zu einer Gattung mit ganz bestimmten Eigenschaften.

Ein Held wird nicht als Held geboren. Das würde Sympathiepunkte kosten. Sein Leben beginnt sogar sehr unheldenhaft. Er zögert, drückt sich und fürchtet das Unbekannte, bevor ihn das

Schicksal aus seiner alltäglichen Welt und seinen alltäglichen Tätigkeiten herauskatapultiert. Er zeigt die gleichen Schwächen wie wir. Dann tritt etwas Neues in sein Leben und bringt die Geschichte in Gang.

Nächste Woche kann es keine Krise geben.
Mein Terminkalender ist randvoll.
Henry Kissinger

Ein Problem taucht auf, eine Lösung muss her. Weil auch ein Held ökonomisch denkt, klärt er zuerst den Zuständigkeitsbereich ab. Schließlich muss er mit einem Kampf gegen den Drachen rechnen. Gilt die Herausforderung tatsächlich mir? Erst wenn die Frage nach der persönlichen Motivation beantwortet ist, schnürt er das Reisebündel für die Fahrt ins Unbekannte.

Doch normalerweise schafft auch der Held seine Aufgabe nicht allein. Auf jeder Reise bekommt er Hilfe, oft von ungewöhnlicher Seite, was wir aus Selbstverliebtheit gerne ausblenden. Die Geschichte von Narziss zeigt allerdings, wohin das führt.

Der wahre Held erreicht sein Ziel, weil er für das Wunderbare empfänglich ist, weil er einem Mentor vertraut, der über besonderes Wissen, besondere Kenntnisse und besondere Fertigkeiten verfügt. Das verstehen George Lucas und Steven Spielberg besser als viele Marketingplaner.

Mit Mut, Vertrauen und seinen persönlichen Waffen stellt sich der Held Prüfungen und Schwierigkeiten. Weicht er ihnen aus, kommt er vom Weg ab und verfehlt das Ziel.

In jeder Geschichte gelangt der Held an einen Klippenrand. Häufig wartet unten der Tod. Die Überwindung dieser Schlüsselstelle führt zu einer Art Wiedergeburt. Jetzt übernimmt der Held die Führung, setzt seine mächtigsten Waffen ein und nimmt den ersehnten Schatz in Besitz.

Am Ziel ist der Held erst, wenn er wieder zu Hause ist. Doch auf seinem Rückweg lauern neue Gefahren. Er wird verfolgt, gejagt, in Fallen gelockt, muss Umwege in Kauf nehmen, neuen Rat suchen, darf nicht nachlassen, bevor er sicher und frei ist. Am Ziel angekommen, hat sich der Held meist verändert.

Heldenbeobachter ist ein Job

Wo Marketing Chefsache ist, genügt der Blick auf das eigene Heldentum nicht. Ein Markenstratege schaut sich vor allem Heldengeschichten anderer an. Welche Geschichten werden im Unternehmen erzählt? Wer sind die Hauptfiguren, wer ihre Widersacher? Kenne ich ihre Symbole, Taten und Waffen? Um auf so wichtige Fragen passende Antworten zu finden, braucht es Heldenbeobachter. Was zu ihrem Anforderungsprofil zwingend gehört, ist bekannt.

Beginnen wir mit dem scheinbar Banalsten. Ein Heldenbeobachter liebt sein Objekt und glaubt an seine Existenz. Mit diesem Glauben, Wissen und der Erfahrung entdeckt er einen Helden, noch bevor dieser Gestalt annimmt. Diese Fähigkeit ist von größter Bedeutung, da sich ein Held auf dem Höhepunkt seiner Karriere verselbstständigt, allen gehört und von allen Hilfe in Anspruch nimmt. Wer aber bei der Geburt eines Helden dabei ist, kann ihn früh begleiten, prägen und zu seiner Figur machen.

Sieh dir einen Menschen genau an und du weißt mehr über ihn als er selbst.

Hermann Hesse

Heldenbeobachter haben Lust am Enthüllen, was viele ins Umfeld der Kriminalistik zieht, dem Hoheitsgebiet böser Helden. Nicht jeder, der seinen Drang zur Entblößung in seine berufliche Karriere einbaut, braucht so gemütlich auszusehen wie Peter Ustinov auf seiner Nilfahrt als Hercule Poirot. Aber Gemüt gehört schon zu den Voraussetzungen für die Balance zwischen Einfühlung und Distanz.

Mit zunehmender Erfahrung entwickeln Heldenbeobachter ein feines Sensorium für Wesentliches. Daher haben die Ergebnisse ihrer Nachforschungen in kleinen schwarzen Notizbüchlein Platz. Sie sitzen nicht zu Gericht und bestehen nicht auf Vollständigkeit, da sie den Unterschied zwischen Charakterisierung und Charakter kennen. Charakterisieren ist eine Handlung von außen, die eine Summe aller beobachtbaren Eigenschaften ergibt. Zu ihr kommt man durch sorgfältiges Recherchieren.

Zum Charakter stoßen Heldenbeobachter vor, indem sie Verhaltensweisen studieren. Vor allem Entscheidungen, die unter Druck zustande kommen. Situationen, die in unbekannte Gefilde führen.

Von Entscheidungen im geschützten Rahmen des Gewöhnlichen lässt sich weniger gut auf den Charakter schließen.

Von der Diskussion, ob die Geschichte oder die Figur wichtiger sei, halten sie sich fern. Eine glaubwürdige Geschichte beruht auf der Identität von Handlung und Person. Denn eine Trennung empfinden wir als Störung.

Wer Helden liebt, liebt sie in allen Varianten, saugt ihre Geschichten auf wie ein Schwamm. Und so wie er als Kind seine Muttersprache lernte, extrahiert er absichtslos und automatisch die Regeln der Heldenwelt. Sie finden sich in den Geschichten der Religionen, Kunst, Medien, Lebensgeschichten von Unternehmen und Produkten. Ein Heldenbeobachter lässt sich auf Geschichten ein, bis er Ideen entdeckt, die sich hinter Handlungen verbergen und sich gegen intellektuelle Enthüllung wehren. Und es stört ihn keineswegs, dass eine Idee keine kopierbare Lösung, sondern ein Lösungsangebot ist.

Weil er seine Aufgabe nicht so eng sieht, sind seine Augen und Ohren für Kollektivheldentum und Nebenrollen offen. Jede Figur, die durch ihr Handeln eine Beziehung zur Außenwelt eingeht, kann von Interesse sein. Und jede Reaktion auf ihr Handeln betrachtet er als notwendige Wahrheit des Lebens.

Die Einsamkeit des Kindes
verleiht der Puppe eine Seele.
Janusz Korczak

Ein Heldenbeobachter betrachtet das Ausfüllenlassen von Fragebogen als Zeitverschwendung, wenn damit der Charakter erfasst werden soll. Helden in Aktion studiert er auch beim Ergründen einer Unternehmenskultur oder bei der Suche nach der Seele eines Produkts. Bei der Gewichtung der Geschichten schaut er vor allem auf den Sympathiewert und das Alter.

Jacques Séguéla ist ein Heldenbeobachter der Werbebranche und wunderte sich immer wieder, weshalb er im Marketing nicht mehr Berufskollegen findet. Dabei wäre doch seine Starstrategie ein geeignetes Lehrstück. Also schauen wir hin, was er bei einem Produkt genauer unter die Lupe nimmt. Vor über zwanzig Jahren entschied er sich für die drei Kategorien: Physik, Charakter und Stil. Und nur wer in allen drei Bereichen punktet, hat das Zeug zum Star.

Die Physik eines Produkts

Der Begriff Physik macht mich nicht glücklich. Aus Respekt vor Séguélas Weitsicht möchte ich seine Inventarklassen aber nicht umbenennen. Glücklich werden auch die Freunde wissenschaftlicher Persönlichkeitstheorien nicht sein, aber vielleicht feststellen, dass sie Séguélas Reduktion einfacher nacherzählen können.

Ich bin körperlich und physisch topfit.
Thomas Hässler

Der Blick auf die Physik eines Objekts ist der Blick auf seine sichtbare Existenz, auf das äußere. Am Anfang jeder Geschichte steht eine Erscheinung, die Physik eines Menschen, eines Waschmittels, Müslis oder Automobils. Doch unser Gehirn spart sich die Mühe, Gewöhnliches von Gewöhnlichem zu unterscheiden. Nur das Besondere erregt unsere Aufmerksamkeit, nach ihm müssen wir suchen. Einzigartigkeit, die so viel Interesse weckt, dass sie weitererzählt wird.

Gesucht wird das physische Merkmal, das sich durch Differenzierung abhebt. Obwohl das Problem alles andere als neu ist, scheitern viele Suchtrupps bereits an dieser Stelle, weil sie das Besondere nicht sehen. Wäre Marion Morrisson mit seinem merkwürdigen Gang nicht einem Heldenbeobachter begegnet, hätten wir John Wayne nie im Sattel und gegen die untergehende Sonne reiten sehen. Es gibt keine ideale Physik. Makelloses langweilt.

Die Suche nach der besonderen Physik braucht Offenheit, Spähertalent und Ausdauer. Das Augenfälligste ist nicht immer das Bestechendste. Barbra Streisand und Steffi Graf sind Stars mit großen Nasen, Columbo ein Inspektor ohne Umgangsformen, ET ein außerirdisches, schrumpeliges Wesen. Helden mit Schwächen und Fehlern sind uns sympathischer.

Ohne Grenzen keine Schmuggler
Graffiti

Markenstrategen sind sowohl Illusionskünstler als auch Buchhalter, weil jeder Traum einen realistischen Hintergrund braucht. Wer Kunden keine echten Produktvorteile auf dem Silbertablett bietet, bringt sie in Bedrängnis. Mercedesfahrer kaufen Qualität und Prestige. In die Schweiz ziehen Reiche, weil sie museale Landschaften, geringe Kriminalität, Ordnung und tiefe Steuern lieben. Eine Besonderheit, die sich nicht in vernünftige Beschreibungen einbetten lässt, verkauft sich schlecht.

Von Bedeutung ist, was man mit Einzigartigkeit anfangen kann, nicht seine Existenz. Ein langer Arm zeichnet einen Boxer nicht aus, wenn er seine Gegner nicht k. o. schlägt. Ein Produkt muss zu seinen Besonderheiten stehen und sie selbstsicher einsetzen. Nicht nur Menschen, auch leblose Produkte werden gezeugt und entwickeln sich vor ihrer Geburt. Heldenbeobachter sind regelmäßige Besucher von Forschungs- und Entwicklungsabteilungen. Daher steht heute auf jedem Zigarettenpaket von »Lucky Strike«: »It's toasted«.

Der Charakter eines Produkts

Was Séguéla unter Charakter versteht, finden wir in vielen Psychologiebüchern unter dem Stichwort Persönlichkeit. Und da verwissenschaftlichtes Marketing gerne auf das Klassifikationssystem der Big-Five zurückgreift, stelle ich Ihnen die fünf Wesenszüge vor, die unser Leben prägen. Selber arbeite ich lieber mit einem Inventar aus Heldenbeschreibungen, Starsystem und Persönlichkeitspsychologie.

1. Neurotizismus
Dieser Persönlichkeitsfaktor kennzeichnet mangelnde Anpassungsfähigkeit, Neigung zu seelischem Leiden, unrealistische Bedürfnisse und exzessive Gelüste. Hohe Punktzahl erhalten die Merkmale: besorgt, nervös, gefühlsbetont, unsicher, unangemessen, launisch, ängstlich, selbstbemitleidend, reizbar.

2. Extraversion
Bewertet werden Häufigkeit und Intensität zwischenmenschlicher Kontakte. Zu ihr gehören: gesellig, aktiv, lebenslustig, dominant, sozial, offen, energisch, redselig, optimistisch, abenteuerlustig.

3. Offenheit
Sie ist Indikator für Neugier und Toleranz. Wer Neues um seiner selbst willen schätzt, zeigt Merkmale wie: neugierig, kreativ, originell, unkonventionell, erfinderisch, geistreich, weise, künstlerisch.

4. Gewissenhaftigkeit
Dieses Merkmal lässt Rückschlüsse auf Ausdauer, Motivation und Selbstorganisation beim zielgerichteten Handeln zu. Positiv werten wir: systematisch, zuverlässig, fleißig, diszipliniert, ehrgeizig, ordentlich, praktisch, überlegt, verantwortlich, vorsichtig.

5. Liebenswürdigkeit
Ein Faktor, der die Qualität zwischenmenschlicher Orientierung bewertet. Zu hoher Punktzahl führen: gutmütig, vertrauensvoll, hilfsbereit, versöhnlich, leichtgläubig, aufrichtig, herzlich, feinfühlig, bewundernd, großzügig.

Charakter zeigt sich darin, wie man sich
beim dritten oder vierten Anlauf verhält.
James Mitchener

Seit wir Unternehmen als Persönlichkeiten betrachten, gehören ausgeklügelte Fragebogen und Auswertungen zum Change-Management-Alltag. Doch der Aufwand ist beträchtlich, das Resultat wenig anschaulich. Mit Helden und ihren Geschichten gelangen wir schneller ans Ziel und haben das Ergebnis bildhaft vor uns. Helden sind ihrem Charakter verpflichtet, verkörpern kollektive Instinkte und Erlebnisse. John Wayne ist John Wayne. Und Marilyn Monroe war schon Marilyn Monroe, als Hans Jorgen Lembourn sie kennenlernte. Wenn wir nach dem Charakter eines Helden suchen, stehen die Merkmale der Big Five nicht im Vordergrund. Sie geben keine Auskunft über den Unterschied zwischen gewöhnlich Sterblichen und Helden.

Ob eine Figur die Voraussetzungen für den Heldenstatus mitbringt, können wir anhand der vier Kriterien entscheiden, die Séguéla für seine Starstrategie herausfiltriert.

1. Einfach
Komplizierte Antworten machen uns handlungsunfähig. Das erklärt ihre Beliebtheit in schwierigen Entscheidungssituationen. Daher sind die einfachen Götter am beliebtesten. Nicht jeder Politiker, der mit dem Schimpfwort Populist lebt, ist von einfachem Gemüt. Charakterisierung und Charakter ist nicht das gleiche. Der wahre Charakter zeigt sich im Handeln, im Zeitpunkt der Tat: lieben oder hassen, flüchten oder standhalten, leben oder sterben. Ob das Verhalten rich-

tig war, zeigt die Reaktion. Wie wir sie aufnehmen, ist bereits eine andere Handlungssequenz.

2. Ursprünglich

Jeder Held beginnt als unscheinbares Wesen. Aber wenn er sich endlich zum Kampf gegen den Drachen entschließt, folgt er seinem inneren Wesen, seiner Berufung. Er setzt unsere Sympathie nicht aufs Spiel, indem er dem leichten Gewinn erliegt und seine Bestimmung verrät. Viele Marketingflops sind auf Verrat an der Ursprünglichkeit zurückzuführen.

3. Aufrichtig

Der Preis für Aufrichtigkeit ist hoch, was niemand so gut weiß wie der Held selbst. Aber sie zeichnet ihn aus und macht sich bezahlt. Wer wiederholt betrügt, wird ausgestoßen, sobald sich eine günstige Gelegenheit ergibt. Aufrichtigkeit ist für Erfolg so wichtig wie Treue für die Liebe. Haben wir einen aufrechten Charakter ins Herz geschlossen, prallen selbst deftige Enthüllungsstorys wirkungslos an ihm ab. Kennedy bleibt Kennedy, Mutter Theresa bleibt Mutter Theresa.

4. Symbolhaft

Ein gutes Produkt erlaubt uns die Flucht aus der Wirklichkeit. Zum Charakter eines Helden gehört, dass seine Gesten, Worte und Handlungen über ihn hinausweisen. Und weil Symbole der Kontrolle des Bewusstseins entgehen, werden sie nicht zensiert. Wenn Ingrid Bergman in die Nacht über Casablanca entschwindet oder der Papst den Boden küsst, sind dies Aufrufe ans Unbewusste.

Der Stil eines Produkts

Die beste Physik und der stärkste Charakter nützen nichts, wenn der Stil nicht zu ihnen passt. Mangel an Stil verdirbt die schönste Kampagne, die perfekteste Dienstleistung, das innovativste Produkt. Stil ist die erste Wirkung, die das Zusammenspiel unzähliger Zeichen bei uns auslöst. Weil sich unser Gedächtnis nach solchen Zeichen orientiert und ordnet, ist unser Gedächtnis stilorientiert. Stil enthüllt den inneren Reichtum.

All das geht vergessen, wenn wir Stil mit Mode verwechseln.

Genormter Stil ist Ersatz für eigenen Stil. Ein Produkt mit Potenzial zur Heldengeschichte ist weder normal, noch sachlich oder unauffällig. Die Abwehrkräfte des Intellekts überwinden wir durch Stil, der an keine bestimmte Physik, an keinen Charaktertypus gebunden ist, nicht mit Argumenten kommuniziert und absichtslos daherkommt. So wie die Schönheit kann es auch Stil prinzipiell mit allen. Wer das nicht glaubt, lese Dostojewski.

Kein Laut tönt aus einem wolkenlosen Himmel.
Lukrez

Die ausgefeiltesten Strategien für ein Beschwerdemanagement sind ihr Geld nicht wert, wenn die Beantwortung einer Reklamation stillos ist. Stil und Gefälligkeit schließen sich aus. Den Tatbeweis für diese Behauptung übernimmt die Brille Woody Allens.

Stil ist autoritär und fordernd. Entweder du liebst mich oder du liebst mich nicht. Wir müssen uns seinen Zeichen unterwerfen, wenn wir ihn entschlüsseln wollen. Teil dieser Unterwerfung ist das Akzeptieren, dass sich Stil nicht erklärt; auch nicht, warum er einen höheren Marktwert hat als das Stillose. Er wehrt sich sogar gegen Erklärungen von außen und flieht vor analytischen Beschreibungen, bis er unsichtbar wird. Fühlt er sich von Diagrammen eingekreist, tritt er schon gar nicht auf.

Alle Zeichen, die Stil vermittelt, hat unser limbisches System bereits früher geprüft und für speichernswert befunden. Sie sind Zeugen der kollektiven Geschichte und unserer eigenen Erlebnisse. Daher müssen sich Stilmanager weniger mit Lehrbüchern und mehr mit Heldengeschichten beschäftigen. Um mich bei den Kriterien für Stil nicht zu verzetteln, orientiere ich mich erneut an Jacques Séguéla.

1. Großartig

In CI, CC, CD, Marktstudie, Analysen, Pre- und Posttests investieren Unternehmen gerne. Wenn es um Großartigkeit geht, knausern sie. Wenn Helden ihre Unschuld verlieren, fordern sie Unterstützung für ihre Großartigkeit, die nicht in direktem Zusammenhang mit ihrer Physik steht.

Laien interessieren sich erst für Kleinstlebewesen, wenn diese in einem phantastischen Film zu Stars werden. Ein großartiges Produkt fordert unseren Respekt. Als Gegenleistung erhebt es unser Gemüt.

Natürliche Autorität heißt das in der Führungstheorie.

Stil muss großartig sein, wenn Physik und Charakter großartig sein sollen. Aber ein Produkt nur großartig zu nennen, bleibt wirkungslose Sprechblase, wenn wir das Versprechen nicht sinnlich wahrnehmen können.

2. Auffällig

In einer randvollen Warenwelt, gigantischen Informationsmengen und pluralistischen Gesellschaften wird Auffallen anspruchsvoller. Wir haben Lust auf Ungewöhnliches, wenn auch zur Risikominderung lieber außerhalb von uns. Auffällige Produkte können wir gegen Geld ausleihen und im Notfall entsorgen. Unser Gehirn simuliert gerne Wirklichkeiten als Probebühnen. Stil fällt auf.

3. Harmonisch

Charakter muss unantastbar sein, solange man ihn mag. Der Stil nimmt Zeitströmungen sachte auf und stimmt sie auf bisherigen Stil, Charakter und Physik ab. Denn wir ertragen keine dauerhafte Disharmonie zwischen diesen drei Teilen. Daher hat Stil auch eine Richtung. Er weist nach oben. Bei der Verarbeitung sinnlicher Reize sind die Areale für räumliches Empfinden mitbeteiligt. Zuerst war die Musik, dann erst folgte die Harmonielehre. Nach Lehrbuch gefertigte Produkte sind weder besonders auffällig noch wohltuend harmonisch.

4. Dauerhaft

Kontinuität ist für Stil unabdingbar. Je häufiger sich Physik, Charakter und Stil verflechten, desto dauerhafter ist der Stil. Nur wer Stil mit Mode verwechselt, hält nicht durch und wird treulos. Weil wir die Konstanz des Charakters ahnen, empfinden wir häufige Stiländerungen als Vertrauensbruch. Wer seinen Stil verrät, muss seine Tat gut begründen. Oder dauerhaften Stilbruch als Stil zelebrieren, wie Madonna.

> You can count the stars, but that doesn't tell you anything about them.
>
> *Christina Hardyment*

Ein Produkt mit Heldencharakter, eine Marke, lässt sich nicht machen. Marketingplaner sind nötig für Abläufe und Kostenberechnungen, werden aber zu Seelenräubern, wenn sie ihren Einflussbereich überschätzen und Wissensvermittler statt Religionsstifter sind.

Ein Markenstratege bringt die Qualitäten eines begnadeten Regisseurs mit. Wie ein Dirigent treibt er diplomatisch, unbestechlich und unbeirrbar ein riesiges Ensemble zu Höchstleistungen an. Die Türen zum Proberaum lässt er offen und baut äußere Einflüsse in die Vorstellung seines Gesamtkunstwerks ein.

Helden sind übermenschliche Wesen mit geistiger Autorität, aber von Menschen geschaffen, um von ihnen zu lernen.

Behauptungen

Helden sind unsere bewunderten Untertanen.

Geschirr spülende Helden machen Geschirrspülen zum Symbol.

Bewunderung ist eine Nährlösung für Heldenwachstum.

Heilige werden entdeckt und nicht geplant.

Starporträts ersetzen ganze Lehrbücher.

Stil ist etwas völlig anderes als Mode.

Jahre
YGAX
www.gyga
1950 - 2000
BESUCHER

Die Rituale
Verfemt, verdrängt und verführend

Snobby fand ich Mega-Stars, die Konzertveranstaltern minuziös vorschreiben, wie alles aussehen, klingen, riechen und schmecken muss.

Den Sinn dieses scheinbaren Unsinns entdeckte ich erst, als ich durch biografische Zufälle in die Nähe der Rolling Stones geriet. Keith Richards möchte seine Garderobe genau so und nicht anders, damit er auf einer Welttournee wenigstens an einem Ort seine alltäglichen Rituale aufführen kann. Sonst verliert er den Boden unter den Füßen.

Erstaunlich, wie spät sich die Wirtschaftswelt für Rituale zu interessieren beginnt. Weniger erstaunlich, dass wir darüber nichts in den Marketingbüchern finden. Denn die Annäherung an Rituale braucht die Kühnheit, sich von der Vernunft und missglückten Inszenierungen der Vergangenheit zu lösen. Es nicht zu wagen, ist tollkühn.

Rituale sind etwas anderes als Gewohnheiten. Obwohl auch eine Gewohnheit komplexe Informationen reduziert, ist sie eher ein individuelles Standardmuster ohne große soziale Relevanz. Sauber trennen können wir Ritual und Gewohnheit auch deshalb nicht, weil wir dazu neigen, eigenen Verhaltensmustern übergeordnete gesellschaftliche Bedeutung zu verleihen. Für das Unbewusste haben Ihre morgendlichen Duschgewohnheiten jedoch keinen transzendentalen sozialen Sinn. Nur Ihre Mitbewohner und der Concierge eines Erstklasshotels brauchen Ihre Badezimmerabläufe zu kennen.

Gekonntes Eingehen auf individuelle Vorlieben ist eine eigenständige Disziplin im Dienstleistungsmarketing, die aber bei der Umsetzung vom Wissen über Rituale profitieren kann.

Inszenierung einer Ideologie

Niemand verstehe den Nationalsozialismus, der nicht einen der großen Parteitage des NS-Regimes in Nürnberg erlebt habe. Diese Einschätzung des englischen Botschafters Sir Nevile Henderson halte ich für übertrieben, bin aber Schweizer und Nachkriegsgeborener. Leni Riefenstals Film »Triumph des Willens«, Bilder, Tonaufnahmen und Erzählungen lassen mich nur erahnen, welche Gefühle diese Veranstaltungen weckten. Allenfalls einen Abklatsch davon kriege ich bei einem Stones-Konzert oder italienischen Fussballderby mit.

Von Ritual spreche ich, wenn sich inszenierte Handlungsabläufe wiederholen und die Wahrnehmungen so kanalisieren, dass ihnen im sozialen Umfeld ein ganz bestimmter Sinn zugeschrieben wird.

Um symbolische Handlungen in einen geordneten Ablauf zu bringen, braucht es Werkzeuge, von denen Formalismus, Abgrenzung, Traditionalismus, Regeln, Konstanz, Symbol und die Aufführung einer Geschichte die gebräuchlichsten sind.

> Es ist verführerisch, verführt zu werden, folglich ist es das Verführt werden, was verführerisch ist.
>
> *Vincent Descombes*

Der erste Parteitag der Nationalsozialisten wurde in Weimar abgehalten, da die Bayern Hitler ein Redeverbot auferlegten. Presse und Bevölkerung nahmen die Erstaufführung des exotischen Schauspiels nicht eben ernst. Und auch intern schwappte die Begeisterungswelle nicht auf alle Teilnehmer über. Aber das Gerüst für Nürnberg war geschmiedet. Seine Hauptträger: Trennung von politischem und gesellschaftlichem Teil, Massenaufmärsche und Verwendung religiöser Symbole.

Ohne passende Location kein propagandistisches Gesamtkunstwerk. Daher wurde das Nürnberger Parteigelände nach der Machtübernahme Hitlers zum größten Bauplatz Deutschlands, wenn auch die gigantischen Pläne bis Kriegsbeginn nur zum Teil ausgeführt waren.

Traditionen sind als Orientierungspunkte außerordentlich wichtig, weil ein wirkungsvolles Ritual keine Eigenkreation, sondern eine gelungene Adaption ist. Hitlers Architekten bauten auf den Ruinen untergegangener Imperien, und seine Zeremonienmeister suchten die Anlehnung an mittelalterliche, griechische und römische Großfeste.

Strenge Regeln schnürten ein Korsett, das ein befreites Ausschnaufen nur erlaubte, wenn die Schnüre von den Choreografen gelockert wurden, um mit einem Überraschungseffekt auf Spezielles hinzuweisen. Um Wiederholbarkeit und Konstanz der Abläufe zu gewährleisten, hielt man jeden Einzelschritt, jedes Detail minuziös fest.

Doch selbst dem militärischen Apparat des NS-Regimes gelang die Durchsetzung des verbindlichen Regelinventars nicht immer, was allerdings die Wirkung wenig minderte. Denn wo man den Einzelnen bewusst in der Masse untergehen lässt, werden individuelle Fehler unsichtbar.

Ganz besondere Aufmerksamkeit widmeten die Regisseure der Auswahl von Symbolen. Außer am »Tag der Gemeinschaft«, als kraftstrotzende Sportler, anmutige Sportlerinnen und 50 000 Jungen und Mädchen der Hitlerjugend und des Bundes Deutscher Mädchen auftraten, dominierte Schwarz-Rot-Weiß-Gold. Wagners »Meistersinger« entführten die Massen in ein verklärtes Mittelalter; Orgel-, Marsch- und Unterhaltungsmusik holten sie in die Gegenwart zurück. Glockenklänge öffneten das Himmelstor, durch das sich Religiöses nach unten zwängte, Fanfarenstöße leiteten Bedeutsames ein. Es scheint, als hätten die Verantwortlichen alle Symbol-Lexika studiert und jedes Zeichen auf seine Verwendbarkeit geprüft. Adler, Eichenlaub, Fahnen, weiße Blusen, Uniformen, Stiefel und Feuer für Ferneinschätzungen, der Totenkopf auf den Revers der SS für persönliche Begegnungen.

Was für ein miserabler Zweck muss das sein, der die Mittel heiligt.
Hans Kasper

Der Reichsparteitag war Inszenierung eines Rituals auf höchstem Niveau, dem politischen, gesellschaftlichen und zeitlichen Umfeld perfekt angepasst. Menschenmassen sieben Tage und sieben Nächte bei Laune zu halten, gelingt nur guten Regisseuren mit guten Ensembles. Und ihr Abschlussbild vom Lichterdom ging durch die ganze Welt. Alle zwölf Meter riss ein Flakscheinwerfer eine acht Kilometer lange Lichterbahn in den Nachthimmel, 130 Stück insgesamt. Wer auf dem Zeppelinfeld war, musste sich als Auserwählter fühlen, für den eigens ein Raum geschaffen wird, der bis in den Himmel reicht.

Im nationalsozialistischen Umfeld zu behaupten, ein Ritual sei ein biologisches Programm, ist heikel. Aber diese Sichtweise kann uns auch davor bewahren, einem Ritual blind zu folgen.

Pflichtprogramm für Ritualgestalter

Das Basiswissen für den strategischen Einsatz eines Rituals holen wir uns in der Kultur- und Religionsgeschichte. Besonders ergiebig ist die Beschäftigung mit dem Christentum, das seine weltweite Verbreitung auch geschickter Inszenierung ritueller Sinnstiftung verdankt, die unsere Kultur noch heute prägt.

Auf Nähe kann man nicht hoffen, man muss sie herstellen.
Wolfgang Lentz

Bei der Rekrutierung eines Ritualgestalters achten Headhunter speziell darauf, ob die Bewerber über eine scharfe Beobachtungsgabe verfügen. Denn das Erkennen von Archetypen ist Voraussetzung, um die Kraft von verdichtetem Wissen für eigene Zwecke nutzbar zu machen.

Talentsucher sprechen lieber von achtsamer Aufmerksamkeit, weil das weniger zu Verwechslungen mit naturwissenschaftlichen Methoden führt und alle Sinnesebenen einbezieht.

Lust an Vergangenem ist deshalb wichtig, weil große Anschlussfähigkeit ein evolutionärer Erfolgsfaktor ist. Oft genügt schon das Verstärken eingeübter Rituale, um symbolische Inhalte zu vermitteln.

Für das Kartografieren bestehender Rituale werden keine seriösen Wissenschaftler gesucht, die ihre Kompetenz mit Analysen im Brockhausformat dokumentieren. Wir wollen Komplexität reduzieren, nicht vergrößern.

Freuet euch mit den Fröhlichen,
weinet mit den Weinenden.
Paulus, Röm. 12.15

Missionare müssen Wahlverhalten beeinflussen, wenn sie ihren Glauben verbreiten wollen. So gesehen gehört der Apostel Paulus zu den größten Markenstrategen aller Zeiten. Verfolgt man das Wirken dieses genialen Missionars, erkennen wir, dass Paulus zur Verbreitung der Frohen Botschaft jedes Register zog, sich aber bei der Einführung neuer Rituale zurückhielt. Denn er ahnte, dass Worte weniger Widerstand wecken als neue Verhaltensmuster.

Ordnung stiftende Inszenierungen sind dem Produkt nachgelagert. Liegt das Produkt bereits als starke Geschichte vor, wird die Gestaltung von Ritualen viel einfacher. Ein Ritualgestalter besteht daher hartnäckig auf der richtigen Reihenfolge und sucht zuerst nach einer spannenden Erzählung.

Improvisationstalent und Fantasie sind von großem Nutzen, reichen aber nicht aus, um Menschen zu begeistern. Ob ein Drehbuch auf wahren Begebenheiten beruht, verrückt oder banal ist, spielt keine große Rolle. Entscheidend ist nur, ob wir einer Geschichte Glauben schenken.

Aus den Glaubensvorstellungen einer kleinen Gruppe wäre kaum eine Weltreligion entstanden, wenn sich ihre Geschichte vom auferstandenen Messias nicht in einem wesentlichen Detail von der heutigen Version unterschieden hätte. Damals versprach das Evangelium die unmittelbare Erlösung im diesseitigen Leben. Hier und jetzt erlebbar. Auf dieser frohen Botschaft baute Paulus seine Missionstätigkeit auf. Das war ein Produkt, das keine neuen Rituale brauchte, aber alle Voraussetzungen mitbrachte, sie zur gegebenen Zeit einzuführen.

Die Körper wären nicht schön,
wenn sie sich nicht bewegten.
Johannes Keppler

Ein Ritualgestalter muss faule Stücke mutig herausschneiden. Der Schriftgelehrte Paulus sah bald, wie einschneidend die 613 Gebote und Verbote des Judentums das alltägliche Leben beschränkten. Die Beschneidung war ein hoher Eintrittspreis und nicht ohne Risiko. Mit Erfolg kämpfte Paulus daher am Apostelkonzil in Jerusalem für die Abschaffung dieses Rituals und ersetzte es durch die attraktivere Taufe, der Inszenierung körperlicher und geistiger Einheit zwischen Jesus und seinen Anhängern. Eine Einheit, die durch das gemeinsame Mahl von Brot und Wein immer wieder erneuert wird und durch rituelle Wiederholung mystischen Charakter erhält.

Ohne Formen keine Gestalt

Inszenierung eines Rituals ist wissenschaftlich so wenig erfassbar wie das Marketing. Viele Rituale entstehen spontan oder wachsen im Verborgenen, lange bevor wir sie bewusst wahrnehmen. Ob geplant, zufällig oder langsam keimend, ein Ritual muss zwingend starke Gefühle ansprechen, Magie ausstrahlen und wiederholbar sein. Mit seinen Elementen spielen wir so lange, bis wir unter den Teilnehmenden eine gefühlsmäßige Verbundenheit spüren. Daher definieren wir Regeln nicht so starr, dass Kunden oder Mitarbeiter an der Ausformung nicht mitwirken können.

Ich möchte ein Buch schreiben,
wie eine Wolke, die sich
verändert, während sie weiterzieht.
Raymond Federmann

Worte stehen nicht im Mittelpunkt. Genau deshalb treffen wir Auswahl und Einsatz sprachlicher Elemente mit großer Sorgfalt, um ungewollte Magie am falschen Ort zu vermeiden. Im Vordergrund steht immer die Handlung, aus der sich Namensgebung und Sprache meist ergeben.

Sinn ist Pflichtelement und unterscheidet Rituale von alltäglichen Gewohnheiten oder inhaltsleeren Zeremonien. Aus einer starken Geschichte tritt der Sinn von allein hervor, so dass lange Suchzeiten auf Produktmängel hindeuten.

Der ***Teilnehmerkreis*** muss beschreibbar sein. Rituale für alle verlieren ihre Bedeutung, sind austauschbar und beliebig. Da Rituale Alltagsräume bilden, in denen wir Gedanken, Erinnerungen, Gefühlen und Wünschen nachhängen können, versagen gängige Zielgruppendefinitionen fast immer.

Ein ***Zeitrahmen*** mit klarer Strukturierung erhöht die Bedeutsamkeit eines Ereignisses, das regelmäßig wiederkehrt. Den Zeitpunkt der Erstaufführung überlegen wir uns gut, da jede Verschiebung nach einer Begründung ruft und wenig zauberhaft ist. Anfang und Ende eines Rituals verlangen besonders klar erkennbare Sequenzen.

Der ***Ort*** für Rituale liegt nicht im Irgendwo, sondern im Idealfall genau dort, wo sich die Wege des Sinnlichen und Übersinnlichen kreuzen. Rituelle Orte haben den Nimbus des Heiligen.

Symbole machen Bedeutendes wahrnehmbar. Um den Zufall einzuschränken, plündern wir den immensen Zeichenschatz nicht planlos, sondern achten auf kulturelle und historische Widersprüchlichkeiten.

Die ***Rollen*** der Akteure halten wir klar fest, zumindest für die Hauptfiguren und ohne zu vergessen, dass auch Dinge und Götter auftreten dürfen, solange sie menschliche Züge tragen. Vom Stress, immer mit dem gleichen Ensemble arbeiten zu müssen, befreien wir uns durch die Verwendung von Kostümen oder Uniformen.

Regeln sind unabdingbare Elemente eines Rituals. In Zeiten knapper Aufmerksamkeit befolgen wir jedoch das Primat der Einfachheit und schränken das Regelwerk stark ein.

Sanktionen müssen sein, weil nicht geahndete Verletzung einer Regel die Verhaltensnormen gefährdet. Aber wir sind auch bei der Gestaltung von Bestrafungen kreativ.

Funktionen müssen funktionieren

Die formale Ausgestaltung von Ritualen ist das Ergebnis kultureller Ereignisse, ihre verschiedenen Funktionen sind aber in biologischen Programmen festgeschrieben, auch wenn wir keine festen Codes und fixen Produktionsstandorte ausmachen können. Aber auf den Bildschirmen der Neurologen sehen wir, welche Hirnareale bei gewissen Datenverarbeitungen beteiligt sind und dass das Primingsystem im Gedächtnis wesentlich zur Verarbeitung von Ritualen beiträgt. Das Primingareal erkennt unbewusst Wahrgenommenes wieder und hält die Daten für eine Weiterverarbeitung bereit.

Rituale sind für Kommunikation wichtiger
als Wörter für das Denken.
Mary Douglas

Berücksichtigen wir das Primingsystem bei Werbespots, sparen wir Sendezeit und Geld. Wenn wir Symbole für einen längeren Spot so auswählen und aufbauen, dass sie im Unbewussten haften bleiben, rufen ihre Fragmente im kürzeren Folgespot die ganze Geschichte in Erinnerung. Auch unbeabsichtigte Plagiate lassen sich mit der Primingfunktion erklären. Und wer beim Studium der Rechnung das Gefühl hat, Idee, Strategie, Claim oder Bildsprache stammten von ihm, ist meist Opfer des Primingeffekts.

Primingstudien der letzten Jahre lassen vermuten, dass Priming ein stark wahrnehmungsorientierter Gedächtnistyp ist, der vorwiegend visuelle und auditive Eindrücke verarbeitet. Und weil unmögliche Objekte höchst selten Primingeffekte hervorrufen, speichert Priming wohl nur Informationen über die Gesamtstruktur eines Objekts, indem es dessen Formen und Strukturen verarbeitet. Zudem ist das Primingareal eng mit unserem inneren Lexikon, dem semantischen Gedächtnis, gekoppelt. Es scheint, als hätten wir den Ort gefunden, an dem ein großer Teil ritueller Informationen gespeichert wird. Aber wozu? Kaum zur besseren Entschlüsselung von Werbespots.

Das Ensemble des Filmregisseurs ist groß, das Ensemble des Markenregisseurs eher noch größer.
Peter Zernisch

Wir sind auf Rituale angewiesen, um Schwellen zu überschreiten. Denn Rituale stellen Standardmodule zur Verfügung und machen so die neuralgischen Punkte menschlichen Zusammenlebens überschaubarer. Alle Rituale erfüllen Übergangsfunktionen, obwohl wir dies nicht sofort erkennen.

Rituale folgen einer Dramaturgie in drei Akten: Trennungsphase zur Lösung aus alten Mustern; Schwellenphase, in der alles zwischen zwei Welten schwebt; Eingliederungsphase für die Integration in neue Orte oder Zustände. Dieses einfache Schema gehört auf den Tisch jedes Markenstrategen.

Weniger gibt eine Typologie nach verschiedenen Aktivitäten her, da sich das detaillierte Drehbuch ohnehin aus der Geschichte ergibt, die wir weitergeben. Ist die Geschichte formuliert und veranschaulicht, sehen wir schnell, welche Handlungen wir in den Mittelpunkt stellen werden. So können Rituale des Fastens oder der Trauer für das Sinnmarketing von großer Bedeutung sein. Sich einzuschränken oder Abschied nehmen zu müssen, gehören zu unserer Alltagserfahrung. Hätten Bahnhofsplaner mehr Gespür für Rituale, würden sich Reisende in den Kathedralen ihrer Mobilität wohler fühlen.

Die feste Verankerung von Gewohnheiten ist
direkt proportional zu ihrer Absurdität.
Marcel Proust

Der Ritualgestalter hat ein scharfes Auge für räumliche, zeitliche, soziale oder strukturelle Übergänge. Er erinnert sich an die letzte Einladung bei seinem Chef, speichert den Film des Begrüßungsrituals und analysiert ihn.

Wenn er wieder an der Arbeit ist, überprüft er die Grenzbereiche, an denen Kunden von der Außensphäre in das Innere seines Unternehmens gelangen müssen. Er inszeniert die Unsicherheitszonen von Ankunft und Abschied, um gute Gefühle auszulösen. Denn die Trennung von alltäglichen Gewohnheiten fällt uns leichter, wenn sie strukturiert ist.

Weil es bei Marketingprüfungen keine Fragen zu Ritualen gibt, lässt man Kunden ebenso gleichgültig oder hilflos ziehen wie Mitarbeiter. Die ersten erhalten einen Computerbrief, Angestellte ein Zeugnis.

Jeder Verkauf ist ein Abschied, jede Fusion ist Modelländerung, Sanierung oder Standortwechsel. Die üblichen Verkündigungsrituale sind Konfektionsware, deren Kommunikationskonzepte an Aufmarschpläne, Fließbandarbeit, billigen Zirkus, Prüfungssituationen oder Gesetzessammlungen erinnern.

Enttäuschte Mütter enttäuschen uns
Graffiti

Sein Gefühl für Rhythmus, Menschliches und natürliche Abläufe befähigt den Ritualienmeister dazu, aus sozialen Übergängen die wesentlichen auszuwählen und sie zu verändern, bis sie zur Unternehmensstrategie passen. Dabei stützt er sich auf Geschichten vom ersten Mal und meint nicht, der Versand von datenbankgenerierten Geburtstagsbriefen sei ein Ritual.

Wird er von einem Möbelunternehmen angestellt, achtet er auf Handlungssequenzen einmaliger Lebenssituationen. Wie war es bei mir, fragt er sich, als ich das Elternhaus verließ, um die Sphäre der eigenen vier Wände zu betreten? Welche Rituale unterstützten den Übergang? Welche vermisste ich? Und nachdem er mit der Registrierung heutiger Rituale die Vorarbeiten abschloss, schreibt er ein Drehbuch mit genügend Leerzeilen für Verbesserungen und Varianten. Festkalender und Jahreszeiten bestimmen oft den Verlauf der Umsatzkurven. Daher überlässt ein Markenstratege ihre weltlichen Inszenierungen nicht dem Zufallsprinzip interner Mitarbeiterkreativität. Er würgt solche Aktivitäten zwar nicht ab, fühlt sich aber nicht verpflichtet, ihnen eine starke Geschichte unterzuordnen, die Orientierung schafft, harmonisiert, Vergangenheit mit Gegenwart und Zukunft verbindet.

Missmutige Menschen in Engelskostümen, linkische Weihnachtsmänner und ein bisschen Glitter verleihen weihnachtlichen Ritualen keinen neuen Glanz.

Management ist die Kunst, Talente richtig einzusetzen.
Robert McNamara

Customer Relationship Management, kurz CRM, leidet unter seinem rational-technischen Ansatz. Kunden fühlen sich denn auch mehr gemanagt als geschätzt. An den Schnittstellen zum Konsumenten liegen Checklisten auf, befohlene Akzeptanz jeder Marotte überfordert die Mitarbeiter, Mailingagenturen frohlocken. Die Technokratisierung von Beziehungen hat Grenzen, deren Überschreitung automatisch den Entzug des Fähigkeitsdiploms eines Ritualiengestalters nach sich zieht.

Rituale geben uns Sicherheit, weil sie verschiedene Systemzustände im Gehirn synchronisieren und als Sinn stiftende Einheit erlebbar machen.

Die Polizei, dein Freund und Helfer

Andere für sich arbeiten zu lassen, ist nicht verwerflich, sondern klug. Aber nur, wenn die Gesamtbilanz stimmt. Und weil diese Stimmigkeit so wichtig ist, werden Bilanzen frisiert, was in der Finanzwelt zu verstimmten Investoren, manchmal sogar hinter Gitter führt. Arme Buchhalter, die mit dem Risiko leben müssen, erwischt zu werden.

Glücklich, wer im Marketing arbeitet. Denn in dieser Branche gehört das Frisieren eigener Bilanzen sogar zum offiziellen Aufgabenbereich, was den wohlklingenden Namen Imagekampagne verständlich macht. Clever. Sympathisch wie der brave Soldat Schwejk spielen sie mit dem System, sind überall zu Hause und nirgendwo daheim, sind Täter, Opfer und Retter in einer Person.

Imagekampagnen werden als Instrumente verstanden, mit denen das Fremdbild mit dem gewünschten Selbstbild zur Deckung gebracht werden soll. Wo das nicht nötig ist, braucht es auch keine teuren und waghalsigen Bilanzfälschungen. Aber weil Verhalten das Fremdbild am meisten beeinflusst, suchen wir lieber nach stimmigen Ritualen, um erwünschtes Verhalten sichtbar zu machen. Wer anderer Meinung ist, schafft bewährte Rituale sogar ab, wie das folgende Beispiel zeigt.

> Es ist die erste Freundespflicht, dem Freunde seine Illusionen zu lassen.
> *Arthur Schnitzler*

Das Freund-und-Helfer-Ritual: Immer wenn der Frühling in die Schulstuben lacht, kommt der Morgen, an dem ein Mann mit freundlichem Gesicht und schmucker Uniform vor die ABC-Schützen tritt, deren Herzen er mit Geschichten harmloser Bubenstreiche erobert. Sein Zauberspruch, mit dem er Kinder vor Gefahr schützt, verleiht ihm magische Züge. Schauen, lauschen, gehen, lieber länger leben.

Dann befiehlt er Abmarsch in Formation und weist der Lehrerin den Platz am Schluss der Zweierreihe zu, was ebenso auf seine Autorität hinweist wie auf seinen Mut, die gelbe oder weiße Straßenbemalung Zebrastreifen zu nennen. Bestimmt, aber liebevoll nimmt der uniformierte Schutzengel jedes Kind an der Hand und meistert mit ihm die gefährliche Reise zum gegenüberliegenden Bürgersteig. Dann schenkt er ihnen das Vertrauen, es auch allein zu schaffen. Die Polizei, dein Freund und Helfer, war da.

Wie stark sich dieses Initiationsritual meiner Generation als biografischer Eckpunkt einprägte, beweist eine Blitzumfrage im Freundeskreis. Die meisten erinnern sich sogar an den Namen ihres damaligen Beschützers. Meiner hieß Herr Ägerter und beschützte auch seine Kollegen vor der Ruinierung ihres Rufes. Denn obwohl meine heutigen Begegnungen mit Polizisten meist mit kleinen Vermögensabnahmen einhergehen, bleiben die positiven Bilder von damals unauslöschbar.

Das Beste, was du erwarten kannst, ist
das Schlechteste zu vermeiden.
Italo Calvino

Dieses wirkungsvolle Ritual sollte nach dem Willen der Zürcher Regierung aus Spargründen abgeschafft werden. Ich griff zum Telefon und war überrascht. Das habe doch mit Marketing nichts zu tun, lautete die lapidare Antwort von oben. Ein weiteres Telefonat begann mit der erfreulichen Nachricht, dass sich der verantwortliche Kommunikationsfachmann ebenfalls an den Namen seines Schutzengels erinnerte und endete mit dem Hinweis, im nächsten Jahresbudget sei eine große Imagekampagne eingeplant, eventuell sogar mit Abgabe eines Give-aways. Gute Nacht, mein Freund und Helfer.

Abwehrkräfte für den Aufbruch

Rituale sind sichtbare Verhaltensformen, die wie neuronale Netzwerke Ordnung ins Chaos bringen. Obwohl allgegenwärtig und überlebensnotwendig, werden sie in Management und Marketing kaum zur Kenntnis genommen. Weshalb? Welche Kräfte sind da am Werk? Und wie können wir sie umpolen?

Die meisten leben in den Ruinen ihrer Gewohnheit.
Jean Cocteau

3. Oktober 1990, Helmut Kohl, Wiedervereinigung, Versprechungen. Der Abschied von einer politischen Lebenslüge soll mit der Propagierung eines anderen Schwindels erleichtert werden: Spätestens in zehn Jahren sind Ost und West wieder eine wirkliche Einheit.

Damals ging diese Behauptung im Freudengeschrei über die neuen Freiheiten unter. Jetzt erinnern sich die Zukurzgekommenen an das unmögliche Versprechen und machen deutlich, dass Investitionen in die Zeit nicht sonderlich populär sind.

Die Verurteilung solcher Schwindel nützt wenig und vergisst, dass Abwehr gegen Langfristiges ebenfalls zum biologischen Programm gehört. Die Evolution plant nicht für die Zukunft, aber sie schuf mit der Entwicklung der Großhirnrinde ein System, das zumindest Planung im beschränkten Ausmaß zulässt.

Bevor ein Markenstratege mit der Konzeption von Ritualen startet, macht er die Abwehrkräfte ausfindig. Denn wo sie ihren Ursprung haben, liegt auch der Ort, von dem die Pfeile in die andere Richtung ausgehen.

Hinter der Abwehr gegen Rituale verbirgt sich eine Scheu vor Gefühlen, vor eigenen und fremden. Gewohnheiten sind etwas anderes als Rituale. Wer das nicht anerkennt, spart sich das Risiko lieber, auf den fahrenden Ritualienzug aufzuspringen.

Weil so viele Gefühle im Spiel sind, suchen wir in Veränderungsprojekten vergeblich nach Ritualen, was wenigstens auf konsequentes Vorgehen und starken Glauben an die Vernunft hindeutet. Der Aufstieg aus dem Jammertal wirkungsloser Projekte beginnt mit dem Bekenntnis zum Irrationalen von Verhalten, was sich ja nicht in einer peinlichen Dogmensammlung zur neuen Gefühlswelt manifestieren muss.

Wer das Fest verbietet, bereitet die Orgie vor.
Thomas Niederreuther

Suchen Sie einen Ritualiengestalter, der die Formen und Funktionen kennt, eine Geschichte als bequemes Transportmittel auffasst und leidenschaftliche Erregtheit nicht als Bedrohung einstuft. Bei diesem Anforderungsprofil ist meine Beschränkung auf die männliche Form das größere Übel als ein geschlechtsneutraler Text. Denn Frauen haben meist eine unverkrampftere Beziehung zu Ritualen.

Gelöster gehen auch Jugendliche bei der Inszenierung gefühlvoller Anlässe um. Das liegt daran, dass ihr limbisches System noch nicht so viele leidenschaftliche Erlebnisse speicherte, die bitter enden.

Gefahren warten nur auf jene,
die nicht auf das Leben reagieren.
Michael Gorbatschow

Eine Ritualienmeisterin, die ihren Job liebt, schafft sich kein Denkmal mit Originalwerken, sondern hat Spaß am Überarbeiten bestehender Drehbücher. Und dank Erfahrung beginnt sie das Langstreckenrennen erst, wenn das oberste Entscheidungsgremium einen hörbaren Startschuss auslöst.

Ob unsere Fachfrau verschiedene Rituale zu einem neuen zusammenfasst, sich auf ein vorhandenes beschränkt oder Bewährtes importiert, entscheidet sie nach gründlicher Analyse selber. Hat sie mit dem Abschluss der Rohfassung das erste Etappenziel erreicht, wird ihre gute Beobachtungsgabe erneut gefordert, wenn sie genau hinschaut, was in den offenen Bereichen geschieht und wie die Rollen gespielt werden.

Rituale als Gefäße für menschliche Verhaltensweisen sind per definitionem offen. Wie der Polizist den Zauberspruch dramatisiert und wann er ihn einbringt, steht nicht in den Regieanweisungen, nur Handlung und Überschriften sind fix.

Vielleicht gibt die Zürcher Regierung ihre Abwehr gegen Rituale auf, wenn ihr bewusst wird, dass die Inszenierung der Vernunft selbst ein mächtiges Ritual ist, das weniger Freude macht und Darsteller, Publikum sowie Budgetverantwortliche mit ihren Allmachtfantasien regelmäßig überfordert.

Behauptungen

Was vielen gemeinsam ist, ist gemein.

Sehnsüchte und Fantasien suchen Übungsräume.

Wen wir über Schwellen tragen, hat Bedeutung.

Rituale sind autobiographische Leuchttürme.

Ritual ist Spiel – Gewohnheit die zweite Schwerkraft.

Das Spiel
Lehre von der Strategie

Neuem zugetan, doch musikalisch zurückgeblieben, begebe ich mich zum großen Technotempel. Der Star-DJ aus New York ist in Zürich gelandet.

Ahnungslos, wie bereitwillig die Jugend für solche Events ansteht, beginne ich mit einer Hochrechnung. Kommt einer raus, kommt einer rein, das ergibt 20 Glückliche pro Stunde und damit 04.00 Uhr bis zum Schwellenübertritt. Für Zappelphilippe klar zu spät.

Also an der Warteschlange vorbei, von riesigen Türwächtern gestoppt und die Geschichte vom verlorenen Sohn vorgetragen. Antwort der Bodyguards: »Unser DJ hat aber viele Väter.« Gegenantwort mit leichtem Touch von Verzweiflung: »Sehe ich etwa so aus, als ob ich da freiwillig hinein will?« Durchsage beendet, Spiel gewonnen, »Hallo, schön dich mal als DJ zu sehen, Dominique.«

In Marketingabteilungen wird wenig gelacht. Mit gefalteter Stirn und zahlengefülltem Hinterkopf beugen sich analytisch gekrümmte Gestalten über Kartentische, als müssten sie die Landung in der Normandie wiederholen. Der Chefstratege, erkennbar am aufgestützten Ellbogen, seufzt.

In modernen Strategiebüros wird auch gespielt, und zwar am Computer. Das ist fortschrittlich, spannend und pädagogisch wertvoll, löst aber das Problem nur selten. Programme bleiben Programme, selbst die besten. Digital lässt sich das Leben nur verschwommen abbilden, klar wird es erst analog.

Die Wissenschaft entdeckt das Spiel

Sinn und Irrsinn sind Nachbarn. Und so atmeten die Zuschauer beim Abspann von »A Beautiful Mind« auf, keine Nobelpreisträger, sondern ganz normale Kinogänger zu sein. Anders der Titelheld des

Films, John Nash, dessen Spieltheorie 1994 mit dem höchsten Wissenschaftspreis geehrt wurde. Ihm zog die Entdeckung des Irrationalen den Boden unter den Füßen weg. Denn wer das Dogma vom vernünftigen Menschen angreift, verrückt das Zentrum eines Weltbildes.

Haben Sie jemals ein Kind erlebt, das Buchhalter spielte – selbst wenn es später einer werden wollte?
Jackie Mason

Die Verleihung des Nobelpreises an John Nash, Reinhard Selten und John Harsany machte eine Theorie salonfähig, die der Computerwissenschafter John von Neumann vor 1930 formulierte. Das nach Amerika ausgewanderte Wunderkind einer ungarischen Bankierfamilie untersuchte typische Entscheidungsmuster menschlichen Verhaltens und sah sich auf der Leinwand als der besessene »Dr. Strangelove« wieder. John von Neumanns Menschenbild war von tiefstem Pessimismus geprägt, in dem Fairness und Mitleid so wenig Platz fanden, dass er sie für seine Theorien gleich ausschloss.

Von Neumann war der festen Überzeugung, jedes Spiel halte eine Lösung bereit, die jedem Spieler einen minimalen Verlust garantiert, unabhängig vom Handeln des Gegners. Das Pentagon nahm den Glauben gerne auf, das Böse sei ein taubstummes Wesen und lasse sich nur durch unerbittliche Härte besiegen. Eine Strategie, die den Einwohnern von Hiroshima und Nagasaki Verderben, dem ehrgeizigen Forscher Ruhm und Ehre brachte. Als Spezialist für Quantenmechanik wusste Von Neumann sehr wohl um die Unberechenbarkeit komplexer Systeme, wie der Mensch eines ist. Aber statt seine Theorie auf zufälliges Handeln zu erweitern, blieb er beim einfachen Modell »Unabhängigkeit durch Stärke«. Zum Glück folgte die Politik nicht all seinen Vorschlägen und verzichtete 1950 auf den atomaren Erstschlag gegen die Sowjetunion.

Mathematisch orientierte Ökonomen fassen die Verleihung des Nobelpreises an die jüngste Generation der Spieltheoretiker als erneute Heiligsprechung der Logik auf und legen ihren Studenten wieder komplizierte Nash-Gleichgewichte vor. Nostalgisch bleibt die Spieltheorie in Lehrbüchern kleben, weil sie so prüfungstauglich ist und Spass verspricht. Mit dem Gefangenendilemma punkten selbst graue Theoretiker. Fazit dieses psychologischen Longsellers: Suche die beste Lösung unabhängig vom Handeln des anderen. Und sperrt sich das unterhaltsame Spiel der Realität, suche Zuflucht in der Chaostheorie.

Chaostheorie, ein Liebling auf Zeit

Chaostheorie in allen Varianten für Manager und solche, die es werden wollen. Der Tanz um das goldene Kalb war wenigstens eine Form körperlicher Ertüchtigung, auf die Bewegungsmuffel beim Anbeten der Vernunft lieber verzichten. Und so sitzen die Bewunderer der Chaostheorie in Ohrensesseln, Seminarräumen oder Beraterstuben.

Die Geschichte vom Aufstieg und Niedergang der Chaostheorie ist ein interessantes Lehrstück für die Vermarktung einer Glaubenslehre. Wer sich zur Chaostheorie bekennt, erhält als Gegenleistung die Absolution für Unordentlichkeit. Die Vernunft rettet ihre Definitionsmacht, das Unerklärbare bleibt.

Trompeter sind Alchimisten:
sie machen aus Blech Gold.
Herb Alpert

Noch während Unternehmensberater an diesem Ablasshandel flott verdienten, zeigten sich die Grenzen der Chaostheorie. Denn wo alles mit allem zusammenhängt, ist kein Durchkommen. Selbst Computer brauchen einen Anfang und ein Ende. Irgendwann muss hinter dem Komma Schluss sein.

Für Wissenschaftsbereiche, in denen der Mensch nicht oder nur am Rande auftaucht, ist die Chaostheorie ein Gewinn. Doch für das Erklären und Modellieren menschlichen Verhaltens wird sie völlig unbrauchbar. Die Chaostheorie hat offensichtlich Trümpfe in der Hand, die anderen Modellen fehlen:

Das Wundersame
Was gibt es Schöneres, als die Sehnsucht nach Wundertaten zu stillen? Die Chaostheorie ist eine ideelle Wunderdroge, weil allein die Anrufung ihres Namens jedes Problem in Luft auflöst. Argumentativ ist der Chaostheorie nicht beizukommen.

Die Story

Die Chaostheorie überrascht uns mit einer fantastischen Erzählung; kurz, einfach, dramatisch, geheimnisvoll und variierbar. Die Originalversion lautet: Ein Schmetterling in Brasilien schlägt nichts ahnend seine Flügel zusammen und löst damit einen Tornado in Texas aus.

Das Schöne

Physikalische Theorien sind nur für Physiker ein ästhetischer Genuss. Anders die Chaostheorie. Sie tröstet ratlose Laien mit Bildern geradezu meditativen Charakters: fraktale Mandelbrodtbäume, kristalline Wundersterne und Wassertröpfchen wie kunstvolle Skulpturen. Die schlichte Schönheit von $E=mc^2$ macht auch Einsteins Behauptung erträglicher, außer ihm würden höchstens fünf Menschen seine Relativitätstheorie verstehen.

Der Mythos

Die Verknüpfung mit Uraltem stärkt eine Geschichte. Weil die Chaostheorie dies in einzigartiger Weise erfüllt, erhält sie den Nimbus des Religiösen. Weiter rückwärts als bis zum Urknall geht's nicht. In jeder Religion findet sich ein Gott, der aus Unordnung Ordnung schafft.

Die Offenheit

Das Wachstumspotenzial eines Produkts hängt von der Offenheit ihres Anwendungsbereichs ab. Sich auf Dauer abzuschotten, war nie ratsam. Diesen Fehler begehen Chaostheoretiker nicht. In meiner Sammlung findet sich sogar ein Fachartikel, der Friseuren das Geheimnis des Haarwirbels chaostheoretisch enthüllt.

Das Gefühl

Beim Chaos geht es nicht um Nebensächlichkeiten, sondern um Existenzielles, was unweigerlich starke Emotionen auslöst. Und weil der Kampf zwischen Ordnung und Unordnung in Übergangszeiten besonders heftig tobt, ruft Chaos automatisch Erinnerungen aus Kindheit und Pubertät ab.

Das Beispiel Chaostheorie beweist einmal mehr, dass selbst bestes Marketing scheitert, wenn sich Produkt und Markt beißen. Menschliches Verhalten bleibt unvernünftig und taugt wenig für die Heldenrolle in der Geschichte der Chaostheorie.

Spiel mit dem Zufall

Das Gehirn glaubt nicht an Zufälle, treibt das Bewusstsein aber trotzdem unentwegt zur Suche nach verborgenen Zusammenhängen an. Was ist Zufall? Was macht das Ungewisse reizvoll und Menschen zu Glücks- oder Pechvögeln? Eine leicht absurde Annahme soll den Erklärungspfad ebnen.

Kommende Woche, kurz vor dem Einsteigen in Ihr Auto passiert es. Sie werden von einem harten Gegenstand am Kopf getroffen. Zufall, Glück oder Pech? Nach der ersten Benommenheit schließen Sie Glück aus, weil es sich beim fliegenden Tatobjekt um ein Exemplar von »Tausend und eine Macht« handelt. Und das haben Sie ja bereits gekauft.

Ihre Begleitung tröstet Sie mit den Worten: »Zum Glück hat es dich nicht kantig an der Schläfe erwischt!« Das besänftigt Sie wenig. Im Gegenteil, in Ihrem Kopf feuern Neuronen das Programm »Zorn«, Muskelanspannung und Pulsschlag nehmen zu, die Körpertemperatur steigt. Wütend wollen Sie den unzivilisierten Buchentsorger aus der ersten Etage stellen.

Doch zu Kampfmaßnahmen kommt es nicht, weil der Täter Sie mit einer Geschichte entwaffnet, die Ihren Zorn verrauchen lässt. Er habe das Buch aus nackter Verzweiflung aus dem Fenster geworfen. Morgen müsse er zur Marketingprüfung, und dem Autor fehle jedes Verständnis für die Folgen seiner Behauptungen. Weil Sie sich einfühlen können und den Prüfungsexperten als ekelhaften Mitstudenten bildhaft vor sich sehen, schlagen Sie in den Ablasshandel des impulsiven, aber sympathischen Kerls ein.

Am nächsten Samstag ist er bei Ihnen, pflegt wie versprochen den Rasen, verliebt sich in Ihre Tochter, wird Ihr Schwiegersohn und hat über seine Eltern genau die Verbindungen, die Ihrem Unternehmen bisher fehlten. Glück gehabt.

Die Geschichte ist unwahrscheinlich. Aber als Bill Clinton am frühen Morgen des 19. Augusts 1946 in Hope zur Welt kam, lächelte er seiner Mutter nicht als Juniorpräsident entgegen.

Nicht die Wissenschaft, sondern
die Erfahrung lehrt uns etwas.
Richard P. Feynman

Zufall ist ein Informationsnotstand. Und den rufen inzwischen selbst Naturwissenschaftler aus. Zufall ist eine Erfindung unseres Bewusstseins, mit der wir Unordnung im Datensalat rechtfertigen. Eigenes Verhalten mit dem Hinweis auf den Zufall zu legitimieren, ist im privaten Bereich viel akzeptierter als im Geschäftsleben. Selten wird das Scheitern eines Planes mit dem Zufall begründet, noch weniger, wenn nach gelungenem Projekt die Lorbeerkränze verteilt werden.

Für den permanenten Informationsnotstand der Informationsgesellschaft ist nicht Mangel, sondern Überfluss verantwortlich. Unser Bewusstsein schafft es einfach nicht, alle relevanten Informationen zu verarbeiten, die menschliches Handeln in einer komplexen Welt berücksichtigen müsste. Würden Menschen vom Bewusstsein gesteuert, hätten sie nicht überlebt. Dieser naturwissenschaftlich gut abgestützten Behauptung müssen wir endlich glauben. Das bewusste Ich ist für komplexe Handlungsplanung zwar unerlässlich, wägt ab und vergrößert die Palette der Vorschläge, aber es entscheidet nicht. Ob ein Plan ausgeführt wird oder nicht, bestimmen Hirnareale, die unserem bewussten Erleben verschlossen sind.

Evolution ist Datenverarbeitung auf höchstem Niveau. Das menschliche Gehirn als Produkt dieser Evolution arbeitet nach Bauplänen, die sich über Millionen von Jahren bewährten und auf dem Prinzip beruhen: Information auswählen, sie mit vorhandenem Datenmaterial vergleichen, auf Widerspruchsfreiheit prüfen und ihr Gefährdungspotenzial für die Stabilität des Systems beurteilen. Diese permanente Dynamik von Entscheidungen, Rückkoppelung und neuer Entscheidung braucht keinen Zufall.

Wir lieben unsere Ideen; kurz gesagt, wir lieben uns selbst.
Fernando Pessoa

Das Unbewusste im neurologischen Sinn geht weit über die Freudsche Reduktion auf Triebstrukturen hinaus. Von den Vorgängen in unserem Gehirn nehmen wir so wenig wahr wie von der übrigen Welt. Wir erfahren nichts über unterschwellige Informationen, nichts über das Dunkle außerhalb des Aufmerksamkeitskegels, nichts über unsere Erlebnisse als Fötus, Säugling oder Kleinkind, nichts über gelöschtes Wissen, über die Inhalte des prozeduralen und emotionalen Gedächtnisses.

Alle Wahrnehmungen verarbeitet unser Gehirn in einer ersten Phase unbewusst. Dann, nach 250 bis 500 Millisekunden wird ein Teil davon an unser Bewusstsein übermittelt. Dorthin, wo der Zufall die Bühne betritt, weil das Ensemble der Vernunft vom Stück »Willkommen in der komplexen Welt« heillos überfordert ist. Zufall als Lückenbüßer, mit dessen Hilfe wir trotzdem zu einem schlüssigen Weltbild kommen.

Marketing, das dieser Begrifflichkeit des Zufalls folgt, führt zu neuen Strategien, weil es der Planung einen Platz in den hinteren Reihen zuweist. Aus einer Arbeitsmethodik wird strategisches Verhalten.

Vom Planspiel zum Spielplan

Berater geraten in verzwickte Lagen, wenn sie auf Neurologen hören. Verabschieden sie sich vom Primat der Vernunft, müssen sie auch Kunden Tschüss sagen, die Machbarkeitspredigern und Planspielern weiterhin die Treue halten wollen.

Je höher wir aufsteigen, desto kleiner erscheinen wir denjenigen, die nicht fliegen können.
Friedrich W. Nietzsche

Spielerisches Verhalten ist eines der wichtigsten Instrumente für Lernen und Verstehen, ein biologisches Basisprogramm, das geschrieben wurde, lange bevor es unser Bewusstsein entdeckte und nun zu entschlüsseln versucht.

Das Gehirn lernt keine Regeln, sondern leitet Regeln aus Erfahrungen ab. Besonders eindrücklich zeigt sich dies beim Erwerb der Muttersprache. Wenn wir mit der Zuordnung von Wortsymbolen beginnen und sie im erwachenden autobiografischen Gedächtnis abspeichern, hat unser Unbewusstes den spielerischen Umgang mit der Welt längst gelernt und ist nur noch zu Regeländerungen bereit, wenn sich der Aufwand lohnt. Im Kapitel »Die Sprache« komme ich ausführlicher darauf zurück.

Je mehr wir auf unser sprachliches Bewusstsein setzen, desto resoluter verbannen wir das Spielerische in geschützte Bereiche, überlassen es Kindern, Künstlern, Berufsspielern und Sportlern. Daher wird im Wirtschaftsleben das Spiel lediglich als Produkt der Unterhaltungsindustrie oder Werbung gehandelt. Doch Markenstrategen erobern das Spiel zurück, weil sie es allzu oft mit der Verführung und Lust am gleichen Tisch erblickten.

> Man spielt nie zum Publikum. Man spielt für sich und lädt das Publikum zu diesem Vorgang ein.
> *Isaac Stern*

Spiele laufen immer nach dem gleichen Schema ab: Suchen, Muster erkennen, lernen, planen, handeln und schlussfolgern.

Dostojewski zu lesen oder ein Fussballspiel zu besuchen, bringt mehr als das Studium des Gefangenendilemmas. Bleiben wir also beim König Fußball und erinnern uns, welchen Eigenschaften er seinen Thron verdankt:

Einfachheit
Um auf staubigen Hinterhofplätzen, hartem Asphalt oder gesperrten Wiesen einen Ball ins gegnerische Tor zu kicken, muss kein Kind sein Gedächtnis überfordern. Außerdem kann es die Regeln auf einfachste Weise der Situation anpassen, sogar während des Spiels. Statt drei Eckbälle ein Strafstoß, Mannschaftsgrößen nach Belieben und Spieldauer nach Tageslicht oder Essenszeiten. Erst im ökonomisch-juristischen Umfeld der FIFA wird Fußball kompliziert.

Permanente Belohnung
Wer mehr Tore schießt, gewinnt und darf die schönen Gefühle eines Siegers genießen. Doch gäbe es nur diesen Preis, würden nicht Millionen unbekannter Stars einem Ball nachrennen. Sie rennen, rempeln und riskieren blutende Kniescheiben, weil jeder gute Pass, Schuss oder Trick sofort belohnt wird. Der kleinste individuelle Sieg ist ein Glückserlebnis.

Nebenleistungen
Die wenigsten Kinder betreten ein Fußballfeld mit der Absicht, sich körperlich zu ertüchtigen. Aber ihre Köpfe registrieren die unbewussten Glücksgefühle der körperlichen Betätigung. Bewegung fördert das Wachstum der Neuronen, regt sie an, führt sogar zu Neubildungen, setzt Botenstoffe frei, die wir sonst in Apotheken kaufen müs-

sten. Jedes gute Spiel bietet Mehrwerte, die unser Bewusstsein wenig interessieren.

Ordnung
Wer sich auf ein Spiel einlässt, unterwirft sich freiwillig einer Ordnung, die zwar einengt, aber Sicherheit gibt. Anfang und Schluss verleihen Raum und Zeit eine feste Struktur. Trotzdem hat jede Durchführung ihren eigenen Rhythmus, der fesselt, bezaubert und unwiederholbar ist. Spiele, die nur vom Zufall leben, langweilen uns.

Gemeinschaft
Selbst geniale Drippelkünstler sind auf Mitspieler angewiesen. Wo Komplexität im Spiel ist, verliert ein Genie den Überblick und steht am falschen Ort, falls es sein Können nicht auf die Fähigkeiten der anderen abstimmt. Verletzt ein Spieler zum wiederholten Mal die Regeln, wird er als Spielverderber ausgeschlossen. Einem Falschspieler, der dem Schein nach den Zauberkreis des Spiels anerkennt, vergibt die Spielgemeinschaft eher.

Kopfarbeit
Während des Spiels bleibt kaum Zeit für Analytisches. Die geistige Arbeit, von Folgen auf Ursachen zu schließen, ist etwas für danach. Das Publikum bezahlt auch für den Reiz, Geschehenes ungeschehen zu machen und so seinen Allmachtsfantasien zu frönen.

Markenstrategen als Trainer

Sportgrößen verdienen sich mit Coachingtätigkeit ein nettes Zubrot, verstärken aber mit ihren Weisheiten eher den Glauben an die Machbarkeit. Und in Marketingabteilungen sieht man Medaillengewinner ohnehin nur, wenn sie ihr Testimonial gegen Geld umtauschen.

Wem die Verantwortung für eine Marke anvertraut wird, darf sich mental nur an die Marke binden, selbst wenn er Teil der Organisation ist. Seine Mannschaft ist die Marke, an sie glaubt er, sie will er auf dem Siegerpodest sehen. Erst wenn es so weit ist, wird dem Produkt eine Medaille umgehängt. Denn ein Markenstratege geht davon aus, dass das Produkt der Schattenwurf der Marke ist, nicht umgekehrt. Die Begeisterung für Branding war strategischem Verhalten nicht förderlich. Ein heisses Eisen ins Fell zu zischen, führt im besten Fall zu einem guten Namen, einem tollen Logo, aber noch lange nicht zum Sieg.

> Sie rannten und ich spielte! Ich konnte mich nicht daran gewöhnen, zu rennen, rennen und rennen...
>
> *Diego Maradona*

Was unterscheidet den Trainer vom Planer? Bestimmt nicht Intelligenzquotient und Ernsthaftigkeit, wie gerne unterstellt wird. Erfolgreiche Trainer erkennen wir am Flackern in ihren Augen, am Unabhängigkeitswillen, an professioneller Verspieltheit. Trainer sind Realisten, weil sie an den Zufall glauben – Träumer, weil sie vor jedem Spiel auf Sieg setzen.

Trainer verfügen über ein feines Gespür für individuelle Qualitäten. Vor Selbstüberschätzung zwar nicht gefeit, geben sie Planungsaufgaben und monotone Übungseinheiten gerne an Assistenten weiter und suchen für das Sammeln, Aufarbeiten und Weitergeben von Informationen die besten Dienstleister.

Im Ring, in dem sich Trainer am wohlsten fühlen, findet der Kampf Notwendigkeit gegen Zufall statt. Den planen sie, so gut es geht. Aber kaum ertönt der erste Gong, wird aus dem Kampf ein unberechenbares Spiel, das sie nur mit strategischem Verhalten gewinnen können. Und mit Glück.

Das Glück nimmt ein Markentrainer gerne entgegen, rechnet aber nicht damit. Allerdings hat er nebst einem Vorgehensplan für die ersten Züge auch Strategien für Unglücksfälle durchgespielt, die anderen schon passierten. Denn es kommt zwar meistens anders als man denkt, aber nie strukturlos.

Vom den sprachlichen Mitteilungen interessieren ihn nur Geschichten. Da ist er ganz Ohr. Schließlich weiss er, dass nur Erlebtes Erinnerungsspuren hinterlässt und das Wahlverhalten bestimmt. Eine seiner Verhaltensregeln lautet: »Tu irgendetwas, das dir sinnvoll erscheint, schau dir die Folgen an und merke dir diese Folgen.«

An Weiterbildungskursen, die Verhaltensänderungen durch Einsicht propagieren, nimmt er nicht teil, sondern sitzt lieber in überfüllte Strassencafés, geht an kuriose Messen und in kleine Museen, sucht überall das Verlockende und Schöne, auch in Spielhöllen. Das Risiko liebend erwartet er nicht gleich nach Spielbeginn die erste Belohnung.

Geh nie entrüstet in den Kampf.
Bert Berkensträter

Beeinflussung menschlichen Wahlverhaltens ist ein Kampfspiel, nicht l'art pour l'art, was in der Spasskultur in Vergessenheit geriet. Mag die Unternehmenskultur noch so idealistisch und schwammig sein, der Trainer besteht auf der Einhaltung verbindlicher Grundregeln, auf Fleiss, Ausdauer, Disziplin und Leistung. Wer in seiner Mannschaft mitspielen will, tut dies für Lohn, aber freiwillig. Auf das begrenzte Spielfeld lässt er nur einlaufen, wer zwischen zugeteilter Rolle und Rollen ausserhalb des Spiels unterscheiden kann. Er scheut sich nicht, Selbstverwirklichung als Unwort zu deklarieren, mit dem das Bewusstsein mangelnden Einsatz kaschieren will.

Wird er von seinen Auftraggebern gezwungen, einer Spielidee zum Durchbruch zu verhelfen, an die er nicht glaubt, geht er in die Garderobe, räumt seinen Schrank und sucht sich ein anderes Tätigkeitsfeld.

Gewinnspiele als Instrument

Markenstrategen glauben, dass sich prinzipiell alles zum Spielen eignet, die Variationen unendlich sind und Amoralisches einen Reiz hat. Wenn Microsoft die Privatraubzüge auf seine Software nicht konsequenter verfolgt, ist das strategisches Verhalten auf höchstem Niveau. Denn nur so entsteht der Druck von der Strasse, die Software von zu Hause auch im Betrieb einzuführen.

Gepriesen sei der Zufall. Er ist wenigstens nicht ungerecht.
Ludwig Marcuse

Spiel als Marketinginstrument heißt, Verhaltensräume einrichten, in denen Sonderpreise vergeben werden. Unentschieden ist eine externe Bewertung, die das subjektive Gehirn nicht trifft. Gut oder schlecht, gewonnen oder verloren lauten die Signale vom limbischen System ans Großhirn, wo Einschätzungen allerdings oft umgedeutet werden, um Rollenänderungen und Neuverschaltungen zu entgehen. Doch entscheidend bleibt die Datenverarbeitung im Unbewussten, die deshalb so gut funktioniert, weil sich das Gehirn für gute Leistungen selber belohnt. Solche Prämierungen finden ununterbrochen an allen Ecken und Enden statt, und der Siegestrunk wird immer aus den gleichen Zutaten gebraut, aus selbst hergestellten Opiaten.

Wer nicht dopt, ist bekloppt!
Graffiti

Wenn die Meldeläufer mit Glücksbotschaften ausbleiben, fühlen wir uns schlecht. Diesen Ablauf kennen wir in seinen Grundzügen und wissen, dass Dopamin einer der wichtigsten Überbringer froher Nachrichten ist, wenn er im limbischen System Neuromodulatoren freisetzt.

Fällt ein Ereignis besser aus, als wir erwarteten, schüttet das mesolimbische System Dopamin aus, das sich im ganzen Gehirn verteilt, zur Großhirnrinde gelangt und dort den Wunsch nach Wiederholung auslöst. Gelernt wird immer, wenn positive Erfahrungen weiterverarbeitet werden, wobei unser Gehirn auch das Ausbleiben negativer Erlebnisse positiv bewertet. So lautet die Kurzfassung der neurologischen Geschichte vom Glücksstoff Dopamin.

Er hilft bei der Steuerung elementarer Bedürfnisse wie Hunger, Durst, Schlaf, Wärme und Sexualität, da wir ein körperlich-physiologisches Gleichgewicht als lustvoll wahrnehmen.

Dopamin leistet zudem einen bedeutenden Beitrag zum gesellschaftlichen Zusammenleben, indem er Lernen in und durch die Gemeinschaft prämiert. Aus Tierversuchen und Hirnverletzungen wissen wir, dass Blockierung oder Ausfall des Belohnungssystems unweigerlich zu Interesse- und Lustlosigkeit führt.

Freigesetzt wird Dopamin, wenn Begegnungen mit Neuem stattfinden. Stresst uns jedoch eine neue Situation, so reagiert das Gehirn mit der Ausschüttung anderer Botenstoffe, vor allem Noradrenalin.

Trotzdem kamen wir auf anderen Ebenen
des Wahnsinns gut miteinander aus.
Jack Kerouac

Das Wechselspiel zwischen Anspannung und Glücksgefühl empfinden wir als anregend und lustvoll. Ich verstand lange Jahre nicht, weshalb so viele Menschen beim Spiel mitmachen, ein Waschmittel mit drei Buchstaben zu erraten, dessen erster und letzter Buchstabe ein »O« ist. Inzwischen belächle ich solche Promotionsaktionen nicht mehr. Denn wer OMO in die Felder einträgt, nimmt ohne Risiko an einem Glücksspiel teil und hat zusätzlich das Gefühl, er habe mit seiner Rateleistung die Götter des Zufalls gnädig gestimmt.

Da Gewinnspiele auch bei neurologischer Betrachtung zu den guten Promotionsinstrumenten zählen, lassen Markenstrategen die Menschen spielen, wo immer sich Gelegenheit dazu bietet. Statt die Befriedigung des menschlichen Spieltriebs kampflos der Unterhaltungsindustrie oder der Werbung zu überlassen, überprüfen Markenstrategen jede Berührungsfläche mit Kunden auf ihren Spielcharakter. Das ist ungewohnt und stellt manche Checkliste in Frage.

Ein Markenstratege weiß, dass viele Menschen darauf brennen, Spiele zu erfinden, auch Mitarbeiter. Er berücksichtigt aber keine moralisierenden Idealisten, die Menschen nach ihrem Ebenbild formen wollen, weil sich solche Erfinder zu wenig darum kümmern, welche Geschichte ihre Idee erzählt, ob sie uns zum Lächeln lockt, Sinn stiftet, einfach und schön ist oder sogar das Zeug zum Ritual hat.

Tipps von Ökonomen

Jedes Rückzugsgefecht ist ein Ausnahmezustand, in dem wir seltsame Scharmützel gegen das Neue austragen. Niemand lässt sich gern aus der ersten Reihe vertreiben, auch die Erfinder und Retter des homo oeconomicus nicht.

> Es ist nicht mein Problem, wenn Leute Angst
> vor ihrer eigenen Fantasie haben.
> *Marc Forster*

Da ihre Rettungsversuche über die Rational-Choice-Theory laufen und Safety first tatsächlich ein Programm ist, das häufig zu irrationalem Verhalten führt, liste ich seine häufigsten Erscheinungsformen gerne auf.

***Besitztumseffekt** – die Liebe zum Status quo*
Was wir bereits haben, schätzen wir in seinem Wert tendenziell höher ein als etwas, für dessen Erhalt wir unser Verhalten ändern müssen, selbst wenn der ökonomische Wert objektiv gleich hoch ist.

***Kurzsichtigkeit** – das Gute liegt so nah*
Was in ferner Zukunft liegt, gewichten wir weniger als Ereignisse, die heute oder morgen auf uns zukommen. Für die Umwelt ein äußerst unangenehmes Verhaltensmuster.

***Risikoangst** – lieber Gewinnverzicht als Verlust*
Wir tendieren dazu, bekannte Gewohnheiten selbst unter hohen Kosten fortzusetzen, wenn Verhaltensalternativen mit unabsehbarem Risiko verbunden sind.

***Suchfaulheit** – halbwegs befriedigend ist gut genug*
Wenn sich eine passable Lösung zeigt, stellen wir die Suche nach weiteren Alternativen ein, auch wenn die Chance auf eine wesentlich günstigere Lösung gegeben ist.

Die beträchtlich längere Liste der Neurologen müssen wir zum Glück nicht auswendig lernen. Es reicht, sich anders zu verhalten und Vorstellungsbilder auszutauschen. Zum Beispiel das Wunschbild »Marken lassen sich machen« durch das realistischere Bild »Das Publikum macht Marken«.

Die Zeit, die ein Markenstratege durch Verzicht auf nicht umsetzbare Marketingpläne spart, setzt er für das Erfinden spannender und abwechslungsreicher Spiele ein. Jedes Produkt und jede Dienstleistung muss für ihn Werte vorweisen, die kulturell verankert und damit anschlussfähig sind.

Er freut sich, dass seine Verwandlung vom technokratischen Strategen zum strategischen Markenregisseur beim Publikum gut ankommt, weil es das friedfertige Zusammenleben von Realität und Illusion spürt. Neurologen haben die bisherigen Götter nicht abgeschafft, sondern lediglich anders beschrieben, geordnet und spielerisch nach vorne geholt.

Behauptungen

Spielen ist Experimentieren mit dem Zufall.

Je einfacher die Regeln, desto mehr Mitspieler.

Spielerisches Marketing genießt Kopierschutz.

Risiken geht man am besten so früh wie möglich ein.

Auch Egoisten sind auf Kooperation angewiesen.

Erst das Publikum macht ein Spiel zum Schauspiel.

Das Lächeln
Ein fälschungssicheres Versprechen

Die gute Freundin ahnte nicht, welchen Schmerz ihre Frage auslöst. Sie wollte ja nur wissen, weshalb unsere Tochter nicht lacht.

Olivia lernte nie gehen und sprechen. Aber sie konnte mit ihrem Lächeln die Herzen erobern. In dieser Kunst fühlte sie sich zu Hause, überraschte mit nie gesehenen Varianten und einer einzigartigen Version von Schmunzeln, die selbst in gepanzerte Seelen drang. Der sparsame und gut getimte Einsatz verlieh dem Exklusiven zusätzlichen Glanz.

Mit einem Lächeln sagte Olivia, ob sie glücklich ist, sich verstanden fühlt, mich mag und Freude am Leben hat.

Der Weg vom Lächeln zum Lächerlichen ist kurz. Dennoch liegen Welten dazwischen, auf deren Verbindungsstraßen wir an so bekannten Orten wie Lachen, Gelächter, Lustigkeit oder Humor vorbeikommen.

Wo auf dem Schild »Humor« steht, zeigen die Einwohner interessanterweise wenig Humor, wenn sie über ihren Ort sprechen. Sie sind aber mächtig stolz über die zunehmende Besucherzahl von Ökonomen, was wohl an der rasanten Ausbreitung des Gerüchts liegt, humorvolle Unternehmenskulturen würden auch Investoren zum Lächeln bringen. Bevor ich die Leser ins Land des Lächelns entführe, sind einige Bemerkungen zum Humor also durchaus am Platz, obschon die dürftigen Referenzen einen Schweizer wenig dazu legitimieren.

Schweizer verkaufen Seriosität, Präzision, Ordnung, Zuflucht, Sicherheit und Berge. Das verleiht ihnen außer Wohlstand den Ruf der Humorlosigkeit, den sie mit ihren deutschen Nachbarn großzügig teilen. Kein Wunder, dass wir uns durch Nachrichten aufgeschreckt fühlen, die auf einen monetären Wert von Humor hindeuten.

Die positiven Auswirkungen von Humor auf die Zufriedenheit

der Mitarbeiter und Kunden, auf Konfliktbewältigung, Engagement, Kreativität und Innovationskraft entgingen den Schweizern nicht. Doch seit sie feststellten, dass sich Humor weder regeln noch befehlen lässt, geben sie den Humorberatern ihre ungenauen Gebrauchsanweisungen mit bestem Dank zurück.

Lachen ist eine Kapitulation des Denkens.
Paul Valery

Je näher wir zur Hierarchiespitze vorstoßen, desto leiser werden Bekenntnisse zum Humor. Liegt zum Stillschweigen eine Begründung vor, enthält sie die bekannten Argumente gegen das Irrationale. Das ist beim Humor mit seinen anarchistischen Wesenszügen verständlich, hat langjährige Tradition und findet Eingang in alle großen Erzählsammlungen, von Homer über die Bibel bis zum Roman »Der Name der Rose« von Umberto Eco.

Humor lässt sich nicht produzieren, Lacher schon; für ungeplante übernimmt das Unternehmen die Verantwortung, für bestellte die Werbung. Doch humorvolle Fernsehspots sind externe Imagepflege und hinterlassen intern noch seltener Spuren, als dies bei Kunden schon der Fall ist.

Humorvollere Unternehmen sind möglich, wenn Sie das Projekt anders und langsamer anpacken. Machen Sie sich das Leben nicht unnötig schwer, indem Sie sich gleich öffentlich zum Humor bekennen. Wir schlagen einen Weg ein, der von weniger Zuschauern gesäumt wird und führen das Lächeln als Marketinginstrument ein.

Wissenschaftler im Land des Lächelns

Die Lieblingsoperette meiner Eltern war damals derart im Trend, dass »Das Land des Lächelns« jährlich in unserer Fernsehstube vorbeischaute und mein Asienbild bis in die Gegenwart prägte. Das ist heute fast so peinlich wie der Glaube an den homo oeconomicus.

Irren gehört zum Menschsein. Paul Ekman, einer der bekanntesten Emotionsforscher, glaubte lange, Mimik und Gestik seien sozial erlernt und von Kultur zu Kultur verschieden. Dann führten ihn 1965 drehbuchwürdige Zufälle nach Papua-Neuguinea. Um Darwin zu widerlegen, beobachtete Ekman in unzugänglichen Bergdörfern die

Mimik einer Steinzeitkultur. Vier Monate später ließ er sich gern in die Gegenwart zurückholen, mit Kisten von Tonbändern, Filmen, Fotos und Aufzeichnungen.

Nach eigens entwickelter Methode werteten Ekman und seine Mitarbeiter das Material aus, reisten erneut nach Neuguinea, brachten ihren Gastgebern Geschenke mit, machten sich an die Überprüfung der Ergebnisse und waren überrascht. Charles Darwin hatte Recht, Paul Ekman nicht.

> Nicht Bissigkeit, sondern Verbissenheit
> ist das genaue Gegenteil von Humor.
> *Christof Stählin*

Lächeln gehört zu den universellen Emotionen, deren körperliche Symbole überall verstanden werden. Und eine seiner neunzehn kategorisierten Varianten ist sogar fälschungssicher. Jedenfalls wenn man davon ausgeht, eine Fälscherquote von weniger als zehn Prozent sei für Kommunikationsmittel ein rekordtiefer Wert.

Die Emotionsforschung ist noch jung. Und auch in dieser Wissenschaftsabteilung interessierten sich Forscher eher für negative Emotionen. Das ändert sich zwar, doch im Jahr 2000 gab es noch immer siebzehn Mal mehr Publikationen zu unangenehmen Emotionen als zu erfreulichen.

Besonders hoch im Kurs steht die Angst. Nun ist es bestimmt wichtig, Angst auslösende Faktoren zu kennen, um sie zu vermeiden. Aber ich verfolge mit »Tausend und einer Macht« die Strategie, Positives zu fördern.

Das wollte auch der französische Neurologe Duchenne de Boulogne, der mit seinen 1862 veröffentlichten Beobachtungen den Grundstein zur wissenschaftlichen Emotionsforschung legte.

Sein erstes Fazit: Nicht nur der Mund lächelt, sondern auch das Auge. Zweiter Schluss: Nur ein Lächeln, das Wohlbefinden ausdrückt, ist nahezu fälschungssicher. Denn da gibt es einen widerspenstigen Muskel, der sich nicht kontrollieren lässt. Dieser äußere Abschnitt des Augenringmuskels läuft rings um die Augenhöhle, zieht die Augenbrauen und die Haut darunter Richtung Kinn, die Haut unter dem Auge und die Wangen jedoch nach oben.

Ein Zusammenspiel von Muskeln sagt also Verlässlicheres über Kundenzufriedenheit aus als jede Meinungsumfrage. Und die wenigen Schauspieler, die sich völlig mit einer lächelnden Person identifizieren können, betrachten wir als Streichresultat.

Wünschen hilft nicht immer
Graffiti

Die Geringschätzung mimischer Kommunikation im Marketing erstaunt umso mehr, als wir ihren Realitätsbezug auf jeder Fahrt zur Arbeit erleben. Selbst flüchtige Gesichtsausdrücke erkennen wir auf große Distanz, ein Lächeln sogar auf dreißig Meter. Hinter einer bewusst gesteuerten Gesichtslandschaft treten die wahren Konturen hervor, in Form von Mikroausdrücken von 0,05 Sekunden Dauer.

Eine schöne Belohnung

In seltener Eintracht zählen Forscher die Freude zu den Basisemotionen, die unser Verhalten steuern. Sie sind sich einig, dass die körperlichen Begleiterscheinungen von Freude weitgehend angeboren sind und sich sogar messen lassen.

Seit den Arbeiten der amerikanischen Neurologen Joseph LeDoux und Antonio Damasio wird allgemein anerkannt, dass Emotionen unsere Gedanken, Vorstellungen und Erinnerungen stark beeinflussen. Nach pessimistischer Lesart, um Bedrohlichem auszuweichen – nach optimistischer Version, um Belohnungen zu ergattern. Solange chemische Glückspillen ohne Nebenwirkungen noch im Entwicklungsstadium sind, gebe ich die Empfehlung ab, lieber die Verpackungsbeilage des Wundermedikaments »Freude« genauer zu studieren.

Lachen ist wie Aspirin, es wirkt nur doppelt so schnell.
Groucho Marx

Wissenschaftler, die sich auf das Erforschen von Drogen und Psychopharmaka spezialisieren, entdeckten im Gehirn ein besonderes Netzwerk, dessen Einzelteile sie Belohnungszentrum nennen. Dieses mesolimbische System ist ein Komplex aus verschiedenen Zellgruppen und baut zu fast allen Hirnarealen starke Verbindungen auf. Daher bewirkt gute Laune, dass wir uns anders bewegen, hilfsbereiter, kreativer, aufmerksamer und kühner sind. Von unserer Freude profitieren auch das Immunsystem, der Blutdruck, das Herz und die Muskeln.

Allerdings scheint das Belohnungssystem leider nicht auf Dauerbelastung ausgelegt zu sein. Nach spätestens vier Sekunden erlischt das Lächeln, weil es dann seine Funktion meist erfüllt hat. Der andere weiß nun, wie ich mich fühle. Was diese Information auslöst, entscheiden andere Hirnregionen.

Emotionen sind Notfallaggregate, die in kritischen Situationen Aufgaben des Bewusstseins übernehmen. Wenn mein Gegenüber in Gefahr ist, bin ich es vielleicht auch. Auf die Signale seiner Gefühle zu setzen, macht selbst Helden nicht unsterblich, erhöht aber die Überlebenschancen der Gattung Mensch beträchtlich.

Wenn Emotionen länger andauern, sprechen wir von einer Stimmung. Diese nahe Verwandtschaft ist der Grund, weshalb uns gute Laune eher mit positiven Gefühlen belohnt als eine Miesepeterstimmung. Körpereigene Drogen durch entsprechendes Verhalten zu aktivieren, scheint ein systemfreundlicher Weg zum Glück.

Der Dandy lacht nicht und lächelt nicht.
Baudelaire

Die Spurensuche am Ursprungsort erleichtert die Beantwortung der Frage, was wir mit Lächeln belohnen. Das Problem ist nur, dass bei Säuglingen weder Sprachzentrum noch autobiografisches Gedächtnis ausgebildet sind. Forscher sind daher auf kreative Experimente, Untersuchungen von Hirnschädigungen angewiesen.

Wir wissen heute, dass die geistige Entwicklung des Kindes früher beginnt, als bisher angenommen. Schon ab dem dritten Monat bildet sich das Arbeitsgedächtnis. Und etwa zur selben Zeit entzückt ein Baby erstmals seine Umgebung mit einem Lächeln.

Mit einem Monat erkennt ein Kind den mütterlichen Gesichtsausdruck noch nicht, sondern nimmt sie vorwiegend über Gehör, Geruch und Berührungen wahr. Mit drei Monaten hat sich die visuelle Kontrastwahrnehmung so verbessert, als ob Milchglas durch eine Klarsichtscheibe ersetzt wird. Jetzt erst erkennt das Kind, wie eine zufriedene Mutter lächelt, und die Motivationsspirale beginnt sich zu drehen. Lächelt der Säugling zurück, wird er mit Zuneigung, Liebkosung, Zärtlichkeit belohnt. Das Kind verführt seine Eltern, Eltern verführen ihr Kind. Den Menschen in nächster Umgebung zu gefallen, ist der Preis, den die Evolution für die postnatale Weiterentwicklung des Gehirns einfordert. In unserer kindlichen Abhängigkeit sind wir auf Wohlgefallen angewiesen.

Sobald das Arbeitsgedächtnis seinen Betrieb aufnimmt, neue Informationen aktiv verarbeitet und bereits gespeicherte Inhalte bereitstellt, verbinden wir Lächeln mit positiven Gefühlen. Mit dem ersten Lächeln überschreitet das Kind die Grenzen des eigenen Körpers und wendet sich dem Anderen zu. Sein Lächeln ist eine Einladung an die Welt. Und Eltern deuten ein lächelndes Kind als Zeichen für erfüllte Erwartungen, zu denen auch die Sehnsucht gehört, sich im Kind zu verwirklichen und mit der eigenen Begrenztheit zu versöhnen.

Imitation ist die ehrlichste
Art der Schmeichelei.
Oscar Wilde

Menschen sind besser erreichbar, wenn wir negative Emotionen verhindern und positive Erlebnisse fördern. Das klingt banaler, als es in der Umsetzung ist. Vielleicht können uns Kenntnisse über die erlernten Auslöser von Emotionen dabei unterstützen. Es sind dies:

Nähe: Sie lässt sich am Themenkatalog für wirksame Geschichten ablesen. Freude und Angst sind evolutionär so stark verankert, dass sie starke Gefühle auslösen.

Ähnlichkeit: Ein Erlebnismuster, das der Situation nahe kommt, in der wir eine Emotion lernten, löst leichter etwas aus. Das erfahren wir bei Besuchen zu Stätten unserer Kindheit.

Zeitpunkt: Je früher sich eine Wahrnehmung der Außenwelt mit einem Gefühl verbindet, desto länger klingt das Erlebnis nach und wird zur wichtigen Andockstelle für Gefühle. Das erklärt die Macht von Gerüchen.

Stärke: Erlebnisse, die mit starken Emotionen verbunden sind, können uns ein Leben lang prägen. Wie beispielsweise sexueller Missbrauch zeigt, auch negative.

Dichte: Regelmäßigkeit webt neuronale Muster enger. Ziehen Erlebnisse immer die gleichen Belohnungen oder Strafen nach sich, verfallen wir in ähnlichen Situationen wieder in ähnliche Muster.

Persönlichkeitsstruktur: Früh geprägte individuelle Zuschreibungen von Emotionen bestimmen unsere Wesenszüge, den Charakter.

Diese Auslöser erklären die starke Wirkung von Lächeln und sind Hinweise für seinen stimmigen Einsatz als Marketinginstrument. Und stimmig wird es, wenn wir die emotionalen Biografien von Unternehmen, Produkten und Dienstleistungen berücksichtigen.

Virus mit großer Ansteckungsgefahr

Wenn Marketingverantwortliche im Schlafe lächeln, träumen sie wohl davon, wie sich ihre Strategie als gutartiges Virus von Mensch zu Mensch überträgt. Oft ist das Aufwachen ernüchternd, der Alltag ein Albtraum.

Doch das echte Lächeln ist tatsächlich hoch ansteckend. Ob und wie stark wir uns gegen die Infizierung wehren, bestimmt unsere Lebensgeschichte. Das italienische Rizzolatti-Team, dem frühkindliche Erlebnisse als Erklärung nicht genügten, liefert eine Zusatzbegründung, die in Fachkreisen für viel Aufsehen sorgt. Denn vor wenigen Jahren entdeckten diese Forscher eine spezielle Art von Nervenzellen im Gehirn und nannten sie Spiegelneuronen.

Diesen Zellen scheint es zweitrangig, wer eine Handlung verantwortet. Sie reagieren auch auf Bewegungen, die von anderen ausgeführt werden. Imitationsneuronen veranlassen uns dazu, bestimmte Handlungen nachzumachen, ohne dass wir darauf Einfluss haben. Anfangs sind es noch Muskelbewegungen in den Gesichtern der Eltern, die Resonanzverhalten auslösen können, später Kratzbewegungen eines Sitzungsleiters. Lokalisiert werden diese Neuronen in der Nähe des Sprachzentrums, was die These stützt, Sprache habe sich aus der Mimik entwickelt. Wir sind gespannt auf weitere Ergebnisse, ist doch Imitation eines der wichtigsten Lerninstrumente.

final appeal to passion
Graffiti

Beim Erobern eines Lebensgefährten setzen wir das Lächeln ohne moralische Bedenken ein. Frage ich einen Marketingverantwortlichen, ob sein Konzept partnersuchtauglich sei, ernte ich Stirnrunzeln. Das kommt davon, wenn man Marketing als Denkhaltung und nicht als Verhalten auffasst.

Berechtigte Zweifel an der Veränderbarkeit persönlichkeitsrelevanter Eigenschaften dürfen uns nicht davon abhalten, das Lächeln in unseren Kundenbeziehungen zu fördern. Großsysteme sind flexibler als Zweierkisten. Und weil Lächeln ansteckt, haben lächelnde Unternehmen nicht nur mehr Kunden, sondern auch mehr Mitarbeiter mit Hang zum Lächeln.

Der Ping-Pong-Effekt des Lächelns kommt unserer Philosophie des reduzierten Planens entgegen. Denn nach Abgabe des Glaubensbekenntnisses ist es von untergeordneter Rolle, wo wir mit der Umsetzung beginnen. Nur nicht gleich einen LQ einführen und flächendeckende Bestandsaufnahmen veranlassen. Ohne ausgeklügelten Projektplan und Einberufung unzähliger Arbeitsgruppen beginnen wir einfach dort, wo es uns möglich und sinnvoll dünkt.

Ein Lächeln ist die kürzeste Verbindung zwischen zwei Menschen.
Victor Borge

In meiner umfangreichen Sammlung von Geschäftskorrespondenz findet sich ein einziges Antwortschreiben, das eine Reklamation mit der Auslösung eines Lächelns belohnte. Obwohl das weit nachhaltiger wäre als mickrige Warengutscheine oder das hohle Versprechen, in Zukunft werde alles anders. Gebrauchsanweisungen, die mich nicht der Lächerlichkeit preisgeben, sondern zum Schmunzeln bringen, fördern Verständnis und Sympathie. Daher enthält eine Kundendatenbank mit der Rubrik »Lächeln« andere und wertvollere Informationen als handelsübliche CRM-Tools.

Bei der konkreten Anwendung der Marketingphilosophie vom Lächeln wird die Abgrenzung zum Lachen, Witz oder Humor bedeutend. Denn wir wissen, dass Lächeln kein Dauerzustand ist, sondern als kurz aufflackerndes Zeichen auf eine verborgene Ordnung hinweist.

Wir erwarten keine Flugbegleiter, die ihre hässlichen Kalorien- und Getränkewagen lächelnd durch viel zu enge Korridore schieben. Kunden, die uns eine langfristige Beziehungsarbeit wert sind, haben

Sinn für das Spielerische, für Rhythmuswechsel, für eindeutige Signale im richtigen Augenblick.

Possenreißer stammen selten aus der gleichen Familie wie die Freunde des Lächelns, was sie für Markenstrategen nur noch dort einsetzbar macht, wo es um die achtzehn weniger fälschungssicheren Arten des Lächelns geht, wo Fälschungen sogar erwünscht sind. Schauspielerei ist schließlich nichts Schlechtes. Ein halbwegs angenehmes Gesicht ist uns noch immer lieber als ein Griesgram.

Wie die Seele verstehn, wenn die Seele nie erwähnt wird?
Bruno Bettelheim

Zum hohen Ansteckungspotenzial von Lächeln kommt die angenehme Nebenwirkung hinzu, den Übertrager selber zu infizieren. Wenn Omar Sharif als Monsieur Ibrahim den jungen Moses ermuntert, mehr auf die Stellung seiner Mundwinkel zu achten, ist dies kein Filmgag, sondern gestaltete Marketinglektion. Schon das Bemühen um Fröhlichkeit kann zu echter Freude führen. Wer negative Argumente sammeln will, runzelt die Stirn – wer Positives beleuchten möchte, lächelt.

Lächelnde Töne und Düfte

Lächeln ist eine Produkteigenschaft von Menschen mit großer Anziehungskraft, eine soziale und kommunikative Leistung. Lächeln ist aber auch ein Qualitätskriterium von Objekten, die wir mit unseren Sinnen wahrnehmen. Wie früh unsere fünf Sinne geprägt werden und wie konstant viele Muster sind, schrieb die Wahrnehmungspsychologie in dicken Lehrbüchern fest, bevor die Neurologen ihr Gut zum Druck erteilten.

Da Marketingplaner die frühe Prägung von Hören und Riechen kaum wahrnehmen, ist folgender Exkurs gerechtfertigt.

Jeder hat gewonnen, und jeder verdient einen Preis.
Lewis Carroll

In der Gebärmutter ist es weder langweilig noch besonders ruhig. Pulsierendes Blut, Atem, Darm und Körperbewegungen errichten eine permanente Geräuschkulisse. Wirbelsäule und Beckenring zur Gebärmutter übertragen die Stimme der singenden Mutter an unser Hörsystem, das die akustischen Zeichen ans junge Gehirn weiterleitet. Sich schwanger an einem Popkonzert bis zu den Lautsprechern vorzukämpfen, ist definitiv nicht empfehlenswert. Ob das Konzert im Mutterleib bestimmt, wen wir später auf der Bühne sehen wollen, gehört zu den offenen Fragen.

Sicher ist jedoch, dass Neugeborene die Stimme ihrer Mutter anderen Stimmen vorziehen. Mütter und Hebammen glaubten nie daran, dass Kinder im Mutterleib taub sind. Nach der Geburt entwickelt sich das Hörsystem schneller als das visuelle und erreicht nach zwei Jahren bereits Erwachsenenniveau.

Zensoren behalten die besten Stellen für sich.
Ava Gardner

Schön, wenn Forscher ihrer Wissenschaftskarriere nicht alles unterordnen und weiterhin ein Hobby pflegen. So kommt es immer wieder zu interessanten Grenzüberschreitungen, wie bei Manfred Spitzer. Als musikbegeisterter Neurowissenschaftler befasst er sich seit Jahren mit den physikalischen, psychologischen und biologischen Grundlagen der Musik und bestätigt Zusammenhänge, die seit Urzeiten vermutet, aber bisher nicht wissenschaftlich bewiesen wurden.

Zwar scheint Musik fürs unmittelbare Überleben so überflüssig zu sein wie die meisten Konsumhandlungen der Neuzeit. Doch das Zusammenspiel von Zeitstruktur, Gedächtnis, Bewegung und Musik übt großen Einfluss auf unser späteres Wahlverhalten aus. Und wenn ich an die unsäglichen Lautsprecherdurchsagen denke, die mich zum Kauf verführen oder mein Verständnis für Verspätungen erhöhen sollen, sind Nachhilfestunden in Musik und Stimmbildung kein schlechter Zeitvertreib. Denn Physik und Neurobiologie des menschlichen Gehörs legen weitgehend fest, welche Melodien und Harmonien unser Gemüt bewegen.

Was wir im Laufe unseres Lebens hören, konditioniert unser Konsumverhalten ebenfalls. Wir hören Stimmungen, Räume, Farben und Werte, ohne dass uns diese auditiven Prägungen bewusst sind. Schade, wenn wir bei Verführungsstrategien glauben, in einer Mehrzweckhalle klinge alles gut. Ob Schönheit, Lächeln oder Musik, Marketingplaner überlassen die wirkungsvollsten Instrumente fahrlässig der Werbeindustrie und verlieren so den Glauben an intuitives Verhalten noch mehr.

Der Duft der großen weiten Welt
Werbung

Lächelnde Düfte sind für Parfümeure etwas Vorstellbares. Nur wer seine Nase zu hoch in die Luft streckt, wird dem Geruchssinn seine elementare Stellung im Reich der Verführung absprechen. Neurologen begehen diesen Fehler nicht.

Geschmack und Geruch sind klar unterscheidbare Sinne. Gemeinsam ist ihnen aber die regelmäßige Zellteilung und die Notwendigkeit spezialisierter Rezeptoren, die chemische in elektrische Signale verwandeln, damit sie von der Hirnrinde aufgenommen und registriert werden können.

Für die starke emotionale Bedeutung der Düfte sind die limbischen Anteile der Riechbahnen verantwortlich. Es erstaunt daher nicht, dass unserem sprachlichen Bewusstsein nur wenige der gut 10 000 Duftvarianten zugänglich sind.

Zu den Besonderheiten des Geruchssinns gehört seine Konditionierung, kann es doch Stunden dauern, bis unser Gehirn einen neuen Geruch lernt. Ist die Zuordnung aber einmal erfolgt, hält sie oft ein Leben lang. Wer je verdorbenen Fisch verspeist, weiß, wie uns die Evolution vor der Gefahr einer Lebensmittelvergiftung warnt.

Gut nachvollziehbar ist die evolutionäre Bedeutung des Geruchssinns im Tierreich. Doch obwohl Fortpflanzung, Reviermarkierung, Verwandtenerkennung und Gefahrenalarmierung beim Menschen an Bedeutung verloren, begleiten uns die intensiven Düfte der Kindheit auch als Erwachsene. Und einige Menschen können wir trotz bester Vorsätze einfach nicht riechen.

Seine Nasenflügel, vom Duft der Frau berauscht, erbebten
wie ein Falter, der sich auf der von weitem erspähten
Blume niederzulassen gedenkt.
Marcel Proust

Es ist höchst unwahrscheinlich, dass unser Gehirn nur so aus Spaß 10 000 Düfte unterscheidet. Markenstrategen werden sich für Einführungskurse in Duftsprachen einschreiben, um eigene Wahrnehmungen zu sensibilisieren und vermeintliche Spezialisten schnell zu entlarven.

Schon der Anfänger wird Alternativen zum Zitrusduft entdecken, der uns gnadenlose Sauberkeit suggeriert und im doppelten Sinne der billigste aller guten Düfte ist. Der Duftnovize lernt, unangenehme Düfte zu verhindern statt zu überdecken, Duftkeulen als unwirksame Waffen zu entlarven, Düfte mit Lebenssituationen, Objekten und Geschlechtern zu verbinden, aggressive von lächelnden Düften zu unterscheiden. Und seine Nase wird ihm als Entgelt für den geleisteten Einsatz mit dem Geschenk verloren geglaubter Erinnerungen belohnen.

Und Sara sprach: Ein Lachen hat mir
Gott geschaffen, jeder der davon nimmt,
wird meinetwegen lachen.
AT; Genesis 21.6

Eine offene Tür zur Backstube bringt mehr als neue Tragtaschen, Altakten im Keller zu lagern mehr als die Selbstbeschwörung, keine übel riechende Amtstube zu sein. Kleinigkeiten sind wichtiger als olfaktorische Großprojekte.

Behauptungen

Lächeln ist ein Entwarnsystem.

Ein gutartiges Virus ist pflegebedürftig.

Dass Fantasie Gefühle weckt, ist nur die halbe Wahrheit.

Auch Nasen und Ohren können lächeln.

Wir akzeptieren notwendige Unterbrechungen.

Gute Stimmung schafft Gelegenheiten.

Die Sprache
Verhalten braucht eine Genehmigung

Biografische Wurzeln nährten den Glauben, der Schattenwurf auf meiner Wiege stamme vom Baum der Erkenntnis, von dessen Ästen Großvater, Mutter und Professoren mir wohlwollend zublinzelten. Und die literarische Abstinenz meiner Freunde stellte meine Toleranz auf harte Proben.

Mein Deutungsmonopol der Sprache brach erst zusammen, als unsere sprachlose Tochter zur Welt kam und den fest gewalzten Boden auflockerte, bis eine neue Saat aufging.

Bei allem Respekt vor der Wissenschaft, wir mögen den Vergleich mit Schimpansen einfach nicht. Wird er trotzdem vorgebracht, ziehen wir stolz unser Trumpf Ass und verweisen auf die Sprache. Denn daran besteht kein Zweifel, nur wir drücken uns so differenziert aus, geben Abstraktem eine Form, malen Zukunftsbilder und konservieren Vergangenheit.

Doch Sprache ist nicht der Geist und der Geist nicht das Gehirn. Vielmehr handelt es sich bei Sprache um eine spezielle »Rechenleistung« neuronaler Netzwerke mit einer Fülle von Funktionen zur Verbesserung bereits bestehender Prozesse. Sprache ist lediglich eines der zahlreichen Werkzeuge, mit denen die Evolution ihr Programm »Fortpflanzen und Anpassen« laufen lässt, wobei sie peinlich genau darauf achtet, dass unser Bewusstsein nur Nebenrollen übernimmt.

Die Illusion von der Titelrolle gehört zu den kleinen, aber notwendigen Fehlern des Geistes. Notwendig, weil zum Bewusstsein die Erkenntnis gehört, dass wir endlich sind. Aus unserer Sicht ein schwerer Softwarefehler, nach Meinung der Evolution aber vernachlässigbar, solange das Gesamtsystem funktioniert.

Sprache ist ein Virus aus dem Weltall.
William S. Burroughs

Die Hirnforscher und ihre Mitstreiter beabsichtigen keine vollständige Entmachtung der Sprache, sie korrigieren auf der Kommunikationskarte nur die Grenzen und Einsatzgebiete. Die Großmacht Sprache verliert zunehmend Kolonien, die sie ohnehin nur auf dem Papier beherrschte. Sogar ihr treuer Vasall Werbung muckt auf und fordert mehr Freiheit, obwohl sie am Vertrauensverlust mitschuldig ist. Nicht wegen Betrügereien, die gibt es überall, sondern weil sie Konsumenten mit einem Einheitsbrei überfüttert, der physischen Brechreiz und psychische Abwehrhaltung auslöst. Kunden erkennen Werbesprache sofort und klassifizieren sie dementsprechend.

Wenn deine Taten für dich sprechen,
unterbrich sie nicht.
Henry J. Kaiser

Sprechen ist wie Geschirrspülen. Wir haben schmutziges Geschirr, schmutziges Spülwasser, schmutzige Küchentücher, und dennoch gelingt das Kunststück, Teller und Gläser sauber zu kriegen. Was es außer Talent dazu braucht, steht bereits in hervorragenden Gebrauchsanweisungen und wird hier nicht wiederholt.

Mein Ziel ist es, Sie zur Aufgabe des sprachlichen Deutungsmonopols zu bewegen und Sie davon zu überzeugen, dass wir mit Sprache vorwiegend unser Verhalten rechtfertigen und Aufmerksamkeit erregen wollen. Und dass es sich lohnt, seine Marketingstrategien danach auszurichten.

Die Katastrophe von Babylon

Den Turmbauern zu Babylon unterstellt der HErr keine bösen Absichten, wenn er Moses in seinem ersten Buch die Worte in den Mund legt: »Lasst uns eine Stadt bauen und einen Turm, dessen Spitze bis in den Himmel reicht; so wollen wir uns ein Denkmal schaffen, damit wir uns nicht über die ganze Erde zerstreuen.« Doch der Herr fährt herab und spricht: »Dies ist erst der Anfang ihres Tuns; nunmehr wird ihnen nichts unmöglich sein, was immer sie sich vornehmen«, worauf er ihre Sprache verwirrt, »dass keiner mehr des andern Sprache verstehe«.

Mit der gemeinsamen Sprache nimmt Gott den Menschen die

Möglichkeit, Erfahrungen auszutauschen, Prognosen zu diskutieren, Zukunft zu planen. Dem Verlust der gemeinsamen Sprache folgt der Verlust des gemeinsamen Nachdenkens.

Sprache beginnt, wo
verschwiegen wird.
Günter Eich

Der Mythos vom Turm zu Babylon dient auch als Erklärung der ungeheuren Sprachenvielfalt. Aber statt Gott für die schrittweise Aufhebung seiner Sanktionen zu danken, beklagen wir den Siegeszug des Englischen, obwohl unsere Esperanto-Initiativen kläglich scheiterten.

Ob eine Sprachinsel untergeht, entscheidet ihre Bevölkerung selbst. Geben nicht mindestens hunderttausend Eltern ihre Grammatik und ihren Wortschatz weiter, steigt die Flut schnell an und verschlingt die kleinsten der sechstausend Sprachinseln, was allein in Australien für neunzig Prozent der Eingeborenensprachen der Fall sein wird. Kulturpessimisten tröstet vielleicht die letzte Bestandsaufnahme, die mehr als zweihundert Inseln ausweist, auf denen sich über eine Million Menschen in der gleichen Sprache unterhalten.

Wären wir aus dem Paradies
nicht vertrieben worden, hätte
es zerstört werden müssen.
Franz Kafka

Im Mythos von der Vertreibung aus dem Garten Eden erfahren wir die Höhe des Preises, den das Bewusstsein von uns einfordert: Wer vom Baum der Erkenntnis isst, weiß um seine Sterblichkeit und muss mit der Aufgabe zurechtkommen, Erklärungen für das Unerklärbare zu finden, zu dem der Tod, aber auch unsere Gefühle gehören.

»Der Mensch und sein Weib waren nackt und schämten sich nicht«, endet die Schilderung vom Paradies. Erst nach dem verhängnisvollen Biss »gingen den beiden die Augen auf, und sie wurden gewahr, dass sie nackt waren«.

Angst vor Nacktheit ist nicht biblische Prüderie, sondern Furcht vor dem entblößten Unbewussten, vor Körperlichem, das sich unserer Kontrolle entzieht. Auf die Frage Gottes: »Wo bist du?«, antwortet Adam: »Ich hörte dich im Garten; da fürchtete ich mich, weil ich nackt bin, und verbarg mich.« »Wer hat dir gesagt, dass du nackt bist?«, fragt der Herr und gibt die Antwort gleich selbst, wenn er nachhakt: »Hast du etwa vom Baum gegessen, von dem ich dir zu essen verboten habe?«.

Der Mensch ist am phantasievollsten
in seiner Rechtfertigung.
Hans Arndt

Geistiges wird uns im Gegensatz zum Körper nicht einfach gegeben, weil es eng mit sprachlichen Fähigkeiten verknüpft ist, die wir aber erst im sozialen Austausch zwischen Menschen erwerben. Mit Sprache rechtfertigen wir unser Verhalten vor uns selbst und vor den anderen. Markenstrategen gehen davon aus, dass Sprache nicht in erster Linie Entscheidungen fällt, sondern bereits getroffene Beschlüsse rechtfertigt, um das fragile Band zu knüpfen, das unser Ich zusammenhält.

Menschliche Sprache ist nicht der ultimative Garant fürs Überleben. Die dazu notwendigen Informationen lassen sich anders übermitteln, wie unsere Vorfahren und andere Lebewesen beweisen. Nüchtern betrachtet ist Sprache eine Weiterentwicklung der Gebärdensprache, die möglich wurde, als unseren Vorfahren der Kehlkopf nach unten rutschte. Mehr Laute, mehr Möglichkeiten.

Die Sprache ist ein unvollkommenes
Werkzeug. Die Probleme des Lebens
sprengen alle Formulierungen.
Antoine de Saint-Exupéry

Für die These, unsere Sprache sei eine Fortsetzung der nonverbalen Kommunikation, spricht die Beobachtung, dass beide Arten der Informationsvermittlung von den gleichen Hirnregionen gesteuert werden. Die Vorteile dieser speziellen Art von Informationsübertragung sind für planendes Handeln bestechend. Ihre Wirkung für Verhaltensänderungen wird jedoch überschätzt, weil sich das Bewusstsein so aufspielen muss, als sei es der Hauptakteur unserer Inszenierungen.

Vom Lernen der Muttersprache lernen

Komplexes ist unserem Bewusstsein zu komplex. Daher überlässt es das Erlernen sozialer Verhaltensweisen und der Muttersprache dem Unbewussten. Lediglich bei Anpassungen und Varianten tritt es auf den Plan.

Das Kommunikationssystem Sprache verfügt über schier unvorstellbare Kombinationsmöglichkeiten. Für den Durchschnittserwachsenen gelten: 10000 Worte Sprechwortschatz, 100000 Worte Verstehenswortschatz und über 1000 Grammatikregeln, nach denen sich der Zeichenvorrat variieren lässt. Rechne.

Heraus kommt eine Zahl möglicher Informationen, die gegen unendlich geht, also ins Wunderbare. Beim Erlernen der Muttersprache würde Denken nur stören. Je größer die Datenmenge, desto automatisierter die Verarbeitung. Das bringt Einsparungen bei den kostbaren Gütern Zeit, Arbeit, und Energie.

Woher soll ich wissen, was ich denke,
bevor ich gehört habe, was ich sage?
Bürospruch

Unsere Muttersprache erwerben wir auf der ganzen Welt nach Mustern, die sich lediglich durch kleine Zeitverschiebungen unterscheiden.

Wird die Nabelschnur durchtrennt, gleicht das Gehirn keineswegs der leeren Wandtafel, die evolutionskritische Lehrer beschreiben wollen. Noch im wärmenden Dunkel bilden sich im Kopf bis zu 500 000 Neuronen pro Minute, die auch akustischen Frequenzen eine Bedeutung zuordnen und die Identifikation der mütterlichen Stimme ermöglichen.

Kaum steckt die erste Kerze auf unserem Geburtstagskuchen, bricht im Vernunftareal Chaos aus, weil sich im Frontalkortex zu viele Synapsen um die anstehenden Aufgaben streiten. Der Zenit des Wachstums von Nervenzellen ist erreicht. Ab jetzt wird neu verknüpft und reduziert. Es überleben nur Synapsen, die genügend Nähr- und Wachstumsstoffe sowie ein Mindestmaß an Aufmerksamkeit, sprich neuronale Erregung, erhalten.

Wie sich die Geschwindigkeit bei der Informationsübertragung durch Umwicklung der Nervenfasern sprunghaft steigert, entgeht uns, da dieser Vorgang bereits abgeschlossen ist, wenn unser Bewusstsein langsam auf Touren kommt. Diese so genannte Myelinisierung erklärt, weshalb unser Gehirn trotz Stilllegung und Entsorgung von Ungebrauchtem weiterhin an Volumen zulegt.

Alles auf unsere Sinnesorgane Einwirkende wird verarbeitet. Nach zwei Monaten erfassen wir eine Sprachmelodie, produzieren nach dem ersten Halbjahr die ersten Vokale und erfreuen unsere Bewunderer mit lallendem »dada« oder »mama«. Sprachliche Frühaufsteher trumpfen bereits nach acht Monaten mit ersten Wörtern auf. Das Durchschnittsbaby wartet damit noch vier Monate zu.

Der Grundwortschatz nach achtzehn Monaten umfasst etwa fünfzig Wörter, unter denen auch Bezeichnungen für Objekte sind. Jeden Tag kommen jetzt neue hinzu. Plötzlich sagen wir »da, weg, bitte, danke«, verwenden »der, die, das«, rufen nach »mehr« oder wollen »weniger« und beginnen gegen Ende des dritten Lebensjahres mit dem Teddybären zu plaudern, den wir nun täglich mit neuen Wörtern überraschen.

Im folgenden Jahr lernen wir Namen von Tieren und Autos, berichten von Vergangenem und sagen »Ich«, ohne genau zu wissen, was wir damit meinen. Mit dem Wiederholen einer Kurzgeschichte verblüffen wir die Großen, erklären ihnen ein Spiel, gebrauchen erste Nebensätze und beginnen mit unserer Fragerei zu nerven. Mit »wer, wo, wann und warum« werfen wir Bälle zurück und treiben den Dialog voran. Jeden Morgen wachen wir nun mit sieben bis zehn neuen Zeichen auf, mit denen wir jonglieren. So viel in so kurzer Zeit werden wir bis ans Lebensende nicht mehr lernen.

Ich habe nie gerne gelesen.
Gerhard Schröder

Langsam naht der Abschied von einer unwiederbringlichen Traumwelt. Denn mit vier bis fünf Jahren erfassen wir den Unterschied zwischen Schein und Sein. Mit ersten Erfahrungen in der Handhabung anspruchsvoller Satzkonstruktionen betreten wir dann die Schulstuben, wo Lehrer darauf brennen, uns vieles beizubringen, was wir bereits können. Und wenn wir etwa Acht sind, hat sich unser Repertoire durch das Zusammensein mit Pädagogen, Spielkameraden und Eltern schon so erweitert, dass wir unsere Fehler virtuos begründen. Wir haben die Muttersprache gelernt.

Erfahrungsräume bereitstellen

Neugier ist wichtiger als Fleiß. Selbst wer zu den Lieblingen der Lehrer gehört, eignet sich das Wesentliche selbst an. Der pädagogische Weckruf »Was Hänschen nicht lernt, lernt Hans nimmermehr« ertönt oft in falschen Momenten. Doch wenn es um so komplexe Systeme wie Sprache oder soziales Verhalten geht, dürfen wir dieses Klingelzeichen nicht überhören. Wer in seiner Kindheit keine Sprache lernt, wird später auch mit viel Fleiß nur noch mäßige Resultate erzielen.

Schlechte Resultate erzielen auch Marketingplaner, die der rationalen Verarbeitung von Informationen mehr Gewicht geben als der Erfahrungswelt. Was in der lebendigen Übergangszone zum Kunden passiert, lässt sich kaum am Schreibtisch planen. Denn unser Gehirn ist vor allem eines: eine immense Regelextraktionsmaschine. Wenns schwierig wird, lernen wir keine Regeln, sondern leiten sie aus Erfahrungen ab.

Nicht Waren oder Dienstleistungen
vermarkten, sondern Erfahrungen.
Philip Kotler

Markenstrategen stellen zur Bildung erwünschter Beziehungsmuster möglichst viele Erfahrungsräume bereit, aus denen Kunden die entsprechenden Regeln selbst ableiten können. Denn was für den Spracherwerb gilt, findet auch bei anderen Prozessen Anwendung, weil einige Verarbeitungsregeln zur Einschränkung von Rechenoperationen zwingend sind. Von größter Bedeutung sind offene Verweisstrukturen neuronaler Muster, die den Ort eines Elementes nicht genau festlegen, sondern Steuerungsketten bilden, die sich verzweigen und zu komplizierten Programmen zusammengesetzt werden.

Die Sprache ist ein Gewölk,
an dem jede Phantasie ein
anderes Gebilde erblickt.
Jean Paul

Wahrscheinlich spricht unser Zentralnervensystem mengentheoretisch, um Resultate zu erhalten, die genau gut genug sind, um Fortpflanzung und Überleben zu sichern. Und es scheint so, dass Sprache das Anlegen der wichtigen Gedächtnisprotokolle wesentlich verbessert, beschleunigt, präzisiert und Handlungsplanung erleichtert.

Ginge der alte Menschheitstraum vom Blick in die Zukunft in Erfüllung, würden wir als erstes den Untergang unserer Gattung sehen. Denn ohne Unbestimmtheit keine Evolution. Die beklagte Unschärfe von Sprache ist ihre Stärke, nicht ihre Schwäche. Ihre primäre Funktion besteht ja nicht darin, identische Protokolle für jedermann zu schreiben, sondern das einzelne Individuum beim Entwurf geeigneter Handlungsskizzen zu unterstützen. Das kann sie nur, wenn sie den Bedeutungen Hohlräume erlaubt, die wir situationsgerecht füllen können.

In Erfahrungsräumen, die unsere Verhaltensmuster prägen, stehen sprachliche Reizobjekte außerhalb des Zentrums, mögen sie von den Schweinwerfern des Bewusstseins noch so hell beleuchtet sein.

Management von Illusionen

Die manipulative Kraft von Werbebotschaften wird gern übertrieben. Von ihren Produzenten zur Sicherung ihres Broterwerbs, von Intellektuellen zur Aufrechterhaltung ihres Weltbildes, von Kunden zur Rechtfertigung ihrer Kauflust. Doch sie alle leiten ihre Argumente aus einem überholten Modell des menschlichen Gehirns ab.

Ausgesprochen beliebt ist die Behauptung, das Gehirn könne keine Wirklichkeit erfassen. Der argumentative Trick ist einfach und wirkungsvoll: Alle begrifflichen Kategorien sind soziale Konstruktionen ohne festen Bezug zur Wirklichkeit, also lässt sich die Wahrnehmung der Wirklichkeit beliebig ändern. Die Beweisführungen sind endlos, reichen von interessant bis absurd, entziehen sich aber regelmäßig naturwissenschaftlicher Überprüfung.

Wie du dir so ich mir.
Woody Allen

Es spricht wenig dafür, dass unser Gehirn nach so langer Entwicklungsarbeit nicht zwischen einem realen Angreifer und bloßer Fiktion unterscheiden kann. Die Annahmen, die wir aufgrund genetischer Vorgaben und gespeicherter Erfahrungen treffen, sind eine

Alltagsobjektivität, die unser Verhalten steuert, weil wir an sie glauben. Vom falschen Bewusstsein spricht meist, wer uns seinen Glauben aufzwingen will.

Der moralische Ruf nach Unterscheidung von Werbung und Information ist sinnlos. Werbung ist Information. Fragen wir uns lieber, wie unser Gehirn Information aufarbeitet und bewertet, um Handlungen auszulösen. Verhaltensprogramme werden von neuronalen Netzwerken nämlich nur abgerufen, wenn sie sich in der Realität angemessen bewährten. Gehts trotzdem schief, wird nachgebessert. Aber mit Fiktionen operiert das Gehirn nicht.

So fühlt man Absicht, und man ist verstimmt.
Johann Wolfgang von Goethe

Einem funktionstüchtigen Kopf fällt die Unterscheidung leicht, was Werbung ist und was nicht. Denn die Werbeindustrie machte es ihm einfach, den Code ihrer Botschaften zu entschlüsseln. Aus Wiederholungen Regeln zu extrahieren, lernten wir lange vor der Begegnung mit Werbung. Und weil sich der Aufwand für die Verarbeitung von Werbebotschaften nur selten lohnt, nehmen wir die Überflutung gelassen hin, reagieren mit Arbeitsverweigerung oder selektiver Wahrnehmung.

Wenn sich das Gehirn Illusionen macht, will es einen anständigen Gewinn. Den unangefochtenen Spitzenreiter unter den Illusionen kennen wir bereits. Es ist die Annahme, das Bewusstsein sei Herr im eigenen Haus. Gleich dahinter folgt die Fantasie, man stehe außerhalb universeller Programme und genieße bei unangenehmen Erkenntnissen einen Ausnahmestatus. Für ein stabiles Ich sind beide Illusionen notwendig, für erfolgreiches Marketing nicht.

Markenstrategen betrachten das Bewusstsein als Simulationsprogramm für Verhaltensweisen, auf das ihr Einfluss gering ist. Dieser Blickwinkel ermöglicht ihnen die Konzentration auf Programmteile, denen sich die Vernunft bei ihrer Arbeit bedient. Und das sind eben die emotional bewerteten und gespeicherten Geschichten. Sprache ist lediglich ein Instrument, das die Ankoppelung neuer Informationen an die richtigen Geschichten erleichtert und das Bewusstsein in seinem Irrglauben bestätigt. Und weil das nicht wenig ist, überprüfen wir ihren Einsatz.

Sprachbewusstsein und Konsequenzen

Sprache dient primär zur Rechtfertigung unseres Verhaltens. So lautet das Credo dieses Kapitels, von »Tausend und einer Macht« und von Markenstrategen.

Glaubensvorstellungen zu verändern wird einfacher, wenn wir uns an Vorgehensweisen orientieren, die das Unbewusste stärker und das Planbare geringer gewichten. Die folgenden Empfehlungen sind mit leichten Anpassungen auch bei der Einführung anderer Instrumente von Nutzen.

- Überprüfe die Glaubensbekenntnisse von Agenturen und trenne dich von Partnern, die dein Kodierungssystem nicht übernehmen.
- Inventarisiere die verschiedenen Rollen, welche Sprache und Sprecher im Unternehmen spielen.
- Verfalle lieber dem Wunsch nach realer Veränderung als dem Wahn nach Vollständigkeit und Eindeutigkeit.
- Wähle überblickbare Schauplätze, die dir am Herzen liegen.
- Stufe die Bereitschaft des Ensembles für neue Inszenierungen höher ein als die Bedeutung bestehender Bühnen.
- Überprüfe deine Wahl, indem du mit den wichtigsten Personen der geplanten Aufführung sprichst und führe bei ernsthaftem Zweifel Neuwahlen durch.
- Betrachte das Projekt als Drehbuch, in dem du der Held bist und suche die gute Geschichte sowie die richtigen Helfer.
- Besuche Vorstellungen des Stücks, das du verändern willst und frage, wer zum festen Ensemble gehört und für welche Rollen geeignet ist.
- Bestehe auf dem Recht, für die Besetzung der Hauptrollen den Stichentscheid zu haben.
- Erzähle die neue Geschichte möglichst anschaulich, ohne schon auf Details einzugehen oder sie zu diskutieren.
- Respektiere Erfahrung und Wissen notwendiger Spezialisten, aber setze dich auch über Vorbehalte hinweg.
- Beginne bald mit den Proben kurzer Szenen, um anderen Akteuren das Erfassen der Geschichte zu erleichtern.
- Erzähle immer wieder, wie geschmeidig, wundervoll, überheblich und korrumpierbar Sprache ist.

- Wecke durch geeignete Übungen das Verständnis für die unterschiedlichen Aufgaben von Sprache.
- Glaube daran, dass Legitimation von Verhaltensweisen wichtiger ist als Erregung von Aufmerksamkeit oder Wissensaustausch.
- Streiche Sprache schrittweise und konsequent aus allen Haupt- und Nebenrollen, die andere besser spielen.
- Verbinde Szenen, die einigermaßen sitzen, miteinander und überprüfe das Resultat.
- Vertraue darauf, dass andere Bühnen sich für deine Aufführung interessieren, wenn sie Publikum anzieht.

Wer Sprache im eigenen Haus inszeniert, stellt bald fest, wie einfach sich damit Aufmerksamkeit erzielen lässt. Ein sprachbewusstes Unternehmen fällt auf und gewinnt Sympathien, weil seine Kunden selbst am neuen Stil von Briefen oder E-Mails Freude haben.

Briefe werden heute nicht mehr
geschrieben, sondern erledigt.
Ernst Penzoldt

Sprache ist ein geniales Instrument zur externen Speicherung von Informationen, eignet sich aber schlecht für Wissenstransporte. Knowledge-Management kann gar nicht gelingen, wenn Kommunikationsverantwortliche, Informationsbeauftragte und Marketingverantwortliche in verschiedenen Abteilungen und Glaubenssystemen zu Hause sind.

Die Folgen lieblos aufgearbeiteter Informationen sind bekannt: Overkill als Ergebnis schlechter Selektion, Abwehr durch Verzicht auf Sinnlichkeit, Unverständnis aus falsch verstandenem Wahrheitstrieb, Ärger wegen Überforderung.

In meiner Abteilung möchte ich keinen erwischen,
der über das Universum redet.
Ernest Rutherford

Wo alles gleich wichtig ist, wird vieles gleichgültig. Die Unkenntnis individueller Präferenzen darf uns nicht dazu verleiten, auf hierarchische Strukturierung von Wissen zu verzichten. Denn weil uns Vorurteile Arbeit abnehmen, sind uns Ordnungen sympathisch. Wir setzen die Dinge ja ohnehin so zusammen, wie sie uns passen. Und durch den gewählten Raster etwas über den anderen zu erfahren, ist doch reizvoll.

Im Einsatz zur Rechtfertigung

Bei dieser wichtigen Rolle von Sprache prüfen wir zuerst, in welchen Stücken sie auftritt. Die Geschichte von der Rechtfertigung unternehmerischen Verhaltens hat Tragödiencharakter und wenig mit dem Leben der Kunden zu tun. Also bleibt uns nichts anderes übrig, als den Spielplan zu ändern.

> Niemand liest so aufmerksam Autowerbung wie
> die Leute, die sich gerade ein Auto gekauft haben.
> *Helene Karmasin*

Empfehlungen für den Einsatz von Sprache als Rechtfertigungsinstrument:
- Betone verbale Beziehungsaspekte zurückhaltend. Ein Held, der dauernd seine Ehrlichkeit, Selbstlosigkeit oder Gutmütigkeit verkündet, wird unglaubwürdig.
- Reduziere die Vermittler. Wenn eine Sekretärin denkt, was ihr Chef denkt, was der Briefempfänger denken soll, werden Briefe länger, kraftloser und überflüssiger.
- Suche Personen mit Sprachbewusstsein und überlasse ihnen die Interpretation der zugewiesenen Rollen.
- Trenne eigene und fremde Interessen. Denn Kunden durchschauen ein Mailing, das sich als Dankesschreiben tarnt, sie aber lediglich zu weiteren Käufen verführen will.
- Entwickle ein Gefühl für Illusionen, die der Kunde zur Stabilisierung seines Ichs gerne in Anspruch nimmt.
- Stufe Taten wichtiger ein als Inhalt und Form. Kunden verbiegen Vorstellungen, Absichten und Wünsche ohnehin, bis ein Bild für subjektiv befriedigendes Handeln entsteht.
- Nutze die Illusion, Wahrheit erscheine im Gewand von Zahlen, Prozenten, Statistiken und Ranglisten.
- Schaffe Königreiche, in denen der Ablasshandel blüht, deren Würdenträger volksnah sind und für alles Verständnis haben.

- Fülle Sinnlücken durch detaillierte Beschreibungen, Abstecher in die Vergangenheit oder Ausblicke in vorstellbare Zukunftswelten.
- Richte Scheinwerfer so ein, dass jeder Zuschauer einmal im Zentrum des Lichtkegels ist, egal wo er sich aufhält.
- Studiere Verteidiger, die wacklige Alibis so gut in Geschichten einpacken, dass Geschworene einstimmig auf Freispruch plädieren.
- Berücksichtige, dass wir der Benennung von Dingen und Menschen Bedeutung beimessen. Nur wenige Symbole geben so viel Sicherheit wie Namen.
- Glaube nicht, Fragen zum eigenen Verhalten würden ehrlich beantwortet.

Für Marktforschung beschränkt tauglich

Ohne am Lack der Marktforschung zu kratzen, lässt sich dieses Kapitel nicht abschließen. Denn für die meisten Marktforscher sind Gefühle primär Störfaktoren wissenschaftlicher Methodik, was eine schlechte Voraussetzung ist, um Brauchbares über soziales Verhalten abzuliefern.

> Auf der Basis qualitativer Daten wurde noch nie
> eine große Marketingentscheidung getroffen.
> *John Scully*

Marktforschung ist unverzichtbare Informationsbeschaffung, wenn es um gespeichertes Wissen geht. Die Verbindung komplexer Wahrscheinlichkeitstheorie mit modernster Computertechnologie ermöglicht das Bereitstellen wichtiger Daten für analytische Arbeiten. Wo die Welt quantitativ erfassbar in Erscheinung tritt, können gewünschte Ausschnitte extrahiert und grafisch dargestellt werden.

Der Wettlauf um Kunden lässt sich durch Schnelligkeit oder Frühstart gewinnen. Da Großunternehmen unter langen Reaktionszeiten und mangelndem Speed leiden, müssen sie die Koordinaten des Startplatzes früher erfahren. Deshalb geben sie Marktforschern den Auftrag, ihnen die Angaben mit wissenschaftlichen Methoden aus den Strukturen von Märkten, Umwelt, Zyklen, Unternehmen und Kundensegmenten zu extrahieren. Zudem soll dieses Legitimationssiegel die Mannschaft zum Mitrennen anspornen.

»Take the best ignore the rest«, heißt ein Programmcode unseres Gehirns, der uns dazu verführt, globalen Unternehmen nachzueifern, obwohl kleine Systeme anderen Gesetzen folgen.

> Die Logik der Gehirne ist nicht die
> Logik des reflektierenden Geistes.
> *Gerhard Roth*

Empfehlungen zur Informationsbeschaffung für Markenstrategen kleiner und mittlerer Unternehmen:

- Vertreibe die Angst vor Datenmüll nicht mit vernünftigen Argumenten, sondern verzichte im Zweifelsfall auf wissenschaftliche Marktforschung.
- Überprüfe genau, ob gespeichertes Wissen extrahiert oder soziales Verhalten beobachtet werden soll.
- Glaube nicht an die neue Welt und den neuen Menschen.
- Suche zuerst nach kostenlosem Datenmaterial mit langem Verfalldatum. Es liegt massenweise herum.
- Misstraue Trendforschern und blättere an trüben Wochenenden in alten Prognosesammlungen.
- Verzichte auf Fragen, für deren Beantwortung sich das Bewusstsein selber belügen muss.
- Trainiere die eigene Beobachtungsgabe und vertraue Berufsbeobachtern in künstlerischen Bereichen.
- Höre gut zu, was Sprache rechtfertigt und was sie verhüllt.

Behauptungen

Vor dem Wort war das Erlebnis.

Regeln folgen unseren Erfahrungen, nicht umgekehrt.

Bestätigung beeinflusst unsere Selbstgespräche.

Verführung ist offen gelegte Tarnung.

Es gibt lächelnde Briefe.

Verstehen lässt sich nicht delegieren.

Der Kitsch
Alle möchten unschuldig sein

»Verstehen Sie uns bitte nicht falsch. Wir wissen natürlich, dass Sie keinen Kitsch zu Hause haben …« So wurde ich in der Einladung ermuntert, mein liebstes Kitschobjekt ins Museum zu tragen. Gespannt, was der Wiener Kitschspezialist über seine Liebe zum Kitsch preisgibt, folgte ich dem Aufruf ebenso wie alle anderen.

So interessant der Vortrag war, in Erinnerung bleiben mir Bilder der Kitschobjekte und ihrer Besitzer. Wie Kunstliebhaber ihre Gartenzwerge, Nippes und Heiligenfigürchen andächtig auf die jungfräulich weiße Unterlage drapieren, wie sie ihre Alltagsreliquien auf museale Weihung vorbereiten, wie sie unter dem Loslassen ihrer Lieblinge leiden und wie glücklich sie ihre kleinen Schätze wieder in die Arme nehmen.

Mit seiner originellen Einladung beweist das Kunsthaus Zug viel Gespür für modernes Marketing und effiziente Wissensvermittlung. Auf der Suche nach dem idealen Kitschobjekt durchkämmte ich unser ganzes Haus. Selbstverständlich erst, nachdem ich die Vorbedingung erfüllte, mir ein eigenes Bild von Kitsch zu machen. Ich übernahm also einen Teil der Leistung, die der Referent zur Publikumsgewinnung erbringen muss. Und den übrigen Vortragsbesuchern wird es nicht anders ergangen sein. Bestens vorbereitet und persönlich engagiert kam es ins Museum, um eigene Vorstellungsbilder denjenigen des Referenten gegenüberzustellen. »Prosuming« nennen das die Marketingfachleute, wenn der Kunde Leistungen selber erbringt, die das Unternehmen sonst am Hals hat.

Ist Ihre Bücherwand nippesfrei, Ihre Wiese gartenzwerggereinigt, Ihr Reisegepäck souvenirlos? Trällern Sie nie schnulzige Schlager oder erliegen dem Kindchenschema? Harmlose Fragen, würde man meinen. Doch in deutschen Landen haftet der Liebe zum Kitsch etwas Verruchtes an, was ästhetischen Moralisten einen idealen Tummelplatz bietet, auf dem Vertreter aus dem Ausland allerdings nur selten zu sehen sind.

Ein Intellektueller braucht immer zwei Ärsche:
einen in den er tritt, und einen, in den er kriecht.
Hans-Dieter Gelfert

Wer gab dem Kitsch seinen Namen? Waren es seine Gegner, da »kitschen« das Einsammeln von Straßenschlamm bedeutet? Engländer, die ihn mit »sketch« verbinden wollen? Kitsch ist ein Waisenkind, das überall zu Hause ist, auch bei denen, die es aussperren. Und das Geheimnis seiner Beliebtheit gibt Kitsch gerne weiter, wenn wir ihn zum Freund wählen.

Je leichter sich verbotene Lieben rechtfertigen lassen, desto weniger verstoßen wir sie. Mit den folgenden Ausführungen will ich niemanden bekehren, sondern Sie dazu ermuntern, Ihrer vermeintlichen Charakterschwäche mit Lust nachzugeben und auch beim Beruf vermehrt auf Kitsch zu setzen.

Kitsch umgeht den Verstand

Kunstkritiker sind erfinderisch, wenn sie die Reinheit der Lehre verteidigen. Aber weder mit sozialer Ächtung noch mit spitzfindigen Argumenten oder Gewalt konnten sie Kitsch aus den heiligen Hallen des richtigen Geschmacks vertreiben. In ihrem hundertjährigen Krieg steckten sie empfindliche Niederlagen ein, wenn ihre Gegner den Trick durchschauten, ideologische Glaubenskämpfe als Frage des guten Geschmacks zu kaschieren.

Bei der Verunglimpfung von Kitsch geht es um die Rettung des Glaubens an die Vernunft. Denn Kitsch richtet sich nicht an den Verstand, sondern an die Gefühle. Der schmalzige und schnulzige Verführer lässt seinen Gegenspieler ins Leere laufen, indem er ihn umgeht und dort abholt, wo seinem Bewusstsein der Zutritt verwehrt ist, im Garten Eden.

Vieles hätte ich verstanden, wenn
man es mir nicht erklärt hätte.
Stanislaw Jerzy Lec

Der engste neurologische Verbündete von Kitsch ist zugleich sein wichtigster Einflüsterer für Wahlverhalten, das limbische System. Auf dem Strategiepapier steht in großen Lettern: »Denken verboten!« Kitsch ist ein bunter Luftballon, der sofort zerplatzt, wenn wir über seine Form oder seinen Inhalt sinnieren.

Für die Freunde wagnerscher Opern ist es ebenso ratsam, die Texte nicht zu lesen wie für Anhänger von Pop-Musik. Der intellektuelle Widerwille gegen Schmalz zwang eine Internet-Jury sogar zum harten Urteil, »Ob-La-Di, Ob-La-Da« sei der schlechteste Sing aller Zeiten. Beatles-Anhänger werden damit leben können wie die Fans der drei singenden Fußballer, welche es in die Top Ten schafften. Als bekennender Bob-Dylan-Fan nehme ich es der schwedischen Akademie auch nicht übel, Robert Zimmermann den Nobelpreis zu verweigern.

Weil sich Kitsch der Kontrolle des Verstandes entzieht, erzürnt er die Verwalter des Rationalen. Die Intellektuellen, inzwischen auch zuständig fürs Marketing, rächen sich mit einer Aufklärungskampagne, in der sie das Volk sowohl auf die hohe Ansteckungsgefahr von Kitsch, als auch auf die eigene Immunität aufmerksam machen. Die Analyse ihres vermeintlichen Impfstoffs führt zum überraschenden Resultat, dass er zum größten Teil aus Moralin besteht.

Die Moral ist immer die letzte Zuflucht der Leute, welche die Schönheit nicht begreifen.
Oscar Wilde

Die Verwendung von Moralin ist kein Verbrechen, wirkt aber störend, wenn Verunglimpfung zur Kaschierung eigener Sündenfälle dient. Und die sind in den Produktionshallen geistiger Erzeugnisse an der Tagesordnung. Intellektuelle Welterklärungsmodelle sind weder Kunstwerke noch Forschungsarbeiten, sondern Meinungen, die durch ihre Erlösungsversprechen zum geistigen Kitsch werden. Solch argumentativer Schwulst findet sich in politischen Heilsverkündigungen häufig.

Entführung in die Kindheit

Am Kitsch hängt ein Gutschein für eine Reise in die Zukunft oder in die verlorene Heimat der eigenen Kindheit. Beschreibungen vom Paradies und unserem Rausschmiss gaben uns bis vor kurzem nur Erzähler von Märchen und Mythen. Wer ihnen nicht zuhörte oder misstraute, kam beim Small Talk nicht in Verlegenheit, wenn die Ratio zum Fest einlud. Aber seit Wissenschaftsgötter Ähnliches zu berichten wissen, ist Fortbildung angesagt.

Erlebnisse im verlorenen Paradies sind so prägend, dass die damaligen Gefühle alle folgenden beeinflussen. Und weil unser Bewusstsein die Bilder vom Paradies braucht, sehnen wir uns bis ans Lebensende nach der Rückkehr.

Kleine Kinder, Kopfweh; Große Kinder, Herzweh.
Sprichwort

Kitsch stabilisiert unsere Gefühlswelt und damit unser Ich. Den ungenießbaren Kitschbrei der Nazizeit haben nicht die angerührt, für die er gedacht war, sondern Akademiker mit Hunger nach Wissen und Macht. Doch bloß um der Gefahr vor Missbrauch zu entgehen, verbannen Markenstrategen das seelische Grundnahrungsmittel nicht aus ihrer Küche.

Verführung braucht Nähe und eine Symbolsprache, die sich an der Zeichenwelt unseres Anfangs orientiert. Nur wer eine Abneigung gegen Kinderhelden hat, umgeht Geschichten, die uns berühren.

Die Gestaltung eines Ersatzparadieses ist anspruchsvoll. Für das Projekt Eden braucht es nebst guten Planvorlagen und Inventarlisten auch Landschaftsarchitekten mit Fingerspitzengefühl und kompositorischem Geschick. Behutsam wählen sie die richtigen Elemente aus den großen Lagerhallen, über deren Eingänge folgende Beschriftungen stehen:

Unschuld
Reinheit
Geborgenheit
Einfachheit
Mühelosigkeit
Selbstlosigkeit
Verbundenheit
Heimat
Natur

Engel waren in barocken Zeiten noch kleine Erwachsene, da irdischer Kitsch daran erinnern sollte, dass nicht der Himmel, sondern das Diesseits eine Illusion ist. Erst in der Aufklärung befestigte man das

Flügelpaar an Kindern und machte aus ihnen pausbackige Botschafter einer unschuldigen Zeit. Unser allerliebstes Heidi wurde aus dem Paradies vertrieben, als es Johanna Spyri der Natur entriss und nach Frankfurt schickte. Falls im übersichtlichen Garten Eden überhaupt Reinigungsarbeiten anstehen, gehen sie mühelos vonstatten. Bei reinen Seelen treten Fragen rund um Windeln, Essensgewohnheiten und andere Exzesse diskret in den Hintergrund.

Auf der eigenen Leiter steigt man
nicht über die Mauer des Paradieses.
Wilhelm Busch

Im Paradies sitzen wir nicht in überfüllten Straßenbahnen, sondern unter Eichen, auf Blumenwiesen, an Meeresstränden. Mutter Natur wird besungen, heraufbeschworen oder eingerahmt, wenn unser limbisches System den Verstand daran erinnert, dass wir Menschen Teil der Natur sind. Umweltverbände sollten dem Kitsch für seine Illusionsbilder danken.

Verbindet sich Mutterland mit dem Vaterland, sind starke Widerstandskräfte nötig, um den Kopf nicht zu verlieren. Das einfache, friedvolle Leben gehört nicht nur in der Kitschwelt zu den Bestsellern. Jedes lebendige System strebt nach einem energiearmen Zustand, nach harmonischem Zusammenleben mit der Außenwelt ohne nennenswerte Störungen. Anstrengung und Unübersichtlichkeit stehen nicht auf der Wunschliste der Evolution. Logisch, dass unser Gehirn der Regel »Je weniger Aufwand, desto besser« folgt. Umständliches Abrufen, Bewerten, Auswählen und Einordnen von Informationen bedeutet für das Gehirn teurer Aufwand in Form von Stoffwechsel und Energie. Zudem sind solche Prozesse fehleranfällig.

Kitsch filtriert Bedrohliches und Fremdes aus. In der gemütlichen Stube sitzend, lassen wir uns vom Kitsch einlullen, während draußen die Mächte des Bösen toben. Das Bedrohliche unbekannter Kulturen ist ein idealer Nährboden für exotischen Kitsch. Doch seit wir die letzten weißen Flecken auf der Weltkarte ausmalten und in jede Ecke surfen, hat der edle Wilde an Anziehungskraft verloren. Häuptlingsworte, Baströckchen und Kamelienblüten taugen nur noch beschränkt als Wegweiser zum Paradies. Die Verlagerung zur Exotik des Alltags wurde in vielen Marketingabteilungen nicht bemerkt.

In der Zukunft ist Platz für Gutes

Aufenthalte in utopischen Zukunftsoasen sind für unser Gehirn Erholungsurlaube, ohne die es den Anforderungen des Alltags nicht gewachsen wäre. Dass wir für die beschwerliche Reise in Nirgendwoländer auf das Transportmittel Sozialkitsch angewiesen sind, gehört zu den letzten Tabus. Der mediale Aufschrei, den jede ungeschickte Durchbrechung auslöst, dringt sogar in gut abgeschirmte Schreibstuben.

Ganz gleich, ob es sich um Bilder aus der Vergangenheit oder von der Zukunft handelt, wir lassen uns nicht jede Illusion abluchsen. Wer am Entwurf unseres Selbstbildes mitarbeitet, genießt besonderen Schutz. Und dazu gehören die Helden unserer Kindheit, die Geschichten vom ersten Mal und die Hüter unserer Wünsche und Hoffnungen. Sie liefern das Material, aus dem wir fortwährend unser Ich zusammenbasteln. Dieser Rohstoff ist für die ISO-Zertifizierung völlig ungeeignet. Er fühlt sich kitschig an, trägt eine Schutzschicht gegen Wahrheit und verändert seine Grundstruktur mit zunehmendem Alterungsprozess nur noch in Ausnahmefällen. Und trotz dieser merkwürdigen Eigenschaften findet er sich in jeder Requisitensammlung von Markeninszenierungen. Egal, ob er zum Einsatz kommt oder nicht.

Kitsch könnte weder entstehen noch bestehen,
wenn es nicht den Kitsch-Menschen gäbe,
der den Kitsch liebt.
Hermann Broch

Nur idealtypische Zukunftsvorstellungen haben beruhigende Wirkung und entlasten unser Gehirn. Apokalyptische Szenarien gehören zum Angebot kulturpessimistischer Ideologien, die mit schwarzer Pädagogik arbeiten. Für den Einsatz von Angst gelten im Marketing die gleichen Regeln wie in der Filmindustrie, weshalb es ein feines Gespür für Dramaturgie und die Kunst des Auflösens braucht.

Besser wir setzen auf positive Vorstellungsbilder und schaffen so langfristigere und stärkere Bindungen. Vorstellungen einer idealisierten Gesellschaft braucht unser Ich, um sich unter Menschen wohl zu fühlen. Die Entwicklung des Bewusstseins ist vielleicht eine evolutionäre Reaktion auf diese Notwendigkeit, weil nur das Bewusstsein Illusionen einer heilen Welt schaffen kann.

Was hält uns davon ab, aktiv am Entwurf idealer Zukunftsoasen mitzumachen? Der Müllhaufen fantasieloser, pädagogisch verbrämter Illusionsbilder, unerträgliche Versionen autoritärer Ideologien oder der Glaube, es gäbe keine Alternativen zum Einloggen in Datenbanken kommerzieller Märchenerzähler? Am ehesten verstehe ich Abneigungen gegen kitschige Zukunftswelten nach einer großen Enttäuschung. Wenn ein Luftschloss zusammenfällt, muss man sich erst aus den Trümmern befreien, um ein neues zu bauen.

Diese Erfahrung blieb auch mir nicht erspart. So überfiel mich nach der Geburt meiner behinderten Tochter das Gefühl, die Vorstellungsbilder von Familie und Kindern hätten nur ein Ziel, mich zu verhöhnen. Und doch prägten diese Illusionen mein Ich so stark, dass sich der Schutt nicht durch rationale Einsichten wegräumen ließ. Ich musste zuerst einen neuen Ort suchen, an dem andere Geschichten erzählt werden, die mir gefallen. Erst als dieser Ort nicht mehr bloßer Ersatz war, begann ich die Welt der Illusionen, den Kitsch wieder zu lieben.

> Ich habe überhaupt kein Problem damit,
> wenn Leute meine Lieder nicht mögen.
> *Heino*

Man muss Kitsch mögen, um mit ihm zu spielen. Denn nur das Spielerische verhindert das Umschlagen von Ernsthaftigkeit in verbissene Wahrheitssuche. Nur Zukunftswelten im Jenseits dürfen sich das Wahrheitssiegel aufdrücken, da ein überprüfbares Versprechen keine lange Halbwertszeit hat. Diesseitiger Kitsch, der sich als Wahrheit verkleidet, weckt unseren Zorn auf seinen Produzenten, wenn sich die Illusion auflöst. Hollywood ist zu Recht stolz auf den Namen Traumfabrik. Und auch Markenstrategen überlassen es den Menschen, was sie vor dem Einschlafen lesen oder wovon sie träumen möchten.

Einsatzgebiete von Kitsch

Kitsch ist ein Türöffner zur Gefühlswelt. Für alle Menschen gibt es irgendwo eine Kitschecke, auch wenn sie sich in jedem soziokulturellen Raum an einem anderen Ort befindet. Weil ich dies in England während meiner wilden Jahre vergaß, wurde ich beinahe aus einer Neujahrsparty herauskatapultiert. Denn die freakigen, anarchistischen und verkifften Gastgeber fanden es keineswegs lustig, als ich die farbige Großaufnahme der Royal Family nebem dem Kleiderständer als »good joke« bezeichnete. Offiziell produziert nur immer der andere Kitsch.

Am Gegenüber von Wand und Kulisse
kehrt der Blick zu sich selbst zurück.
Otto F. Best

Wenig Sinn macht es, neue Kitschnester zu bauen, wenn wir bestehende füllen können. Mit einer Übernahme sparen wir Zeit, Energie und Risiko. Je älter ein Nest ist, desto mehr Aufmerksamkeit verdient es. Daher kommen wir unweigerlich mit religiösen Welten in Kontakt. Die Weihnachtsgeschichte ergreift auch Ungläubige, weil sie in ihr alle wichtigen und bekannten Elemente von Kitsch vorfinden.

Auf dem Marktplatz, den ein Markenstratege für den Verkauf seines Produkts auswählt, lokalisiert er zuerst den Kitschstand und studiert die Auslage genau. Nicht um irgendetwas zu kopieren, sondern um das Reisemittel zu entdecken, das die Umstehenden zu den Illusionen ihrer Kindheit und Zukunft führt.

Zwar heftet sich Kitsch in seiner visuellen Form an Dinge, begegnet uns aber nicht weniger häufig auf musikalische oder sprachliche Weise. Nur was auf dem Stand ausgebreitet ist, zählt. Versuchen Sie also nicht, eigene Vorlieben einzuschmuggeln. Marketing und Kitsch haben die Gemeinsamkeit, sich nach dem Kunden auszurichten, was viele Künstler mit Genugtuung zur Kenntnis nehmen.

Die Weiber, auch die gebildeten, haben
mehr Appetit als Geschmack.
Johann Wolfgang von Goethe

Als Markenstratege widersprechen Sie Goethe und wissen, dass Frauen nicht nur anders sind, sondern auch die Mehrzahl aller Kaufentscheide treffen. Sie listen also alles auf, woraus die Kitschwelt der Frauen besteht, gehen damit auf den Markt und bereinigen die Liste. Aber hören Sie bei den Korrekturen nicht auf Stimmen, die Ihnen idealistische Frauenbilder verkaufen wollen. Auch wenn Ihnen solche Vorstellungen sympathisch sind.

Weil Kitsch zur Bezeichnung einer Welt dient, die unser Bewusstsein ablehnt, ist sie mit Fragebogen ebenso wenig zu erfassen wie andere bedrohende Verhaltensweisen. Ihre eigene Beobachtungsgabe wird die Lektüre von Studien ergänzen. Auf Ihrer Kitschliste werden schließlich Begriffe stehen, die Ihre Marketingstrategie leiten. Frauen haben andere Vorstellungen vom Paradies auf Erden als Männer.

Wie die konkrete Anwendung des Marketinginstruments Kitsch aussieht, kann nur anhand konkreter Beispiele aufgezeigt werden. Hier geht es darum, Sie für die Beachtung gruppenspezifischer Kitschwelten zu sensibilisieren, damit Senioren, Kinder, Jugendliche, Singles oder Familien nicht mehr so doof behandelt werden, wie das heute meist der Fall ist.

Was Kitschregisseure auszeichnet

Als Markenstratege fragt der Kitschregisseur nicht nach Kundenwünschen. Die dumme Angewohnheit, diejenigen zu befragen, die gar nicht entscheiden, haben viele. Der Autoverkäufer horcht den Mann aus, obwohl die Frau entscheidet und der Lehrer fragt die Mutter, was dem Kinde fehlt. Je weiter wir uns vom Bewusstsein entfernen, desto wichtiger werden andere Befragungsmethoden.

Weil ein Markenstratege den klassischen Befragungen nach Kundenwünschen misstraut, belästigt er seine Kunden auch nicht mit der unsinnigen Frage, welchen Kitsch sie besonders mögen. Ärgerlich oder nicht, der Mensch will seine Gefühle nicht in offene Bücher schreiben. Kitsch ist kein Objekt, sondern eine Beziehung und verbindet die Welt der Gefühle mit der Welt draußen.

Die Mutationsrate ist ungefähr ein Mutationsereignis pro Generation, unabhängig von der Genomgröße. Das gilt vom Virus bis zum Menschen.
Boris Stelpe

Ein Kitschregisseur hat seine Vorstellungen, wie der Mensch sein sollte, orientiert sich aber als Markenstratege an der Gegenwart, an einer Epoche, in der wir Menschen eben so sind, wie wir sind. Ein Manager, der eine Hard-Rock-Band auf Balladen verzichten lässt, ist ein Depp – es sei denn, seine Schützlinge möchten gar nie aus der Provinz ausbrechen. Wer mit Kitsch arbeitet, glaubt daran, dass Balladen für das Marketing von eminent wichtiger Bedeutung sind. Und statt nach ihnen zu fragen, entdeckt er sie, passt sie ins Gesamtprogramm ein und beobachtet deren Wirkung für allfällige Nachbesserungen.

Seinem Drang nach Uraufführungen gibt der Kitschregisseur nicht immer nach, weil es ihm genügt, wenn seine Cover-Version einer guten Ballade mehr Applaus erhält als das Original.

Wer Kitsch lediglich benutzt, um Trends gerecht zu werden, muss mit seiner Entlarvung als Zyniker rechnen. Wer mir als Junge ein Heiligenbildchen in die Hand drückt und durch Worte oder Blicke seine Geringschätzung für meine Passion verrät, gewinnt zwar meine Aufmerksamkeit, aber nicht meine Sympathie.

Ein Kitschregisseur hat Geduld oder lässt sich zu ihr zwingen. Zwar möchte er gleich mit den Proben beginnen, aber zuerst müssen die Mitspieler ein gemeinsames Bild von Kitsch haben. Sein Bild. An ihm lässt er nur Retuschen zu, die keine wesentlichen Kennzeichen verschwinden lassen. Diese Eigenschaft wird oft als Charakter oder Stil bezeichnet.

Mein Hackbraten hilft gegen alles.
Mein Metzger

Andere für seinen Glauben an das Unbewusste zu gewinnen, erleichtert ihm sein Verständnis für das Spiel mit Illusionen. Seine Erfahrungen, dass es nach strengen Regeln abläuft, aber viele Varianten zulässt, machen ihn tolerant. Paradiesvorstellungen anderer wecken seine Neugier. Spaß an Illusionen ermöglicht ihm den lockeren Umgang mit Engeln, selbst wenn geflügelte Wesen in seiner persönlichen Illusionswelt keinen Platz gefunden haben.

Unsere Person fürs Kitschige kann zwischen ideologischem Sprachkitsch und natürlichem Gefühlskitsch unterscheiden. Den einen verbreitet das Bewusstsein, den anderen das Verhalten. Von Berufes wegen für die Beeinflussung von Wahlverhalten zuständig, überlässt er den Kitsch nicht einfach den Werbern. Schließlich geht es um strategische Entscheidungen. Passt Kitsch? Will ich ihn? Wo ist er zu Hause? Was bewirkt er? Kann und will ich die Folgen tragen? Welche Illusionen lassen sich aufrechterhalten, welche nicht?

Auf dem Papier betrachtet, haben junge Kitschregisseure schlechtere Karten für das Spiel der Illusionen. Aber das Beispiel Seniorenmarketing zeigt, dass die ältere Konkurrenz ihren Vorteil leichtfertig dem Glauben an die Vernunft opfert. Das passiert einem strategischen Kitschregisseur nicht.

Die Formen der 1950er waren, daran besteht kein Zweifel, weiblich.
Konrad Paul Lissmann

Auf dem Büchertisch eines Kitschregisseurs liegen nicht nur sachdienliche Hinweise. Er studiert außer Aktienkursen auch Bestsellerlisten, ohne sich über die Rangierungen von Liebesromanen zu wundern. Die Bilder auf den Schutzumschlägen wecken in ihm den Wunsch, öfter ins Kino zu gehen. Als Heim-Cineast schafft er sich die gesammelten Werke von George Lucas und Charlie Chaplin an. Und es macht dem Kitschregisseur nichts aus, dass sein Publikum nicht über sein Kunstwerk nachdenkt.

Ein Magister für Kitsch ist kein elitärer Städtereisender, der Touristenströme hasst, Souvenirstände aus Prinzip meidet, die Blickwinkel der Kameraobjektive nicht sieht. Farbenfrohe Ölbilder und ihre Betrachter interessieren ihn aus beruflichen Gründen, weshalb er nicht zu denen gehört, die immer hinter die Kulissen blicken wollen, sondern Kulissen an sich ein Ereignis findet und selber welche bauen möchte.

Er muss sich sein Überlegenheitsgefühl gegenüber Gartenzwergen nicht eingestehen, um die Kennzeichen des Niedlichen zu entdecken. Den Beschützerinstinkt können auch seine Kinder wecken, als verkleinerte Originale. Soll, kann und will ich Niedlichkeitskitsch einsetzen? Ob er ihn mit Rührungskitsch kombinieren will, fragt er sich als Kenner der wichtigsten Kitscharten, selbst wenn er kein spezialisierter Fundraiser ist. Das Gefühl, nochmals davon gekommen zu sein, regt unser Lustzentrum an. Menschen können ohne Hoffnung auf ein Ende von Leid nicht leben. Ein Kitschregisseur in den Diensten eines weltlichen Unternehmens wirkt beim Bau der notwendigen Illusionswelten mit. Es ist ja nicht seine Schuld, dass sich die religiöse Heilsgeschichte verweltlichte.

Ein Kitschregisseur gesteht sich ein, dass dem Kitsch ein erotisches Moment anhaftet, wenn er die reine Liebe idealisieren oder das Sexuelle vom Schmutz befreien muss. Das Schwanken zwischen Ästhetisierung und Dämonisierung übt auf ihn eine besondere Anziehungskraft aus, obwohl er bei der Inszenierung des Stücks »Die Verführung der Unschuld« eine schwierige Doppelrolle einnehmen muss.

Vorsichtig geht er auch ans Werk, wenn Gruselkitsch auf dem Spielplan steht. Dann lässt er nur Gruselfiguren auftreten, die ihre Harmlosigkeit im Lauf der Zeit eindeutig bewiesen haben. Beim Grafen Dracula und einigen Märchenfiguren trifft dies stärker zu als beim Teufel.

Wenn Inseln funktionieren würden, hätte
Napoleon auf St. Helena Ferien gemacht.
Luca Turin

Kitsch an sich ist weder gut noch schlecht, sondern die einfache Möglichkeit, unsere Gefühlswelt zufrieden zu stellen. Aber das hohe Suchtpotenzial von Kitsch führt automatisch zur alten Frage, ob der Zweck die Mittel heiligen darf. Und die kann ein Kitschregisseur nur persönlich beantworten.

Behauptungen

Kitsch konserviert Kindheit.

Bei Sonnenuntergängen versinkt auch der Verstand.

Stillosen Firlefanz besitzen nur andere.

Heimweh erhöht Kitschanfälligkeit.

Marktforschung beginnt bei der Zimmereinrichtung.

Die Vorstellung von Unschuld ist kitschig.

Das Netz
Schöne alte kleine Welt

»Herzlich willkommen, wir freuen uns!« Diese Reaktion hätte ich gerne gehört, als ich für die Geburtstagsparty meiner Tochter ein Restaurant suchte. Behinderte Gäste werden noch seltener so begrüßt, wie ich feststellte, sodass mir nichts anderes übrig blieb, als auch noch bei McDonalds anzurufen.

»Great you're here! – An diesem Nachmittag wird Olivia die Königin sein, und ihr Gefolge die Prinzessinnen und Prinzen. Eine Fee ergänzt den Hofstaat. Wir freuen uns auf Olivia und ihre Gäste!«

Noch immer kein regelmäßiger McDonalds-Besucher, erzähle ich diese Geschichte trotzdem weiter, in Vorlesungen, Kundengesprächen, Seminaren, Referaten, in »Tausend und einer Macht«. Auch dass die ausgebildete Krankenschwesterfee vom Chef des Hofstaats bezahlt wurde.

Das Netz ist das zwölfte und letzte Instrument, dem ich besondere Aufmerksamkeit schenke, um in der großen Werkzeugkiste für Markenstrategen Ordnung zu schaffen. Der Leser wird solche Aufräumarbeiten nach den Kategorien und Vorstellungsbildern angehen, die seine Lebensgeschichte ihm vorgibt. Und doch müssen wir uns alle beschränken und an gebräuchliche Begriffe halten, damit Kommunikation überhaupt möglich ist.

Genau meine zwölf Vorstellungsbilder nahm ich aus dem Koffer, weil ich sie für ein vertretbares Minimum halte und mir die Zahlensymbolik der Zwölf gefällt. Denn Gebote sollten es nicht sein, bei der Elf fehlen mir starke Bilder und ab Dreizehn kommt lange keine Zahl mehr, die für mich eine solche Stärke hat und trotzdem noch minimal ist.

Zwei Begründungen nur? Obwohl Millionen von Begründungen vorlagen? Wir können gar nicht anders. Das ist die Botschaft von »Tausend und einer Macht«. Denn das Unbewusste behält die meisten Erklärungen für sich und teilt dem Bewusstsein nur einige passable Teilerklärungen mit.

Wie »Netz« bildhaft aussagt, ist das Wort ein Sammelbegriff, der mir das Eingehen auf Marketingspezialitäten erlaubt, die in einem solchen Buch nicht fehlen dürfen. Daher erfahren Sie in diesem Kapitel noch einiges über Macht, Empfehlungsmarketing, Networking und Internet.

Macht ist nicht Zwang

Ein Markenstratege bekennt sich zum Programm »Tausend und eine Macht«, wenn er Geschichten erzählt und Macht ausübt, also menschliches Wahlverhalten beeinflusst.

Weil er dem negativen Touch, mit dem Macht leben muss, keine Bedeutung beimisst, erkennt er das eigentliche Wesen der Macht besser. Für ihn ist sie eine neutrale Angelegenheit, nur ein Medium.

Hirnforscher würden sagen, Macht macht das Zustandekommen unwahrscheinlicher Verbindungen wahrscheinlicher.

Als Kommunikationsmedium sah der Soziologe Niklas Luhmann die Macht bereits vor dreißig Jahren. Und Zufall oder nicht, als Luhmanns schmale Schrift zur Macht 1998 neu aufgelegt wird, enthüllen zwei amerikanische Mathematiker wichtige Geheimnisse von Netzwerken. Und was ist unser Gehirn anderes als das komplexeste Netz im Universum?

Macht mich nicht an!
Graffiti

Wenn Sie ein schöner Apple-iPod-MP3-Player förmlich darauf hinweist, dass er Ihre Selektionskriterien von Schönheit mit großer Wahrscheinlichkeit erfüllt, dann hat seine Gestaltung Macht. Er zwingt Sie nicht zur Annahme. Ihnen stehen ja andere Wahlmöglichkeiten offen. Sie können auf den Kauf verzichten oder ein Produkt des Konkurrenzunternehmens kaufen.

Wenn Ihnen das Lächeln einer Verkäuferin signalisiert, dass Ihre Erwartung an eine angenehme Atmosphäre erfüllt wird, hat dieses mimische Symbol Macht.

Macht ist ein Kommunikationsmedium, das den Selektionsspielraum des Partners einschränkt. Das ist die Definition von Niklas Luhmann. Und das ist auch eines der Prinzipien, nach denen die Evolution das soziale Zusammenleben der Menschen regelt. Ohne das wir bekanntlich nicht überleben könnten. Und mit Sprache allein ist dies nicht zu leisten.

Macht ist eine Zusatzeinrichtung zur Sprache, ein Code allgemeiner Symbole, um Verhaltensmuster zu übertragen. Und je fortgeschrittener eine Gesellschaft ist, desto höher wird der Bedarf von Macht, da die Wahlmöglichkeiten exponential zunehmen.

Es gibt kein potenzsteigernderes Mittel als die Macht.
Henry A. Kissinger

Fassen wir Macht als Kommunikationsmedium und nicht als persönliche oder institutionelle Befehlsgewalt auf, dann wird nicht nur der Bezug zu unserem Gehirn klarer, sondern auch die Notwendigkeit ihres Einsatzes sowie ihre Abgrenzung zum Zwang.

Zwang will, dass wir etwas Konkretes, genau Bestimmtes ausführen, reduziert also unsere Wahlmöglichkeiten auf Null, wendet im Grenzfall sogar physische Gewalt an. Weil Zwang von einem lokalisierbaren Punkt ausgeht, was nur in sehr einfachen Systemen möglich ist, verzichtet er auf die Vorteile des Mediums Macht.

Wo Zwang nicht möglich ist oder schadet, müssen wir eine Symbolsprache verwenden, die wir freiwillig übernehmen. Das tun wir dann, wenn wir damit rechnen, dass ihre Botschaft wahrscheinlich eintritt. Macht ist ein Kommunikationsmedium, mit dem wir darauf hinweisen, dass dem so ist.

Spielen Sie die Definition von Macht als Kommunikationsmedium beliebig durch, und Sie werden sehen, wie befreiend diese Sichtweise ist. Und wie gut sie wichtige Funktionsweisen unseres Gehirns und damit unseres Verhaltens vorstellbar macht.

Außenseiter und das 80/20-Prinzip

In komplexen Netzwerken bestimmt die Minderheit. Sie ist für die Mehrheit der Wirkungen verantwortlich.

Diese Entdeckung machte der italienische Ökonom Vilfredo Pareto bereits 1897. In Wirtschaftskreisen sorgt Paretos Enthüllung unter dem Namen 80/20-Prinzip für Furore, bedroht Lieblingsvorstellungen jedoch so stark, dass sie schon bald in die neutralen Zonen der Weiterbildung und Referate verbannt wird. Für seine Rückkehr machen sich nun die Hirnforscher stark, da nach ihren letzten Verlautbarungen alles dafür spricht, dass unser neuronales Netzwerk ebenfalls dem 80/20-Prinzip folgt.

Ziehen wir uns am Morgen an, wählen wir in vier von fünf Fällen etwas aus, das zum 20 Prozent-Lager im Kleiderschrank gehört. Im Internet entfallen 80 Prozent der Besuche auf 10 Prozent aller Websites. Kaum 2 Prozent der produzierten Filme sahnen vier Fünftel von allen Gewinnen ab. 80 Prozent unserer Unterhaltung bestreiten wir mit 1 Prozent des lexikalischen Wortschatzes, 70 Prozent mit 700 Wörtern. 20 Prozent der Studenten sorgen für eine 80-prozentige Unterrichtsbeteiligung. 20 Prozent der Kriminellen begehen 80 Prozent der Verbrechen. 20 Prozent der Befehlcodes beanspruchen 80 Prozent der Arbeitszeit eines Computers. Und im Durchschnitt aller Branchen generieren 20 Prozent der Produkte und Kunden 80 Prozent der Umsätze.

Das sind Verhältnisse, die unseren Vorstellungen einer gerechten Welt zuwiderlaufen. Aber wir finden sie auch beim Gehirn. Denn obwohl das Bewusstsein 80 Prozent der Energie verbraucht, liegt sein Einflussbereich bei der Steuerung unseres Verhaltens unter der Schwelle von 20 Prozent.

Manche Kunden sind wesentlich. Die meisten nicht.
Richard Koch

Was tun? Gegen Regeln ankämpfen, die sich seit Jahrmillionen bewähren? Oder die Regeln verstehen, positiv umdeuten und nutzen? Da es sich ganz offensichtlich um ein evolutionäres Erfolgsprogramm handelt, sollten wir uns für ihren Einsatzbereich interessieren. Das fällt uns nicht immer leicht, weil wir uns selber als Teil eines Systems betrachten müssen, das sich mehr um das Wohl der Gattung als um unser eigenes kümmert.

Als Erfolgsmodell beruht das eigenartige Zusammenspiel von bewusster und unbewusster Datenverarbeitung auf einem großartigen Trick. Das Unbewusste als der wahre Machthaber gibt seinem wichtigsten Widersacher, dem Bewusstsein, das Gefühl, es sei für Entscheide zuständig. Das hält die Motivation aufrecht, die wichtige Störfunktion weiterhin auszuüben und nicht entmutigt aufzugeben. Nur solange die Illusion aufrechterhalten wird, eine gerechte Verteilung von Ursache und Wirkung sei möglich, bleibt das menschliche Gehirn ein offenes System, das sich veränderten Außenbedingungen genügend schnell anpassen kann.

Markenstrategen, die menschliches Wahlverhalten beeinflussen, glauben sowohl an eine ideale, demokratische Welt als auch an die undemokratischen Regeln komplexer Netzwerke. Und sie empfinden die Herrschaft des Unbewussten eher als Kränkung denn als Glücksfall mit Schönheitsfehlern. Wie die anderen Instrumente ist das 80/20-Prinzip keine Zauberformel, erleichtert aber das Spiel mit Illusionen, das Bekenntnis zur Einfachheit und den Kampf gegen Durchschnittliches. Die Frage, ob weniger nicht mehr sei, gehört daher zum Pflichtteil.

weniger Produkte
weniger Kunden
weniger Mitarbeiter
weniger Entscheidungen
weniger Werbung
weniger Information
weniger Regeln
weniger Analysen

Es gibt gute Gründe am Glauben festzuhalten, alles sei gleich wichtig. Aber Marketing ist kein Steuerbetrieb wie das Finanzwesen, als das sich auch unser Bewusstsein gerne ausgibt. Wenn 20 Prozent der Ursachen 80 Prozent der Wirkung erzielen, entsteht Wert dort, wo der Wettbewerb am härtesten ist. Das ist im Informationsraum die Aufmerksamkeit.

Daher führt eine gute Geschichte immer zu steigenden Erträgen, nutzt sich durch sanfte Anpassungen nicht ab, erhöht mit zunehmendem Alter seine Reichweite und senkt ihre Transportkosten bei steigender Anwendung.

Ein Flop mit großen Namen bringt weit mehr Geld ein
als ein Flop mit lauter Unbekannten.
Mark Buchanan

Im Strategieraum einer Marketingabteilung hängen große Schautafeln, aus denen Mehrheitsverhältnisse hervorgehen, Gemeinsamkeiten wichtiger Minderheiten, Schnittpunkte bedeutender Entscheidungen, Einsatzgebiete der zwölf Instrumente und ihre wesentlichen Kennzeichen.

Die Informationsverarbeitung erfolgt strikt nach folgenden Prinzipien: Höchstens 80 Prozent der Daten sammeln – 80 Prozent der maßgeblichen Analysen nach 20 Prozent der verfügbaren Zeit abschließen – getroffene Entscheidungen so umsetzen, als wären sie 100 Prozent sicher.

Möglich ist dies, weil zu dieser Arbeitsmethode auch die Bereitschaft gehört, falsche Entscheidungen schnell zu revidieren und den Einsatz bei gutem Funktionieren zu verdoppeln.

Markenstrategen setzen auf Minderheiten, auf Favoriten, ohne dabei das Förderprogramm für aussichtsreiche Außenseiter zu vernachlässigen. Sie finden zwar nicht mit letzter Gewissheit heraus, wer zu den Spitzenreitern gehört, erreichen aber eine ausreichend hohe Trefferquote, weil sie das Steuerungssystem für menschliches Verhalten beachten.

Die Magie der Small Worlds

Gut möglich, dass Sie und ich uns irgendwann so begegnen, dass wir uns bei einem Wiedersehen grüßen. Das wäre nicht nur interessant, sondern vergrößerte auch unsere Beziehungsnetze. Ich kenne dann vielleicht einen Menschen, der mich mit seinem persönlichen Kontakt zu Günter Jauch, Angela Merkel oder Heidi Klum überrascht. Sie würden jemanden kennenlernen, der Andy Warhol zuprostete und sich vom Lachen Keith Richards anstecken ließ.

Dass wir unter sechs Milliarden Menschen immer wieder und an den merkwürdigsten Orten auf Bekannte stoßen, ist Zufall und Notwendigkeit zugleich. Das Phänomen selbst ist uralt. Brandneu ist jedoch, dass dieses Alltagsrätsel mathematisch gelöst wurde und Konzepte von Markenstrategen beeinflusst. Ob unter dem Stichwort Small Worlds, Global-Village-Paradox oder Empfehlungsmarketing ist unerheblich. Soziale Netzwerke haben eine Struktur, die ähnlichen Regeln folgt wie das menschliche Gehirn.

Die einzige Seite eines Netzwerks ist die Außenseite.
Kevin Kelly

Die Grundsteinlegung zum Global-Village-Modell erfolgte in den Sechzigerjahren. Wäre der Akt fotografisch festgehalten, würden uns die wachen Augen des Mannes in der Mitte auffallen. Sie gehören zu Stanley Milgram, einem der kreativsten Soziologen. Er fand heraus, dass sechs Mal Händeschütteln genügt, damit zwei beliebige Bewohner des Raumschiffs Erde zusammenkommen. Der Leuchtturmwärter auf der einsamen Insel steht uns näher, als wir denken.

Das Rechenmodell mit unserem Bekanntenkreis ist simpel. Nehmen Sie einen großen Bogen Papier, auf dem die sechs Milliarden Punkte für die Menschen hoffentlich schon eingetragen sind. Nehmen Sie nun an, jeder Mensch habe fünfzig Bekannte und beginnen Sie, Onkel Fred mit seinen fünfzig Bekannten zu verbinden, von denen Sie jeden wieder mit seinen Bekannten verbinden. Reicht Ihre Ausdauer bis zu sechs Schritten, kommen Sie bereits auf 15 625 000 000 Bekannte. Das Störende an solchen Rechnereien ist bloß, dass sie wenig mit unserem Leben zu tun haben, weil sich Bekannte wiederholen und überschneiden.

> Schließen Sie sich nie jenen an, die dasselbe Manko wie Sie haben – sie werden alles, was Sie niederhält, verstärken.
>
> *Robert Greene*

Von solchen Trockenübungen hält auch der Soziologe Mark Granovetter wenig, der den Steilpass Milgrams in den Siebzigerjahren aufnimmt und das Modell der Wirklichkeit anpasst. Granovetter geht davon aus, dass Netzwerkbindungen unterschiedlich stark sind, was von Duncan Watts und Steve Strogatz 1998 auch mathematisch bewiesen wird.

Ob Glühwürmchen ihre kleinen Lämpchen zu einem wahrnehmbaren Lichtgewitter synchronisieren, in Stadien die Welle zelebriert wird, Ameisenhaufen oder Erinnerungsbilder entstehen – immer geht es um die gleiche Frage: Welche Spielregeln verführen unzählige Einzelelemente zur Zusammenarbeit?

Die Antwort: Sorge für starke lokale Bindungen und verknüpfe sie durch schwache Fernverbindungen miteinander.

Für effizientes Funktionieren von Netzwerken ist diese Regel von größter Bedeutung. Sie zwingt uns, den schwachen Bindungen mehr Beachtung zu schenken als den starken. Auch wenn dies oft unvernünftig scheint.

Wenn Sie zu zwei Personen eine starke Verbindung haben, sind sich diese beiden wahrscheinlich ebenfalls sehr nahe, was zu einem Dreieck führt. Kappe ich die Verbindung zu meinem Cousin, so beeinflusst dies mein soziales Netzwerk weniger als der Wegfall der Linie zu Keith Richards. Daher schenkt auch unser Gehirn den Fernverbindungen höchste Aufmerksamkeit.

> **Wenn du eine Frau verführen willst, mache zuerst ihrer Schwester den Hof.**
> ***Stendhal***

Zwanzig Milliarden Dollar wurden 2004 für CRM-Projekte eingesetzt. Die Erfolgsquote: 55 Prozent.

Das hat verschiedene Gründe, aber so wie eine Gesellschaft ohne schwache Bindungen in isolierte Stämme zerfällt, verliert Empfehlungsmarketing bei Vernachlässigung der Bindungsregeln an Wirkungskraft. Die Geringschätzung schwacher Kontakte ist ein schweres Vergehen. Der Bauplan für kleine Welten garantiert schnelle, kompakte und stabile Informationspakete. Und zwar im Gehirn ebenso wie im Empfehlungsmarketing.

CRM-Projekte, in deren technische Infrastruktur und Umsetzung ich Einblick habe, gehen von egalitären Netzwerken aus. Doch das soziale Netz ist nach aristokratischen Gesetzen aufgebaut, dessen verborgene Ordnung zuerst entdeckt und dann berücksichtigt werden muss. Empfehlungsmarketing als eine der wirksamsten und günstigsten Strategien bindet die übrigen Instrumente ein, erforscht die geschichtlich gewachsenen Bindungen, hat eine Vorliebe für das vermeintlich Schwache und Entdeckerfreude an neuen Medien.

Aufgeschreckt durch die düsteren Erfolgsnachrichten teurer CRM-Projekte liegen inzwischen umfassende Reparaturanleitungen vor. Doch über wirkungsvollere Datenbanken findet sich darin wenig, da sie weiterhin dem Raster traditioneller Zielgruppen folgen. Die Markenmanagerin der Firma Freitag wusste daher nicht, dass einer ihrer Kunden den Rolling Stones eine Freitag-Tasche unterbuttern kann. Zum Glück ging sie trotzdem auf meine Anfrage ein, mir einige Geschenke für das Treffen mit Keith und seinen Leuten zu überlassen.

Eine Strategie folgt Regeln und registriert Ausnahmen, nicht umgekehrt. So ist die Anzahl bedeutender persönlicher Beziehungen bei allen Menschen sehr ähnlich. Unabhängig von Herkunft, Bildung und Kultur verlieben wir uns einmal bis über beide Ohren, pflegen zwei Beziehungen zu Kindheitsfreunden und haben ein Mitglied der Familie besonders gern. In unserer Biografie finden sich zwei wichtige erwachsene Freunde, zwei Ärzte, zwei erinnerungswürdige Sexualpartner, zwei Lehrpersonen und zwei Lieblingsfeinde. Sind diese Stellen einmal vergeben, gibt es nur selten Umpositionierungen.

James Joyce hätte ebenso gut ein
Programmierer sein können.
Steven Johnson

Technik eröffnet dem Marketing neue Möglichkeiten, führt aber oft zu Kategorisierungen, die leicht erfassbar sind. Der Technik blind zu vertrauen ist ein Bekenntnis zu durchschnittlichen, mehrheitsfähigen Lösungen.

Überprüfen Sie Ihre Kundendaten auf die Anwendbarkeit der zwölf Instrumente, selbstverständlich unter Beachtung des 80/20-Prinzips. Sind die Eintrittstore zum Unbewussten beschriftet? Welche stehen für das Unternehmen, Produkte, Dienstleistungen und ihre Geschichten offen? Wo sind Trampelpfade und Fernverbindungen auszumachen? Dient die Kategorisierung als Geschenkratgeber und zur Identifikation der Jugendhelden? Lassen sie Rückschlüsse auf die Ausgestaltung der Kitschwelten zu, auf bevorzugte Spielarten, auf Sinnlücken? Sind erlebte Rituale und favorisierte Medien aufgeführt?

Weil unser Blick nur so weit reicht, wie unsere Verbindungen ein scharfes Bild erstellen, sehen wir im sozialen Alltagsleben die schnellen Fernverbindungen kaum. Doch sie sind es, die unseren Planeten auf Dorfgröße zusammenschrumpfen lassen und die globale Gesellschaft einigermaßen zusammenhalten. Die magischen Eigenschaften von Netzwerken stabilisieren die eng verflochtenen Strukturen von Gemeinschaften und ermöglichen uns gleichzeitig die Überwindung riesiger Distanzen in kürzester Zeit. Lesen Sie in Bill Clintons Memoiren nach, wie das in der Praxis aussieht.

Aufregung um neue Medien

Glaubenssysteme speichert unser Gehirn im unbewussten Teil ab, das dem Bewusstsein nicht jede Korrektur meldet. Es dauert also ein Weilchen, bis eine ganze Gemeinschaft erkennt, dass eine vermeintliche Störung nicht lebensbedrohlich, sondern lediglich notwendige Anpassung an neue Gegebenheiten ist. Das erklärt viele ängstliche Überreaktionen und Fehleinschätzungen.

Überdurchschnittlich stark gehen Verlustängste zurück, wenn eine neue Generation bereits mit der Störung aufwächst und von ihr geprägt wird. Diese Situation treffen wir bei den Glaubenssystemen an die neuen Medien an.

Wer im Leben keinen Erfolg hat, ist
deshalb noch lange kein Idealist.
Henry Miller

Weltweite Kommunikationsmöglichkeiten gab es lange vor dem Computer. Die letzte wirklich erdbebenähnliche Störung im Informationswesen ereignete sich, als Gutenberg den Buchdruck mit beweglichen Lettern erfand. Damit wurde die Überwindung von Raum und Zeit möglich. Was danach folgte, sind lediglich erstaunliche Verbesserungen.

Die neuen Medien ändern die grundsätzlichen Verhaltensmuster des Menschen nicht, weil ihr Neuigkeitswert zu gering ist. Für uns heißt das fürs Erste, entspannen. Wenn wir die Details beachten und in unser Instrumentarium einbringen, ist alles halb so schlimm. Und bei der Frage, welche Aspekte wir für eine Strategie berücksichtigen sollen, halten wir uns an die Beobachtungen, was am meisten bewirkt.

Die Kids von heute sind mit
der Maus in der Hand geboren.
Martin Lindstrom

Die Identitätssuche

Was die Jungen interessiert und worüber sie in allen Medien Antworten finden wollen, verändert sich nicht:
- Die eigene Geschichte oder wer bin ich?
- Die Helden oder was ist meine Rolle?
- Die Themen und Ereignisse oder was verbindet mich mit der Welt?
- Die Helfer oder wer passt zu mir?

Die Lieblingsgeschichten

Drehbücher, wie sie eine andere Generation für James Dean, Marilyn Monroe und Romy Schneider verfasste, begeistern immer:
- Träume von starken Helden, phantasievollen Geistern, liebenden Menschen, heimatlicher Sicherheit und lachenden Gesichtern.
- Der Wunsch, berühmt, reich und beliebt zu sein.
- Entwürfe kitschiger Landschaften, die Gefühlen Aufenthaltsorte bieten.
- Geschichten vom Aufbruch, von Rebellion und Gerechtigkeit.

Die Peergroup

Digitale Medien verlieren ihre Faszination und ihr Angstpotenzial. Sie sind Teil ihrer Kommunikationswelt und ihrer Rolle in der Gruppe. Die Bedeutung der Peergroup nimmt in der Netzwerkwelt dafür klar zu. Peergroups sind Superknoten im Netz, die besondere Beachtung verdienen. Wir müssen unsere Geschichte für die Rudelführer schreiben, denn gefällt sie ihnen, verbreiten sie sie weiter. Haben wir eine Gruppe für unser Anliegen gewonnen, unterstützen wir sie bei der Vernetzung mit anderen Gruppen, um Fernverbindungen zu schaffen.

Die Sprache

Der Trend zu ikonografischen Zeichen setzt sich fort. Die schwierige Kontrolle der neuen Medien und ihre schnelle Besetzung durch die Kids erleichtern die Bildung und Durchsetzung einer eigenen Sprache. Da sie Teil ihrer Identität ist und Jugendliche eine starke Abneigung gegen Anbiederungen kommerzieller Verführer haben, ist Vorsicht angesagt. Im Zweifelsfalle wechseln Jugendliche lieber die Marke als die Peergroup.

Die Simulationslust
Kinder, die mit den neuen Medien aufwachsen, kümmern sich nicht um verborgene Technik. Was zählt, ist die Oberfläche. Spielerisch in verschiedene Identitäten schlüpfen und sich spiegeln können, ist für die neue Generation so wichtig wie das Sammeln. Marken sind Teil dieser Spiellust unabdingbarer Selbstdarstellung.

Das Private
Ihr neues Verständnis von privat und öffentlich heißt nicht, dass Jugendlichen nichts mehr heilig ist. Im Gegenteil, wer die geschrumpften Sperrzonen nicht kennt, muss mit scharfen Sanktionen rechnen. Aber ihre Communities, Websites, Blogs und Chatrooms zeigen die Ausdehnung ihrer öffentlichen Räume.

Die Zeit
Wer mit Echtzeit groß wird, hat ein anderes Rhythmusgefühl beim Informationsverhalten. Die Dauer für das Signalisieren von Desinteresse verkürzt sich wesentlich, weshalb die beschleunigten Kommunikationsketten für lange Monologe und Medienmonopole ungeeignet sind. Dennoch oder gerade deshalb sind Angebote von Zeit- und Ruheinseln beliebt, wenn sie sinnlich genug sind.

> In der Kultur der Simulation gilt, dass etwas real ist,
> wenn es funktioniert.
> *Sherry Turkle*

Klassische Marketingkonzepte sind nicht out, weil die neuen Medien den Menschen veränderten, sondern weil andere Ansätze das wirklich Wesentliche dieser Informationsträger besser begreifen und dort Wirkung zeigen, wo die Entscheidungen tatsächlich gefällt werden.

Vor der Geburt bereits eine Marke

Ein Markenstratege glaubt an Netzwerkregeln und wendet die zwölf Instrumente daher nicht im üblichen Rahmen an. Marken entstehen im Kopf, ob sie nun virtuell oder real sind. Also lässt sich die Marke vom Produkt lösen, als Illusion erschaffen, um sie bei genügender

Akzeptanz an ein reales Produkt zu binden, das für den Tauschhandel in der Welt bereit und geeignet ist. Ob die Schöpfungsgeschichte einer virtuellen Marke zur Aufführung gelangt, ist für einen neugierigen Markenregisseur von zweitrangiger Bedeutung. Ihn treibt die Lust am Spiel, am Simulieren, am Entdecken. Und auf brauchbare Szenen für eigene Auftritte in den neuen Medien wird er ohnehin stoßen.

Kenne dein Medium und mache es poetisch.
Man Ray

Simulieren und Imitieren ist ein erfolgreiches Lernprogramm, da es Risiken minimiert. Die Romane der Gründerzeit formen das Verständnis für neue Stadtkulturen, das Fernsehen für neue soziale Gruppierungen, die digitalen Medien für die unsichtbare Welt der Einsen und Nullen. Diese neue Welt ist weder Enklave für Sonderlinge und Introvertierte, noch ein Informationsnetz, das Fremdes miteinander verknüpft.

Weil der digitale Mensch keine neue Spezies ist, können wir uns die Formulierung neuer Persönlichkeitstypologien ebenso sparen wie das Intonieren von Trauermärschen für die alten Medien. Aber wir müssen uns mit den Eigenheiten der medialen Varianten und Neukompositionen vertraut machen, was allerdings einfach ist. Wir brauchen uns nur daran zu erinnern, wie unsere Vertrautheit mit der Muttersprache zustande kommt. Die Kids haben die neue Sprache bereits gelernt, ohne sich ihrer Regeln bewusst zu sein. Wieso eine neue Theorie erfinden, wenn das praktische Anschauungsmaterial offen daliegt?

Für die Erschaffung einer virtuellen Marke begeben wir uns daher an die Orte, an denen ein reger Handel persönlicher Informationen stattfindet. Das sind Chatrooms, Blogs oder Communities. Und auch bei Videospielen geht es letztlich um die Frage »Wer bin ich?« Lara Croft war zunächst nichts anderes als die Summe von Einsen und Nullen, bevor sie leibhaft in die Welt trat.

Blogs

Die Weblogs sind öffentliche Tagebücher, die bis vor kurzem lediglich von kreativen Meinungsforschern als Datenquelle wahrgenommen wurden. Doch seit neue Software die Vernetzung der Blogger erleichtert, sind sie eine Macht, die täglich stärker wird und in besonderen Konstellationen über Gedeih oder Verderben eines Produkts entscheidet. Große Unternehmen stellen bereits Blogbeobachter an und tauchen aktiv an den Treffpunkten der Netzwerkkinder auf.

Kleine Firmen müssen sich ebenfalls darum kümmern, weil gerade bei Nischenprodukten ein Teil der Meinungsbildung im Netz stattfindet, wo reale Menschen reale Urteile, Wünsche und Nöte äußern, die Selbstorganisation ihrer Gemeinde akzeptieren und den Worten ihrer virtuellen Anführer besonderes Gewicht beimessen.

Communities

Sie sind die neuen Peergroups der vernetzten Welt und bieten Gleichgesinnten eine Plattform zum Meinungsaustausch und zur Befriedigung sozialer Bedürfnisse. Auch hier ermöglicht Software der zweiten Generation den Schritt ins Leben. Chatrooms, Mails, Personal Publishing, Homepages, Fotoalben, Organisationstools, Einkaufsgemeinschaften, Expertenparadiese, Fun- und Fanaktivitäten, Umfragen, personalisierte Räume, Newsletters und Gästebücher bilden die bestehenden gesellschaftlichen Strukturen im Netz ab.

Diese Bilder mit Vorstellungen der Markenstrategie zu verknüpfen, ist nicht mehr freiwillig. Doch so wichtig Tools und Technik für den Erfolg sind, der entscheidende Faktor bleibt das Vertrauen. Ohne Investition in Glaubwürdigkeit ist in sozialen Gemeinschaften nicht viel zu holen.

> Das Ziel des Marketings lautet, das Verkaufen überflüssig zu machen.
> *Peter Drucker*

Das Marketing in den neuen Medien ist in eine neue Phase getreten. Dank erhöhter Rechner- und Speicherkapazitäten nähern sich virtuelle und reale Welt einander so an, dass sie sich leicht verbinden lassen. Wer in diesem gemeinsamen Informationsraum aufwächst, macht davon Gebrauch. Das war schon immer so. Spannende Zeiten für Markenstrategen.

Behauptungen

Macht hilft beim Auswählen.

David ist interessanter als
Goliath.

Ohne Verknüpfungen kein Leben.

In sechs Schritten sind Sie beim
Autor.

Das Holzspielzeug der Kids
ist der Computer.

Die Schlüssel für Tagebücher
finden wir im Netz.

1950 - 2000

Die Anwendungen

Nicole Kidman, Stefan Raab, David Beckham, Dr. Best, Madonna, der Papst oder George W. Bush – Amarcord, Amélie, Lola, Matrix, Dick Tracy, Monsieur Ibrahim oder der große Diktator.

Liebhaber von Best-Practice-Büchern reiben sich die Augen hoffentlich nicht so heftig, dass ihnen der ganze Anwendungsteil verschwommen bleibt. Denn Beispiele sollen Klarheit schaffen.

Logik hat diesen Ruf. Daher sind Fallbeispiele so beliebt. Doch sie verleiten zur trügerischen Annahme, sie seien Rezepte zur Gestaltung von Künftigem. Dabei dienen sie doch lediglich dazu, vergangenes Verhalten zu rechtfertigen.

In »Tausend und eine Macht« geht es um Veränderung, um Beeinflussung menschlichen Wahlverhaltens. Sind Fallbeispiele Verständigungsgeschichten, aus denen sich allgemeine Regeln ableiten lassen, steht ihrer Anwendung für das Konzipieren eigener Strategien nichts im Weg. In diesem Sinn ist der Anwendungsteil gedacht.

Zu jedem Instrument finden Sie zwei Filmtitel, zwei Personennamen, ein Praxisbeispiel und einige Ideen. Sie können das Geschriebene als Veranschaulichung meiner Vorstellungen sehen, als Kontrollinstrument für Ihr eigenes Verständnis oder als Initialzündung für eine Idee. Die Kraft, die vom kombinierten Einsatz der zwölf Instrumente ausgeht, spüren Sie bei allen Lesarten.

Für die analytische Arbeit bewährte sich der Ansatz, die Instrumente als Sehbrillen aufzufassen und die Bildqualität in ein Koordinatensystem einzutragen. Verbinden Sie die einzelnen Punkte miteinander, sehen Sie auf einen Blick, wo die Geschichte stimmt und wo sich allenfalls Verbesserungen aufdrängen. Unter www.1001macht.ch finden Sie Beispiele und eine Mustervorlage.

Das Bild in Aktion

Im Film

Ran. 1985. Regie: Akira Kurosawa
Fast 75 war der japanische Meister der Bildsprache, als er sein Meisterwerk mit den Worten zusammenfasst: »Eine Reihe menschlicher Erfahrungen, vom Himmel aus gesehen«. Schönheit kann es mit allen. Ihr Auftritt im Gewand blutiger Gewalt löst im Kopf etwas aus.
2046. 2004. Regie: Wong Kar-Wai
Eindrücklich, wie der chinesische Regisseur und sein Kameramann Bilder vom gewöhnlichsten Alltag neben Bilder vom Fantastischen stellt. Ein Treppengeländer, mit dem richtigen Bild eingefangen, zieht uns genauso an wie eine wunderschöne, hocherotische Chinesin.

In Figuren

Einstein mit herausgestreckter Zunge.
Je stärker ein Bild uns glauben lässt, die Erfüllung einer starken Sehnsucht sei möglich, desto stärker bleibt es haften. Die Verbindung absoluten Geistes mit kindlicher Spontaneität ist eine solche Sehnsucht.
Marilyn Monroe mit hochgewehtem Rock auf U-Bahn-Schacht.
Schöner trägt niemand überzeitliche Fantasien von einer Generation zur nächsten. Das anerkennen selbst Vertreter von Idealmaßen.

Im Irgendwo

Schaufenster
Wenige Geschäftsinhaber sehen ihre Fenster zur Straße als Bilderrahmen. Daher werden sie als geöffnete Tore zu Lagerhallen wahrgenommen.
Offerten
Inspiriert von den beiden Holländern Jean Klare und Louis van Swaaij gestalten wir Offerten als Landkarten. Das bettet Projekte anschaulich ein und verführt Kunden dazu, uns auch mit der Eroberung anderer Gebiete zu beauftragen.

Leitbild
Mit anderen Bildern, aber nach dem gleichen Prinzip wie die holländische Agentur Total Strategie/Total Design suchen wir Leitbilder mit Bildern und stellen sie auch in Bildern dar.
Gebrauchtwagen
Zieht ein Wagen einen Kunden besonders an, wird er zusammen mit seiner Begleitung fotografiert, wenn dieser einverstanden ist. Auch im Zeitalter der Digitalfotografie werfen wir Selbstportraits nicht weg.
Medien
Mit 225 Jahren ist die »Neue Zürcher Zeitung« tatsächlich eine alte Tante. Das neue Bekenntnis zu hoher Bildqualität macht sie jung und frisch.

Im Beruf

Aufgabe: Jahresbericht mit Imagekampagne kombinieren.
Ziel: Goodwill für öffentliche Dienstleistungen schaffen, um dem zunehmenden Spardruck im Service public zu begegnen.
Auftraggeber: Schulverband
Besonderheiten: Schüler gehören zur Gruppe der Lernbehinderten. Geplante Restrukturierungen können zu Personalabbau führen.
Lösung: Das gesamte Personal, inklusive Busfahrer, Hausabwart, Putzequipe und Aushilfen mit Porträtbild vorstellen. Dazu kurzer Text mit Name und Vorname, Dienstalter, Funktion sowie Lieblingsbuch, -film und Website. Leerzeilen erlaubt.
Ergebnis: Nachdem der Produktionsablauf festgelegt und angelaufen war und die Entwürfe vorliegen, beschließen Lehrerschaft und schulpsychologischer Dienst den Abbruch des Projekts. Die sprachliche Legitimation ihres Verhaltens: Das Konzept orientiere sich an der Regenbogenpresse, was im jetzigen Moment das falsche Signal sei. Jetzt müsse man seine Leistungen beschreiben und in den Vordergrund stellen.
Fazit: Auch Bildzerstörer spüren, dass Porträts Wesentliches über den Menschen aussagen und Distanzen verkürzen.

Die Geschichte in Aktion

Im Film

Der englische Patient. 1996. Regie: Anthony Minghella
Der Roman von Michael Ondaatje enthüllt auch in seiner bildhaften Form die wichtigsten Geheimnisse einer Geschichte. Sie prägen unsere Erinnerungen und damit unser Ich. Sie betten Zufälle in Vorstellungsbilder ein und verleihen ihnen dadurch Sinn. Und sie sind immer eine geglückte oder gescheiterte Liebesgeschichte.
Lola rennt. 1998. Regie: Tom Tykwer
Die Geschichte der rothaarigen Lola ist einfach. Aber Einfachheit an sich ist eine starke Geschichte und öffnet sich für verschiedenste Spielereien. Tykwer weidet diese Eigenschaft gekonnt aus, erzählt das Ganze aus verschiedenen Optiken, fesselt uns durch Rhythmuswechsel, Technik, Farben, Licht, Sound und Tricks.

In Figuren

Dr. Best
Der gutmütige, leicht senil wirkende Herr im weißen Kittel erzählt dem Zuhörer eine Story, die in ihrer Banalität kaum zu übertreffen ist. Ihr Inhalt: Ich habe die beste Zahnbürste für dich. Und Millionen glauben der roten Tomate, der Zahnbürste und Dr. Best. Ohne zu wissen, dass der Erzähler tatsächlich Professor der Zahnmedizin ist.
Maria
Es gibt Geschichten, die sind so gut, dass sie Jahrhunderte überdauern, ohne als Mythen, Legenden oder Märchen klassifiziert zu werden. Alle großen Erzähler orientieren sich an religiösen Geschichten.

Im Irgendwo

Wissensmanagement
Damit Tausende Mitarbeiter aus Forschung und Entwicklung wissen, was ihr globaler Arbeitgeber für wissenswert hält, wird eine mehrtägige Knowledge-Fair veranstaltet, an der Mitarbeiter ihre Wissenspa-

kete inszenieren müssen. Vorgaben und externe Storytelling-Spezialisten schaffen den notwendigen, angstfreien und schönen Rahmen.

Ordnung im Großverteiler

Die klassischen Warenklassifizierungen werden aufgelöst und nach der Geschichte des menschlichen Tagesablaufs kategorisiert. Willkommen am Frühstückstisch, inklusiv Schinken, Brot und Toaster..

Networking

Der Schweizer Botschafter Thomas Borer und seine Frau Shawne Fielding gaben Geschichten zum Besten, die selbst Lesemuffel anzogen.

Internet

Ein aufgeschlagenes Buch, ein interessanter Titel, eine geheimnisvolle Illustration und das kleine Wörtchen »click«. Ein Werbebanner, das mich überlistet und in sein virtuelles Konsumparadies entführt.

Im Beruf

Aufgabe: Vorbehalte gegen Online-Trading abbauen und Empfehlungsmarketing verbessern.

Ziele: Internetbanking emotionalisieren, Neukunden gewinnen.

Auftraggeber: Kantonalbank mit halböffentlicher Struktur.

Besonderheiten: Verschiedene Marketingabteilungen mit unklaren Zuständigkeiten. Junges und hungriges Management im Online-Trading, das vom weniger innovativen CEO und seiner Entourage arwöhnisch beobachtet wird.

Lösung: Das abstrakte Internetbanking wird in Geschichten vom Handeln und Tauschen verpackt, nach denen sich Sprach- und Bildwelten auszurichten haben.

Ergebnis: Große und mehrheitlich positive Resonanz bei Kunden und Mitarbeitenden. Eigenständige Positionierung dank konkreter Anschaulichkeit und Verzicht auf bekannte Metaphorik großer Bilddatenbanken.

Fazit: Eine ungläubige Führung lässt Jünger und Kunden im Stich. Nach geplatzter Internetblase verschwanden innovatives Management und Geschichten vom Handeln von der Bildfläche.

Der Sinn in Aktion

Im Film

Rain Man. 1988. Regie: Barry Levinson
Antworten auf Sinnfragen sind gesucht und willkommen, selbst wenn wir uns vor der Konfrontation fürchten. Dustin Hoffmann und Tom Cruise machen uns furchtloser und geben dem Zusammenleben mit einem autistischen Bruder Sinn.
Matrix. 1999. Regie: Andy und Larry Wachowski
Der geheimnisvollen Verknüpfung von Bewusstem und Unbewusstem möchten wir alle auf die Spur kommen. Wenn eine Antwort so spannend erzählt wird wie in Matrix, glauben wir sogar das Unwahrscheinliche oder basteln uns eine persönliche Variante.

In Figuren

Dalai Lama
Das tibetische Oberhaupt beruhigt Menschen, die Sinnlücken im Diesseits schließen und den Sinn im Jenseits offen halten wollen. Und der Dalai Lama stellt sogar für rationale Wirtschaftswissenschaftler begehbare Antwortfelder bereit.
Mutter Teresa
Stinnstiftung entlastet und macht dankbar. Als Gegenleistung blenden wir bei unserem Vorstellungsbild vom Sinnstifter Details aus, die wir bei anderen beanstanden könnten.

Im Irgendwo

Marktforschung
Wen es tatsächlich interessiert, welche Sinnlücken Abiturienten in der Wissenslandschaft füllen, studiert die Themenliste ihrer obligatorischen Abschlussarbeiten mit freier Themenwahl.
Oasen
Selbst die zappeligsten und hippigsten Jugendlichen schauen manchmal in die Sterne, vergessen die Zeit und lassen ihre Seele baumeln.

Viele Auskunftswillige geraten ins Stottern, wenn sie von Forschern nach Oasen für Kunden und Mitarbeitende gefragt werden.

Social Marketing

Moral ist ein schlechter Sinnstifter. Seit eine Organisation SMS- und E-Mail-Kurse für absolute Anfänger anbietet, sind auch Analphabeten zur Schließung ihrer persönlichen Sinnlücke bereit.

Communities

Sinnsuchende in die Hände gieriger Esoteriker zu treiben, ist unter moralischem Gesichtpunkt fraglich, unter ökonomischem sogar dumm. Das Internet bietet Unternehmen großartige Möglichkeiten, auch in Räumen präsent zu sein, in denen Lebensfragen diskutiert werden.

Im Beruf

Aufgabe: Angeschlagenen Trödelmarkt in Gewinnzone bringen.
Ziel: Mehr Kunden und Nostalgiesammler gewinnen.
Auftraggeber: Ältester und größter Trödelmarkt auf dem Platz.
Besonderheiten: Unattraktives Quartier, faktischer Kündigungsschutz des Personals, verstaubtes Image und chaotische Unordnung.
Lösung: Den Kunden Orientierung bieten und Entdeckungen ermöglichen. Aus dem riesigen Lager werden Themenparks zusammengestellt, um die vier Stockwerke zu gliedern. Das bestehende Warenlager bestimmt die Gestaltung und Zahl der »Zimmer« und Alltagsräumlichkeiten. Wo Lücken sind, die viele Kunden gefüllt sehen möchten, werden sie durch eingekaufte Waren gestopft, damit Kunden auch neue Badeutensilien erstehen und nach Hause tragen können. Die Botschaft der neuen Ordnung wird durch eine originelle Plakatkampagne und traditionelle Kommunikationsmedien verbreitet.
Ergebnis: Großes, positives Medienecho und Empfehlungsmarketing führen nach zwei Jahren zu den anvisierten Zielen.
Fazit: Wer nicht nur Chaoten als Kundschaft will, die für Sinnstiftung nichts bezahlen können oder wollen, richtet sich nach den alltäglichen Odnungsmustern der Menschen aus. Der Dank folgt.

Das Einfache in Aktion

Im Film

The Lion King. 1994. Regie: Roger Allers und Rob Minkoff
Schnörkellos und berührend dringt die Geschichte vom sorglosen Löwenjungen, das sich zum respektierten, weisen König der Tiere mausert, in unseren Erinnerungsschatz. Walt Disneys Rezept wunderbar aufbereitet. Elton Johns einfache Musik ist das Sahnehäubchen.
Dick Tracy. 1999. Regie: Warren Beatty
Gut und Böse sind schon bei den ersten Bildern klar getrennt. Das macht die Wartezeit bis zur Besiegung der Dunklen erträglich. Farben, Figuren, Licht, Musik und Comicstil helfen Zuschauern, die für Bewertungen mehr Informationen brauchen. Wunderschön.

In Figuren

George W. Bush
Wenn das Komplexe schon nicht steuerbar ist, dann braucht es einen wie Bush zur Beruhigung. Das Einfache will einfache Sprecher, wenig Text, starke Bilder auf Flugzeugträgern und altmodische Kulissen.
Doris Day
Eine zerbrochene Weltordnung steigert die Sehnsucht nach Überschaubarem. Die DD-Mischung kommt dem entgegen. Leicht frivol und immer sauber, bieder und konservativ, ordentlich und berechenbar, adrett und nie extravagant. Der einfache Kumpel von nebenan.

Im Irgendwo

Preise
Wo differenzierte Preisgestaltung die Kunden verwirrt, sollten wir lieber darauf verzichten.
Zielgruppen
Kunden, die sich nicht mit Heldenbildern darstellen lassen, gelten als inexistent, weil wir keine passenden Geschichten für sie haben.

Sortiment
Für ein neues Produkt eines aus dem Angebot nehmen. Wenn das der Staat mit seinen Gesetzen so handhabt, ist auch ihm Gewinn und Applaus garantiert.
Internet
Eine einfache Navigation erlaubt die Aufnahme vieler Informationen aus der Print-Welt und schafft Platz für Verkündigung und Verführung. Erstaunlich, worüber in Stelleninseraten berichtet wird.
Berichtwesen
Nur noch Management Summarys in Umlauf bringen. Können sie das Wesentliche nicht vermitteln, liegt der Fehler beim Sender.

Im Beruf

Aufgabe: Neues Mitarbeiterhandbuch.
Ziele: Commitment des Personals zur Unternehmensphilosophie verstärken und Ressourcen sparen.
Auftraggeber: Mittelständischer Betrieb im IT-Bereich.
Besonderheiten: Viele externe Mitarbeiter, technisch geprägte Kommunikationskultur, Reorganisation zu flacheren Hierarchien.
Lösung: Das Mitarbeiterhandbuch findet auf der Rückseite einer Postkarte Platz, die einen japanischen Zen-Garten zeigt. Es umfasst fünf Sätze des Leitbildes plus die Regel, dem eigenen Urteilsvermögen zu vertrauen. Dazu der Hinweis, sich bei Fragen an den Vorgesetzten zu wenden. Das Leitbild wird als fünfteilige Postkartenserie und als fünfmonatiger Kalender einmalig an alle Mitarbeitenden verteilt.
Ergebnis: Die Information wird wahrgenommen und die Geschichte weitergegeben. Und die Fortsetzungen des schönen Kalenders werden nicht nur von vielen bestellt, sondern erinnern alle fünf Monate an das Wesentliche.
Fazit: Einfaches muss nicht fantasielos sein. Die Personalabteilung wird weniger kontaktiert als zu Zeiten dicker, umfassender und nachführpflichtiger Handbücher.

Die Schönheit in Aktion

Im Film

Prêt-à-porter. 1994. Regie: Robert Altman
Es braucht einen Dompteur wie Altmeister Altman, um einen Film über die Welt der Schönen zu drehen. Virtuos verknüpft er die Gegensatzpaare Sein & Schein, Fiktion & Realität, Gut & Böse miteinander. Sophia Loren, Kim Basinger, Lauren Bacall und weitere Schönheiten.
Blue Velvet. 1986. Regie: David Lynch
Den Gegner zu kennen ist von Vorteil. Wie der Provokateur Lynch dem Schönen das Hässliche gegenüberstellt, löste einen Sturm der Empörung aus. Das Publikum verstand offenbar seine Lektion über das Schöne. Nach dem Verdauen war der Weg zum Kultfilm frei.

In Figuren

Sean Penn
Das Schönheitsideal vom männlichen Typ, der einfach toll aussieht, was auch immer seinen Körper bedeckt. Und bestimmt war auch David nicht das einzige Schönheitsideal seiner Zeit.
Nicole Kidman
Marilyn Monroe möge mir die aktualisierte Einschätzung verzeihen. Ob ihre Nachfolgerinnen überdauern, ist eine Frage des Mediums. Schönheitsköniginnen ohne Filmrollen gehen schnell vergessen.

Im Irgendwo

Produkte
Der iPod hat die ästhetische Zeichensprache nicht gepachtet. Da ich Senftuben gerne auf den Tisch lege, liegt der Marktführer also nicht dort.
Formulare
Das Mikroprojekt »Schöne Formulare« eignet sich hervorragend, um irgendwo mit dem Einsatz dieses Instruments zu beginnen und sofort Wirkung zu erzielen. Marketing ist ein langfristiges Ding.

Image
Ein Reinigungsunternehmen, das seine Fahrzeuge jeden Abend durch die Waschstrasse in die Garage einfahren lässt, wirkt glaubwürdiger als die Konkurrenz.
Architektur
Ein Unternehmen, das uns durch seine innere und äußere Schönheit überrascht, genießt einen Bonus. Seltsamerweise wird Schönheit ausgerechnet im Gesundheitsbereich wenig beachtet.
Licht
Ist der Himmel schöner oder die Hölle? In den letzten Jahren wurde das künstliche Licht nochmals neu erfunden. Zu den Zielgruppen der Lichtkünstler gehören auch Markenstrategen.

Im Beruf

Aufgabe: Die Schweiz verkaufen.
Ziel: Mehr Touristen, die bereit sind, mehr zu bezahlen.
Auftraggeber: Schweizervolk, vertreten durch Schweiz Tourismus.
Besonderheiten: In regelmäßigen Abständen fällt den Marketingplanern etwas Neues und Originelles ein.
Lösung: Nachdem das Schweizer Regierungsmitglied Bundesrat Christoph Blocher die Bittsteller um Budgeterhöhung mit dem Satz niederschmetterte: »Ich würde die Ausgaben sogar auf einen Franken reduzieren, bis das Produkt stimmt«, wird zuerst am Produkt gefeilt. Gleichzeitig und auf mehrere Jahre ausgerichtet, wird die Schweiz einzig und allein als Schönheit verkauft.
Ergebnis: Menschen, die nicht auf die Malediven reisen, nicht nur Meere und Wüsten schön finden, kommen wieder in die Schweiz. Und sie gehen wie die Einheimischen davon aus, dass jede Schönheit weitere Eigenschaften und Vorteile aufweist, die gefallen könnten.
Fazit: Da die Schweizer Tourismuswerbung wenig von »Tausend und einer Macht« hält, hält das Desaster an.

Die Helden in Aktion

Im Film

E.T. 1982. Regie: Steven Spielberg
Der Titelheld ist Helfer des einsamen kleinen Helden Elliot. Spielberg treibt das Heldeninstrument immer auf die Spitze, ohne dass sein Publikum mit Liebesentzug reagiert. Und Spielberg weiß, dass Kinder ihren Teddybären als realen Helden feiern und in die Arme schließen.
Titanic. 1997. Regie: James Cameron
Helden sterben nicht in der Badewanne, sondern versinken vor den Augen ihrer großen Liebe in eisigen Fluten. Weil diese Abschiedsform das Publikum beeindruckt, gewinnen solch tapfere Helden immer wieder ein neues Leben, da die Geschichte immer wieder erzählt wird. Zuhörer haben auch nichts dagegen, wenn Untergeher schön sind.

In Figuren

Bill Gates
Männliche Helden müssen nicht zwingend schön sein. Geist, Geld, Größe machen sie genügend sexy, um das Manko auszugleichen. Aber sie müssen auf den üblichen Stationen einer Heldengeschichte ihre Taten vollbringen und auch Schwächere unterstützen.
Marie Curie
Das Leben ist fantasievoller als die Fantasie. Eine exemplarischere Geschichte wie die zweifache Nobelpreisträgerin uns erzählt, finden wir bei so prominenten Heldinnen selten. Für Verklärungen sind auch die Zuhörer verantwortlich.

Im Irgendwo

Showbusiness
Wenn Helden vereint auftreten, braucht jeder eine eigene Rolle. Und ein König, der sich in die letzte Reihe setzt, ist nicht sympathischer, sondern unglaubwürdiger. Die Rolling Stones als Heldenverein.

Management-Coaching
Es gibt nicht nur Therapeuten, die mit Storytelling arbeiten. Auch Coaches ersparen ihren Klienten wirkungslose und unverständliche Fachliteratur und sprechen mit ihnen über Heldengeschichten der Weltliteratur. Da geht es immer um Veränderung durch Handlung.
Personalwesen
Wer an die weltbeste Schule will, erhöht seine Chancen, wenn er zur Heldenliste von Uffe Elbaek etwas zu sagen hat. Denn der Leiter der »Kaos Piloterne« beschreibt das Unternehmensleitbild mit prominenten Idolen, die vom gleichen Geist erfüllt sind. Ein erfolgreiches Auswahlverfahren, wie die Anerkennung der UNESCO beweist.
Verkauf
Der Bildungsschatz eines Helden ist selten wertvoll genug, um Kunden zu faszinieren und Bereitschaft für Verführungen zu wecken.

Im Beruf

Aufgabe: Symbole als Rankingabzeichen neuer Uniformen.
Ziel: Turnusgemäß eine möglichst passende Garderobe für das Personal bereitstellen.
Auftraggeber: Heute nicht mehr existierende Schweizerische Fluggesellschaft.
Besonderheiten: Das definierte Ziel entspricht der Durchschnittsmenge der Briefings, viele dürfen mitreden, Grundsatzentscheidungen sind bereits gefallen.
Lösung: Helden der Luftfahrt symbolisieren, um Sinnlücken in technokratisierten und anonymisierten Räumen zu schließen. Die hierarchischen Erkennungsmerkmale und einige Accessoires wecken Träume von Pionierzeiten.
Ergebnis: Geschichten ohne Helden werden Geschichten mit Helden oft vorgezogen. Das Grounding des ehemaligen Nationalstolzes lässt in diesem Fall die Frage nach dem Gewinner offen.
Fazit: Wo Helden unerwünscht sind, treten sie nicht in Erscheinung. Und Wünsche von oben wecken Wünsche unten.

Die Rituale in Aktion

Im Film

Goldfinger. 1964. Regie: Guy Hamilton
James Bond wäre nicht James Bond ohne seine rituellen Handlungen. Jeden Übergang zelebriert 007 mit konzentriertem Charme, als ob er zum ersten Mal an der eigenen Aufführung teilnehmen würde.
Triumph des Willens. 1934. Regie: Leni Riefenstal
Die größte Ritualinszenierung aller Zeiten komprimiert die Filmkünstlerin auf zwei Stunden. Mit »Der Große Diktator« kontert Charlie Chaplin und zeigt, dass Rituale Transportmedien für Inhalte sind.

In Figuren

Der Papst
In den Geschichtsbüchern der Kirche finden sich viele Markenstrategen. Papst Johannes Paul II. gehörte zu den besten. Er baute auf alle zwölf Instrumente und legte besonderes Gewicht auf Rituale.
Königin Elisabeth II.
Private Rituale der englischen Majestät kennt selbst die Regenbogenpresse kaum. Doch in der Öffentlichkeit zeigt die Frau, die in meinem Geburtsjahr den Thron bestieg, die ganzen Möglichkeiten und Funktionen der Rituale.

Im Irgendwo

Dienstleistungsmarketing
Ein guter Haarschnitt ist ein vergängliches Kunstwerk. Der Artist macht sich und seinem Modell eine Freude, wenn er das Ergebnis in einem Ritual festhält, das die Kundin als Polafoto wohl aufbewahrt.
Kommunikation
Rituale sind sinnstiftende Erlebnisse, Kommunikationshandbücher Rechtfertigungsinstrumente und Belehrungen. Eine ritualisierte Gesprächskultur gibt Sicherheit, schafft eine partnerschaftliche Atmo-

sphäre und macht Unterschiede zu Gewohnheiten offensichtlich.

Jahrestage

Eine Agentur überrascht ihre Geburtstagskinder mit einer Arbeitsprobe kreativer Kollegenzusammenarbeit. Der verlorenen Arbeitszeit stehen gewonnene Herzen und erlebtes Leitbild gegenüber.

Reklamationsmanagement

Bei Entschuldigungsformulierungen knüpfen selbst gute Briefschreiber langweilige Gewohnheitsmuster. Ein Storyboard, das rituelle Behebung von Konflikten vorschreibt, entgeht dieser Gefahr.

Public Relations

Das jährliche Gruppenbild der Schweizer Regierung inszenieren der Bundespräsident und sein ausgesuchter Fotograf. Medien und Bevölkerung nehmen dieses Ritual mit großem Interesse wahr.

Im Beruf

Aufgabe: Ehemalige Angestellte als Unternehmensbotschafter in die Welt schicken.

Ziele: Empfehlungsmarketing verstärken und Wahrscheinlicheit einer Rückkehr erhöhen.

Auftraggeber: Privater Betreiber von Krankenhäusern.

Besonderheiten: Branche in starkem Umbruch, Abwerbung von Spitzenmedizinern durch die Konkurrenz.

Lösung: Fahnenflüchtige werden nicht durch die Hintertür verabschiedet, sondern mit angemessenen Ritualen. Das Drehbuch erlaubt situationsgerechte Varianten, weist aber immer auf den Kern der Geschichte vom Beginn und Ende einer Liebesbeziehung hin.

Ergebnis: Der verlorene Sohn wird eine bekannte Firmengeschichte, die auch bei Spitzenkräften der Konkurrenz Neugier weckt.

Fazit: Unsichere Übergänge bei Ankunft und Abschied sind Bedeutungsräume, in denen gute Geschichten besonders stark in Erinnerung bleiben.

Das Spiel in Aktion

Im Film

The Sting. 1973. Regie: George Roy Hill
Robert Redford und Paul Newman sind Idealbesetzungen für diese Gaunerkomödie. Denn nur Spielercharaktere leuchten Bühnen bis in hintere Ecken aus, wenn das Stück vom Sein und Schein aufgeführt wird.
Amarcord. 1973. Regie: Federico Fellini
Oder doch »Roma« mit der kardinalen Modeshow? Fellinis Inszenierungen menschlicher Verführungsspiele sind alle schön. »Ich erinnere mich« ist die spielerische Gesamtschau menschlicher Lebensstrategien, gedreht von einem liebenswürdigen Schalk.

In Figuren

David Beckham
Mit Glück und Spielgeschick lassen sich auch hohe Gewinne erzielen. Wer könnte das unterschiedlichsten Menschen auf der ganzen Welt besser vermitteln als das englische Gesamtkunstwerk Beckham?
Madonna
Ihre Biografie und deren Bühnenumsetzungen offenbaren die Unterschiede zwischen strategischem Denken und strategischem Verhalten glasklar. Lieber Madonnas Lehrstücke als madige Lehrbücher.

Im Irgendwo

Serviceleistungen
Ein Eilbote, der die letzten sichtbaren Meter bis zum Empfänger im Laufschritt zurücklegt, unternimmt spielerisch etwas für seine Gesundheit und das Image seines Arbeitgebers.
Kundenwettbewerbe
Ein Spiel definiert sich durch Aufgabe, Einsatz, Wahrscheinlichkeit und Form des Gewinns. Sieger, die bis zu hundert Freunde zu einer Megaluxusparty einladen dürfen, werden zu Kopiergeräten von

Unternehmensgeschichten. Fantasie bei Preisen ist preiswert.

Internet

Zuerst die Verpackung einer Temperatur von –4 Grad Celsius aussetzen, Kühlschrank öffnen, das nun sichtbare Passwort in den PC eingeben und Teil der Community sein. Ein Spaß zum Weitererzählen.

Verkaufskanäle

Eine junge Kultmarke, die ihr Filialnetz in umgebaute Wohnwagen des legendären Typs Jetstream einmietet und deren wöchentliche Standorte zum Ratespiel macht, wird ihrem Ruf gerecht.

Internet

Product Placement ist am wirkungsvollsten auf Bühnen mit vollem Saal. Wer unsere Lieblingsspiele mit seinem Auftritt günstiger macht, erhält für einen Moment unsere Aufmerksamkeit.

Im Beruf

Aufgabe: Aufmerksamkeit erregen und Kundenströme steuern.

Ziele: Kunden zum Einkaufen am Montag verführen und wieder mal in der Lokalpresse erwähnt werden.

Auftraggeber: Alteingesessenes Käsegeschäft in einer kleinen Stadt.

Besonderheiten: Hohe Personalkosten, starke Konkurrenz durch Großverteiler, minimales Marketingbudget.

Lösung: Jeden Montag wird ein Schätzspiel veranstaltet. Kunden schneiden Käse selber ab und sagen das Gewicht an. Bringt ihr Stück die geschätzte Zahl auf die Waage, wird es zum Lohn für ihre Leistung. Die Toleranzgrenze lag bei plus/minus zehn Gramm.

Ergebnis: Der Montag wird für Käse essende Spielerinnen zum fixen Termin und der Lokalreporter hat seine Story.

Fazit: Für Umsetzungen von Verkaufsstrategien gibt es noch andere Möglichkeiten als Gewinnspiele mit Autoverlosung.

Das Lächeln in Aktion

Im Film

Monsieur Ibrahim. 2003. Regie: François Dupeyron
Omar Sharif als Besitzer eines kleinen Geschäfts hat das Lächeln eines Mannes, der das Leben kennt. Moses das Lächeln eines Jungen, der das Leben morgen kennen lernt. Lächeln verändert und teilt Veränderungen mit.
Chocolat. 2000. Regie: Lasse Hallström
Um schwierige Kunden für sich zu gewinnen, bieten sich Verkaufsseminare an. Das mit Juliette Binoche dauert genau 121 Minuten, ist günstig und sehr bildhaft. Schon die Kombination zweier Spitzenprodukte führt zum Erfolg. Chocolat und Lächeln.

In Figuren

Mohsen Raezani
Die wenigsten werden diesen blinden Jungen kennen. Aber allen, die ihn als kleinen Mohammed im iranischen Film »The Colour of Paradise« lächeln sahen, wird er für immer in Erinnerung bleiben.
Olivia
In »Tausend und eine Macht« finden Geschichten vom Lächeln meiner Tochter eine würdige Umgebung. Olivia übersetzte den Satz »Lächeln ist ein fälschungssicheres Versprechen« auf verständliche, anschauliche und wunderschöne Weise. Sich selber kitzeln macht keinen Effekt.

Im Irgendwo

Messen und Events
Wer das Lächeln als Qualitätsmessgerät zur Überprüfung seines Konzepts einsetzt, entdeckt die Abwesenheit sinnlich poetischer Elemente sofort und kann nachbessern. Nicht nur bei den Kulissen.
Gebrauchsanweisungen
Statt Kunden der Lächerlichkeit preisgeben, zum Lächeln bringen.

Kommunikation
Wo öffentliche Durchsagen unvermeidbar und strategisch eingebettet sind, wird bei der Auswahl von Sprecher und Text darauf geachtet, ob ihre Versprechen fälschungssicher sind.
Duftmarketing
Weil uns allgegenwärtiger Zitrusduft kaum zum Lächeln verführt, werden zuerst die natürlichen Düfte des Begegnungsortes oder des Produkts auf Andockstellen für Verstärkungen analysiert.
Design
Coolness ist ein schlechtes Bindemittel für Kundenbeziehungen. Um Design-Wäsche mit Gefühl zu assoziieren, genügt schon ein lächelnder Name wie »Bruno Banani«.

Im Beruf

Aufgabe: Einsatz der zwölf Instrumente im Personalmarketing.
Ziele: Wirkungsvollere Auswahlverfahren, HR-Verantwortliche für neue Methoden gewinnen, Interviewraster entwickeln.
Auftraggeber: Dienstleistungsunternehmen im Gastrobereich mit 1500 Mitarbeitenden.
Besonderheiten: Starker Kündigungsschutz nach Ablauf der Probezeit, ehemaliger Staatsbetrieb, Skepsis gegenüber Innovationen, viele Interessenten für offene Stellen.
Lösung: Standardisierte Vorgabe für Bewerbungsunterlagen mit einem Pficht- und Kürteil. Leitfaden für narratives Interview. Stärkere Gewichtung der Probezeit und Einführung einer Fehlerkultur.
Ergebnis: Entscheidungsfreudigere Mitarbeiter durch Sensibilisierung für die Macht des ersten Eindrucks, höhere Trefferquote bei der Personalauswahl. Die Anwendbarkeit und Ansteckungsgefahr von Lächeln und ähnlichen Instrumenten wird erlebt.
Fazit: »Tausend und eine Macht« ist eine Geschichte, die zwar einen unantastbaren Kern hat, in der konkreten Anwendung aber genügend Spielraum für individuelle Varianten zulässt.

Die Sprache in Aktion

Im Film

Lost In Translation. 2003. Regie: Sofia Coppola
Sprache als Medium zur Überwindung von Zeit und Raum, die im Gegenwärtigen und im Nahbereich menschlicher Beziehungen an Kraft verliert. Am anderen Ende der Welt laden Bill Murray und Scarlett Johansson zum Medienseminar für Markenstrategen ein.
Der große Diktator. 1940. Regie: Charlie Chaplin
Ein Meister des Stummfilms schafft ein Meisterwerk über Sprache. Nicht ihre Abwesenheit erschreckt uns, sondern ihr Missbrauch und ihre Begrenztheit. Charlie Chaplin verfilmte »Tausend und eine Macht« mehr als einmal, auch in »Modern Times«.

In Figuren

Stefan Raab
Wie lange der Shootingstar am Medienhimmel leuchtet, bleibt ungewiss. Sicher ist, dass der ausgebuffte Markenstratege mit Metzger und Musikervergangenheit seinem Publikum den großen Unterhaltungswert von Sprache und ihre kühlen Seiten erleben lässt.
Laurie Anderson
Sprache darf die Medienbühnen nur im Gewand der Poesie betreten, wenn sie Menschen beeinflussen will. Für die amerikanische Performance-Künstlerin ist Kommunikation ein Gesamtkunstwerk, kein kodierter Kanal für Sender und Empfänger.

Im Irgendwo

Internet
Wenn Sprache primär ein Rechtfertigungswerkzeug ist, können wir Lebenswelten auch nach Legitimierungswünschen durchforsten. Das erleichtert das Verständnis von Blogs, den Aufbau von Communities und macht Empfehlungsmarketing erfolgreicher.

Naming
Ein guter Titel beschleunigt die Weitergabe einer Geschichte. Wo sprachliche Zeichen sich an Mythen und Gefühle andocken, entstehen starke Bilder. »Sonnenblume«, was für ein Naming.
Dienstleistungen
Selbst Weißwürstel-, Hamburger- und Röschtitouristen möchten sich bei Eingeborenen beliebt machen. Schöne Gedeckunterlagen mit unterhaltsamem Crash-Sprachkurs leisten sogar mehr als das.
Partnerwahl
Keine Heldengeschichte ohne Helfer. Daher hängt ihr Ausgang wesentlich von der richtigen Partnerwahl ab. Sprachlichen Bewerbungen zu misstrauen erhöht die Wahrscheinlichkeit auf ein Happy-end.
Kundensegmentierung
Am meisten Legitimation braucht unser Ich. Daher reagieren wir empfindlich, wenn unsere sprachliche Identität angegriffen wird. Markenstrategen nutzen die Anpassungsfähigkeit von Zeichensystemen, die nicht sprachlicher Natur sind.

Im Beruf

Aufgabe: Einem Hotel- und Kongresszentrum zum Diplom für interkulturelle Verständigung verhelfen.
Ziele: Auskunftsdienst sowie Rezeption entlasten und internationalen Gästen eine kommunikative Heimat bieten.
Auftraggeber: Hotel im oberen Preissegment in Touristikzentrum.
Besonderheiten: Saisonale Unterschiede bei den Herkunftsländern, Einheimische sind wichtiges Gästesegment mit Tendenz zu Globalisierungsskepsis, Gruppenreisende aus Asien, Einzelgäste aus Russland.
Lösung: Inventarisierung und Kategorisierung sämtlicher Sprachträger und ihrer Inhalte. Ersetzen durch anschauliche Medien, wo immer möglich.
Ergebnis: Sprachreinigung Marketing, Reorganisation, Aufmerksamkeitsschulung und positives Kundenecho in einem.
Fazit: Ein Piktogramm auf Shampoo-Fläschchen macht Brillenträger ebenso glücklich wie Chinesen und Reklamationsmanagement.

Der Kitsch in Aktion

Im Film

Die fabelhafte Welt der Amélie. 2003. Regie: Jean-Pierre Jeunet
Wo der leibhafte Engel Audrey Tautou das Glück verteilt, reinigt ihr Regisseur zuvor die Welt von allen störenden Sinneseindrücken. Kitsch passt nicht zu Graffiti, aber zu guten Gefühlen.
Das Wunder von Bern. 2003. Regie: Sönke Wortmann
Kunst übertreibt, weil sie reduziert. Kitsch heilt Wunden und sät Hoffnung, weil er den Konkurrenzkampf zwischen Gefühl und Vernunft unterbricht. Dem Hotel Belvedere, das die deutschen Fussballhelden beherbergte, bescherte der Kitsch mehr Gäste.

In Figuren

Jeff Koons
Der Amerikaner mit dem kitschigen Leben und seiner kitschigen Kunst zwingt Intellektuelle zum Nachdenken über Kitsch und sich selbst. Kunst ist eng mit »Tausend und einer Macht« verbunden.
Rosamund Pilcher
Was Millionen berührt, kann nicht schlecht sein. Damit Publikumsgeschmack keine offizielle Weihe bekommt, dürfen die Zuschauer eines deutschen Fernsehsenders ihr Lieblingsbuch nur aus kitschbereinigten Listen auswählen. Für Markenstrategen sind Gefühle keine Gefahr.

Im Irgendwo

Musik
Kitsch ist nicht das gleiche wie Musik. Die Kelly Family, Elton John, Madonna oder Udo Jürgens arbeiten nicht nur mit Tönen.
Marktforschung
Im Lesesaal der schweizerischen Marketinghochburg hängen an die hundert Tageszeitungen. Der Titel mit den meisten Lesern fehlt. Begründung des Verantwortlichen: Sex, Crime und Kitsch haben an einer Hochschule für Wirtschaftswissenschaftler nichts zu suchen.

Arbeitsplatzgestaltung
Wo Reinigungsreglemente und Vernunft den Kitsch bekämpfen, landen Gefühle nicht auf den Arbeitsplätzen, sondern warten auf den Feierabend und das Aufschließen des Garderobenschranks.
Produktdesign
Die Konsumenten der Fünfzigerjahre kauften keinen Kitsch, sondern moderne Produkte mit der Option, im Alter als Kitsch wieder einen Wert zu erhalten. Das Einfache und das Gefühl sind Partner.
Kommunikation
Kitsch ist ein Wertmaßstab für Glaubensbekenntnisse. Informationen werden auch nach diesem Kriterium beurteilt. Der Kitschvorwurf ist eine beliebte Strategie zur Abwehr von Klarheit.
Events
Einmalige Ereignisse eignen sich hervorragend zur Inszenierung von Kitschwelten. Auch das Personal im Disney-Land ist froh, wenn es nach Feierabend Kontakte zu realeren Welten pflegen darf.

Im Beruf

Aufgabe: Restaurant als Kulttreffpunkt positionieren.
Ziele: Gäste übernehmen Missionsarbeit, Medienvertreter kommen freiwillig und Kundenbindung ist emotional.
Auftraggeber: Junge Pächter und Liebhaber von Geschichten.
Besonderheiten: Kleines Budget, dünnes Netzwerk, viel Platz, eine Bühne und Interieur einer Stammtischkneipe.
Lösung: Aufbau einer riesigen Glasvitrine quer durchs Restaurant. Seine funktionale Gestaltung entspricht einer Gepäckaufbewahrung in einem Museum. Gäste bekommen für einen Monat ihr persönliches Heimatabteil, um ihren Lieblingskitsch auszustellen.
Ergebnis: Das Konzept und seine Ausbaufähigkeit machen aus einer Marotte einen Kult und aus Gästen Botschafter.
Fazit: Günstiger zieht man stolze und zufriedene Menschen nicht an.

Das Netz in Aktion

Im Film

Chicago. 2002. Regie: Rob Marshall
Die Geschichte von Ruhm und Ruchlosigkeit ist ein wunderbarer Musicalfilm, der Szenen, Menschen und Welten kunstvoll miteinander verknüpft und die Eigenschaften starker und schwacher Verbindungen in unterhaltsame Handlungen verpackt.
You've got Mail. 1998. Regie: Nora Ephron
Tom Hanks und Meg Ryan in der schönsten Akquisitionskampagne für zögerliche Interneteinsteiger. Wo sich virtuelles Netz und menschliche Drähte berühren, ist der Funkenregen am größten.

In Figuren

Bill Clinton
William Jefferson kam in »Hope« zur Welt. Die übrigen biografischen Eckdaten waren weniger verheißungsvoll. Zum mächtigsten Mann der Welt machten Clinton seine außergewöhnliche Begabung, Netzwerke zu knüpfen, sein Spielercharakter und das Glück.
Sherry Turkle
Klinische Psychologin, Professorin für Wirtschaftssoziologie und Internetfreak. An der Amerikanerin kommen Netzwerkarchäologen ebenso wenig vorbei wie an der Zeitschrift »Wired« und ihrem Chefredakteur Kevin Kelly. Für Markenstrategen Guten-Morgen-Lektüren.

Im Irgendwo

Personal
Auf der Internetseite »Wobistdu« finden sich ehemalige, gegenwärtige und künftige Mitarbeitende eines Großunternehmens.
Service public
Die staatliche Recycling- und Entsorgungsstelle wird mit einem Trödelmarkt, einer Kleiderbörse und einem hippen Café verknüpft . Wo treffen sich Hans, Susi und der Bürgermeister am Samstag?

Product-Placement
Straßenkarten verschwinden aus den Autos, Fernsehspots werden weggezappt und Kartenspiele in Altersheime verbannt. Die Netzwerkkinder haben nichts dagegen, wenn an ihren virtuellen Treffpunkten unterhaltsame Geschichtenerzähler auftreten.
Verkauf
Heute hier, morgen dort. Wer sich um die schwachen Bindungen kümmern will, muss auch mit mobilen Einsatztruppen agieren.
Empfehlungsmarketing
Persönliche Gutachten sind glaubwürdiger als eingekaufte Testimonials. Was Gerüchteküchen auf den Tisch bringen, lässt sich schlecht steuern, die Weitergabe guter Geschichten schon.
Wettbewerbe
Jedes Spiel, das Publikum und Darsteller verknüpft, hat mehr Gewinner und Echo als Orientierungsläufe für Einzelgänger.

Im Beruf

Aufgabe: Den Teilnehmern eines internationalen Kongresses die Aufnahme neuer Kontakte erleichtern.
Ziele: Ohne fürsorgerische Begleitung Lebensgeschichten miteinander verbinden, innovatives Image des Gastgebers verstärken.
Auftraggeber: Global agierender Versicherungskonzern.
Besonderheiten: Großes Budget, konservative Unternehmenskultur, fantastische Location, klare Kompetenzregelungen.
Lösung: Die üblichen Beziehungshelfer perfektionieren, Straßenkünstler als Publikumsmagnete, Hightech-Produkt »people radar«, das interessante Menschen im Umkreis von zwanzig Metern ortet.
Fazit: Einhelliges Urteil der Kongressbesucher: Noch nie so leicht so viele Kontakte geknüpft. Einziger Nachteil: Dem ersten Referenten hörten nur Radargegner zu.

Die Literatur

Viele Geschichten, die mich und damit »Tausend und eine Macht« beeinflussten, sind in Büchern festgehalten. Die zwölf Instrumente wirkten an der schwierigen Auswahl mit. Die Liste soll einfach und daher überschaubar sein, Wesentliches enthalten und Neugierige nicht in Antiquariate zwingen. Was über die aufgeführten Titel hinausgeht, finden Sie auf www.1001macht.ch

- Birkigt, Klaus u.a.: Corporate Identity. Grundlagen, Funktionen, Fallbeispiele. 11. Aufl. München 2002.
Marinus M. Stadler und Hans J. Funk setzen das beispiellose Werk des verstorbenen CI-Fachmanns fort. Noch immer etwas vom Besten zum Thema, auch wenn aufgefrischte Beispiele die 538 Seiten noch wertvoller machten.

- Damasio, Antonio R.: Der Spinoza Effekt. München 2003.
Der amerikanische Neurologe gilt bei Fachkollegen als anerkannter Erforscher menschlicher Gefühle und bei Laien als Experte im Übersetzen wissenschaftlicher Erkenntnisse.

- Fog, Klaus u.a.: Storytelling. Branding in Practice. Heidelberg 2005.
Wie wir Informationen als Geschichten speichern, vermittelt dieses Buch auch deshalb so anschaulich, weil es von der praktischen Arbeit in einer Agentur berichtet.

- Frenzel, Karolina u.a.: Storytelling. Das Harun-al-Raschid-Prinzip. Die Kraft des Erzählens fürs Unternehmen nutzen. München 2004.
Die Inhaber einer Kommunikationsagentur vertrauen seit längerem auf die Kraft einer guten Geschichte und zeigen, wie praxistauglich der Ansatz ist.

- Häusel, Hans-Georg: Brain Script. München 2004.
Das limbische System spielt im dritten Buch des Autors noch immer die Hauptrolle, wird aber stärker mit dem autobiografischen Gedächtnis und damit mit Storytelling verbunden.

- Jost, Hans Rudolf: Unternehmenskultur. Wie weiche Faktoren zu harten Fakten werden. Zürich 2003.
Geschichten eignen sich auch hervorragend für Coaching und Unternehmensberatung. Theorie und Expertenstudie setzt der Autor in die Praxis um.

- Kroeber-Riel, Werner / Weinberg, Peter: Konsumentenverhalten. 8. Aufl. München 2003.
Die 825-seitige Auslegeordnung gilt als Bibel angewandter Verhaltens- und Wahrnehmungsforschung, auch wenn der neurologischen Sichtweise der gebührende Platz noch immer verwehrt wird.

- Kunde, Jesper: Corporate Religion. Bindung schaffen durch starke Marken. Wiesbaden 2000.
Ein dänischer Markenstratege, der mit Glaubensbekenntnissen arbeitet und zwölf internationale Firmenbeispiele sowie organisatorische Voraussetzungen ausführlich vorstellt.

- LeDoux, Joseph: Das Netz der Persönlichkeit. Düsseldorf 2003.
So kompetent, anschaulich und unterhaltsam berichtet außer ihm nur Damasio über das Entstehen unserer Persönlichkeit und die Welt der Gefühle.

- Lindstrom, Martin: Marken-Kids. Frankfurt am Main 2003.
Zusammen mit Patricia B. Seybold führt uns der Autor in die Erlebniswelten der 8- bis 14-Jährigen und beweist, dass sich auch aus Studien praxisnahe Schlüsse ziehen lassen.

- McKee, Robert: Story. Die Prinzipien des Drehbuchschreibens. 2. Aufl. Berlin 2001.
Für angehende Oscar-Preisträger geschrieben, aber auch für Markenstrategen.

- Mikunda, Christian: Der verbotene Ort oder Die inszenierte Verführung. 2. Aufl. Frankfurt am Main 2005.
Der Weg vom Film- und Fernsehdramaturgen zum gefragten Markenstrategen erstaunt nach der Lektüre niemanden. Und in der empfehlenswerten Neuauflage aktualisierte Mikunda auch seine Beispielsammlung.

- Peters, Tom: Re-Imagine. Spitzenleistungen in chaotischen Zeiten. Starnberg 2004.
Keiner haut so auf die Pauke wie dieser umtriebige Management-Vordenker. Seine wohltuende Kompromisslosigkeit zeigt sich in diesem Buch auch im Layout und der Sprache.

- Roth, Gerhard: Aus Sicht des Gehirns. Frankfurt am Main 2003.
Bücher des deutschen Professors für Verhaltensphysiologe beeinflussen mein neurologisches Vorstellungsbild am stärksten. Dieser Titel fasst für Laien das Wesentliche auf 214 Seiten verständlich zusammen.

- Schacter, Daniel L.: Aussetzer. Wie wir vergessen und uns erinnern. Bergisch Gladbach 2005.
Fundierte, leicht verständliche und unterhaltsame Einführung in die Geheimnisse unseres Gedächtnissystems, dessen vermeintlichen Schwächen unabdingbar sind.

- Spitzer, Manfred: Selbstbestimmen. Heidelberg 2004.
Einer der spannendsten Fachautoren, da der psychiatrische Leiter einer Universitätsklinik und Musiker seine neurologischen Beobachtungen mit der Alltagswelt verknüpft.

- Zernisch, Peter: Markenglauben managen. Eine Markenstrategie für Unternehmer. Weinheim 2003.
Der Altmeister der Markenstrategie galt lange als einsamer Rufer in der Wüste. Sein Ansatz kommt neurologischen und damit meinen Vorstellungen am nächsten.

Der persönliche Schluss

Wie persönlich darf ein Sachbuch sein? Muss der Leser wissen, welche Geschichten mich emotional so stark erschütterten, dass ich an »Tausend und eine Macht« glaube?

Ich fand die Antwort nicht, sie wurde mir gegeben, zwei Tage vor Manuskriptabgabe. Als ob ich dem Leser noch einen letzten Beweis schuldig wäre, dass unser Ich nicht Herr im eigenen Haus ist.

1. März 2005, 15.00 Uhr. Ich tippe die letzten Zeilen vom Nachwort in den Laptop und erwarte Glücksgefühle, die in solchen Momenten einen Autor erfassen. Mir aber geht es lausig.

1. März 2003, 15.00 Uhr. Meine Frau Hanna und ich treffen in der Intensivstation des Kinderspitals Zürich ein. Die Ärztin sagte am Telefon, unserer Tochter Olivia gehe es sehr schlecht. Und es sei nicht sicher, ob sie die Nacht überlebe. Am 2. März, um 03.30 Uhr starb sie.

1. März 2005, 19.30 Uhr. Vom schneebedeckten Grab mit dem weißen Kreuz zurück, wieder vor dem Bildschirm, vor dem imaginären Leser, vor Ihnen. Es geht mir gut. Ich ließ die Trauer zu und weiß jetzt, was ich Ihnen erzählen möchte, freue mich darauf, ein Nachwort in ein persönliches Schlusswort zu verwandeln.

18. Januar 1988, 03.30 Uhr. Olivia kommt zur Welt, unser Kind. Und es stört nicht im Geringsten, dass unsere Vorstellungen vom Familienglück so erschreckend normal sind. Die schöne, kräftige und gesunde Olivia wird größer werden, die Elternliebe irgendwann mit einem Bruder oder Schwester teilen müssen, Hausaufgaben machen, uns ihren ersten Freund vorstellen, studieren, heiraten und Großeltern praktisch finden.

18. August 1988, 11.00 Uhr. Ungeschickt schiebt uns der Arzt ein Formular zu, dem das Sonnenlicht so viel Farbpigmente raubte, dass sein Altrosa die Hässlichkeit der Gestaltung noch übertraf. Und auf seiner ersten Zeile schrie uns »Antragsgesuch für die Invalidenversicherung« entgegen. Was meine Frau bereits ahnte, wird jetzt amtlich festgehalten. Olivia ist schwer behindert. Neurologischer Befund:

Pachygyrie. Die wenig ermutigende Prognose in den Ohren, ein Kind mit so wenigen Hirnwindungen im Neokortex könne mit zwölf Jahren vielleicht den Kopf heben, treten wir in eine völlig veränderte Welt hinaus.

Doch das Leben hält sich nicht an Prognosen. Olivia macht ihre kleinen Fortschritte, wird größer und noch schöner. Sie lehrt mich und ihre Umgebung, wie gut man sich ohne Worte versteht, wie einfach das Komplizierte ist, wie Planungswut ins Lächerliche kippt, wie jedes Lächeln eine Antwort bekommt, wie Schönheit die Welt verführt, was Gefühle auslösen und wie schwierig das Loslassen ist.

In den ersten Monaten und Jahren sehe ich das allerdings nicht immer so. Mit zerbrochenen Zukunftsbildern und einem schwer behinderten Kind verlasse ich nach acht sonnigen Jahren meine zweite Heimat Italien, finde in der Schweiz keinen beruflichen Unterschlupf mehr, wechsle in die Werbung und stürze mich in einem Akt der Verzweiflung in die Welt der Neurologie. Während die Epilepsie meiner Tochter den ruhigen Schlaf verwehrt, liege ich neben Olivia und lese, lese, lese.

Alles halbwegs Verständliche rackere ich durch und dringe immer tiefer in die Geheimnisse neuronaler Netzwerke ein, ohne auf diese Weise Olivias Welt auch nur einen Deut besser kennen zu lernen. Als ich endlich begreife, dass sich die Liebe nicht mit chemisch-elektrischen Datenbahnen ergründen lässt, habe ich zum Glück bereits einen anderen Zugang zu unserem Kind gefunden.

Dennoch lässt mich die eben entdeckte Welt nicht mehr los. Die neurologischen Fachbegriffe interessieren mich allerdings so wenig, dass mir der medizinische Laienstatus bis heute erhalten bleibt. Was mich packt, sind die Verbindungen zum Beruf, zum Alltag, zu mir selber. Plötzlich erkenne ich die Zusammenhänge, die ich zwar ahnte, aber bisher ausserhalb der naturwissenschaftlichen Welt aufbewahrte, in der Kunst, der Religion oder Psychologie.

Von diesen Zusammenhängen handelt »Tausend und eine Macht«. Und es sind nicht die unzähligen Bücher, die meine Welterklärungsbilder kippten, sondern die Geschichten meines Lebens, von denen ich die bedeutsamsten mit Olivia erlebte. Daher glaube ich den Neurologen, wenn sie behaupten, Einsichten würden kaum Wesentliches zu Verhaltensänderungen beitragen. Diese Vorstellung in den Alltag zu übertragen ist nicht einfach, aber weniger schwierig als den Glauben an das ewige Leben loszulassen.

1. März 2003, 17.30 Uhr. Die Chefärztin bittet uns zum Gespräch. In einer Klarheit, die das Wesentliche erkennen lässt und trotzdem nicht verletzt, gibt sie uns den medizinischen Befund bekannt. Die Heftigkeit und Länge des epileptischen Anfalls zerstörte Olivias Nieren und Leber irreparabel. Ob das Gehirn unserer Tochter ebenfalls beeinträchtigt wurde, lässt sich nicht sagen. Wahrscheinlich schon. Aus medizinischer Sicht rate sie, die lebenserhaltenden Geräte zu entfernen und Olivia sterben zu lassen. Sie möchte uns Zeit geben, miteinander über die Situation zu sprechen und erwarte uns in einer Stunde wieder. Der definitive Entscheid liege aber bei ihr.

1. März 2003, 18.30 Uhr. Auf den Straßen rund um den großen Spital wanken zwei Gestalten, tauschen Worte und Bilder aus und sind doch grenzenlos mit sich allein. Und als sie die Schwelle zur Intensivstation wieder überschreiten, haben sich unzählige Gedanken zu einem einzigen Wort verdichtet, Ja. Aber bevor Olivia stirbt, soll sie getauft werden. Der Wunsch meiner Frau wird auch zu meinem.

1. März 2003, 22.00 Uhr. Der befreundete Pfarrer kommt, packt seine Gitarre aus, zündet die Taufkerze an. Er schenkt Olivia und uns das Kinderbuch von der Verwandlung einer Raupe in einen wunderschönen Schmetterling, wir singen ein Lied und Werni tauft unser sterbendes Kind. Dann lässt er uns.

2. März 2003, 03.30 Uhr. Der letzte Atemzug. Olivia lebt nicht mehr. Wir salben ihren Körper, ich schneide meiner Tochter zum letzten Mal ihre kleinen Fingernägel und drücke ihr den geliebten Wuffti in die Arme.

2. März 2003, 06.00 Uhr. Der Dauerregen lässt nach. Hanna und ich fahren auf verlassenen Nebenstraßen nach Hause. Und als wir die letzte Kurve des kleinen Albispasses erreichen, reißt der Himmel auf, das Morgenlicht bricht durch. Wir halten an, steigen aus und erblicken auf einem tiefer gelegenen Schneefeld ein junges Füchslein, das zu uns hochschaut. Die Trauerarbeit und Auseinandersetzung mit dem Tod beginnen.

Olivias Tod unterbrach die Arbeit an »Tausend und einer Macht« für ein Jahr. Und das war gut so. Denn in dieser Zeit musste ich auch das Loslassen üben. Wie weit ich damit bin, hängt von Stimmungen ab, vom Auftauchen vergangener Bilder.

Wenn das Loslassen jeweils gelingt, füllt sich die Sinnlücke, die der Tod hinterlässt mit einem Glauben, der nicht mehr im Widerspruch zu all dem Gelesenen steht. Es ist der Glaube, dass sich das

Unerklärbare und Unfassbare im Gegenwärtigen manifestiert. Ob wir dem das Göttliche sagen oder nicht, ist in solchen Momenten nebensächlich. Der Gedanke, dass sich naturwissenschaftliche Vorstellungsbilder auch im Göttlichen widerspiegeln, hat etwas Tröstliches. Carpe diem ist nicht der schlechteste Ratgeber für ein erfülltes Leben.

Das Leben kann die Schriftzeichen auf unseren ausgesteckten Wegweisern nicht lesen. Auch wenn uns zufällige Begegnungen dies glauben lassen. Ich wollte Pilot werden, aber war Reiseführer in der Literaturwelt; fühlte mich in meinem Land heimisch, aber unterrichtete in Italien – war auf dem Karriereweg, aber begann in der Werbung nochmals von vorn – träumte vom Familienglück, aber musste mit meinen eigenen Behinderungen zurecht kommen – strebte politische Macht an, aber trat aus der Partei aus – wollte alle Menschen gern haben, aber neidete anderen das Glück – erwartete eine hohe Altersrente, aber fand mich als Jungunternehmer wieder. Verstehen können wir das Leben nur rückwärts, leben müssen wir es vorwärts.

Olivia lehrte mich viel, auch einen Menschen so anzunehmen, wie er ist. Freiwillig lernte ich diese Lektion nicht. Aber was sollte ich mit Olivia über meine Vorstellungen vom idealen Kind diskutieren? Take it or leave it. Finde den Zugang zu mir, so wie ich bin. Meine Geschichte durch Zureden verändern zu wollen, ist ebenso sinnlos wie an dieser Botschaft zu rütteln. Vielleicht ist dies die wertvollste Lektion von allen. Nicht dass ich ein so guter Schüler bin, dass Zweifel und Rückfälle ausbleiben. Doch wenn ich beruflich oder privat anstehe, erinnere ich mich, dass auch die Hirnforscher ihre Arbeit nur machen können, wenn sie davon ausgehen, wie der Mensch ist – und nicht, wie er sein soll. Eine Erinnerung, die auch die Arbeit eines Markenstrategen wesentlich erleichtert.

Ich danke allen herzlich, die in »Tausend und eine Macht« ihre Spuren hinterlassen haben. Allen voran meiner Tochter. Ich danke Hanna, für die es klar war, dass Olivia bei uns zu Hause groß wird und dies auch ermöglichte. Ich danke meinen Freunden, die mich vor dem Abheben bewahrten. Und ich danke meinen Kunden, die sich auf meine unkonventionelle Art einlassen, das Unsichtbare sichtbar zu machen.

Engel haben für mich eine andere Bedeutung bekommen als früher.

2. März 2005, irgendwo in der Schweiz.